DEUTSCHE TEX

15

DEUTSCHE DRAMATURGIE
VOM NATURALISMUS
BIS ZUR GEGENWART

HERAUSGEGEBEN

VON

BENNO VON WIESE

MAX NIEMEYER VERLAG TÜBINGEN

1970

In den *Deutschen Texten* werden poetische, kritische und theoretische Texte aus dem gesamten Bereich der deutschen Literatur bis zur Gegenwart sowie dazugehörige Materialien und Dokumente veröffentlicht. Die Wahl der Themen, die Zusammenstellung der Texte und die Anlage der Bände entsprechen der Zielsetzung der Reihe: die *Deutschen Texte* sind für den Unterricht in Literaturgeschichte und Literaturwissenschaft an den Universitäten und den höheren Schulen bestimmt.

Der Band 15 beschließt eine dreiteilige Sammlung von Texten zur deutschen Dramaturgie. Die vorausgehenden Teile sind als die Bände 4 und 10 der *Deutschen Texte* erschienen.

ISBN 3 484 19013 2

© Max Niemeyer Verlag Tübingen 1970
Alle Rechte vorbehalten · Printed in Germany
Satz u. Druck: W. Kohlhammer GmbH Stuttgart-Obertürkheim
Einband von Heinr. Koch Tübingen

INHALTSVERZEICHNIS

V

IV. Die Dramaturgie der Dichter

V. Theorie und Kritik der Philosophen

VORWORT

Der dritte von mir herausgegebene Band zur Deutschen Dramaturgie setzt zeitlich um 1890 mit der Dramaturgie des Naturalismus ein und reicht bis zur Gegenwart. Im großen und ganzen
ist die geschichtliche Abfolge, abgesehen vom letzten Abschnitt,
auch in dem Nacheinander der Kapitel berücksichtigt. Zunächst
kommen die Kritiker zu Wort. Alfred Kerr sucht in seinem Beitrag das Wesen des neuen Dramas, das er noch das „realistische"
nennt, zu umreißen. Ihm folgt Otto Brahm, der als Intendant
der Freien Bühne in Berlin fast alle bedeutenden naturalistischen
Dramen für Deutschland uraufgeführt hat. Dieser Ausgangspunkt ist nicht willkürlich. Bisher wurde die Theaterkritik vorwiegend von den Dichtern mitverwaltet, z. B. von Grabbe und
Fontane. Seit dem Ende des Jahrhunderts tritt sie jedoch mehr
und mehr selbständig auf. Der Kritiker von Beruf gewinnt im
20. Jahrhundert neben den Dichtern und Philosophen, oft sogar
in scharfer Polemik gegen sie, eine zunehmende Bedeutung für
die Aspekte einer neuen Poetik und Ästhetik. Von den Dichtern
des Naturalismus hingegen ist bei uns nur ein einziger, nämlich
Arno Holz, vertreten, der programmatisch das eigene Werk zum
Gegenstand seiner Analyse gemacht hat. An sich liegt es nahe,
beim Naturalismus in erster Linie an den jungen Gerhart Hauptmann zu denken. Aber Hauptmanns sparsame dramaturgische
Äußerungen gehören bereits einer späteren Zeit an, nicht seiner
naturalistischen Jugendepoche. Leitmotivisch zieht sich durch
fast alle Beiträge zum Naturalismus der Name des ersten großen
ausländischen Anregers: Ibsen. Wir finden aber unter unseren
Texten nicht nur begeisterte Zustimmung, sondern auch betonte,
an die ältere große Tradition anknüpfende Absage an das moderne Drama wie bei Paul Ernst. Auch der junge Hofmannsthal
hat in seinem frühesten Essayband Ibsens Menschengestaltung
eine sorgfältig abwägende Studie gewidmet. Sie gehört nur bedingt, als Beitrag für die Ibsen-Nachfolge des Naturalismus, in
unseren ersten Abschnitt hinein. Aber Hofmannsthal selbst war

niemals Naturalist, und auch seine Ibsen-Studie ist noch ein versecktes Selbstbekenntnis des dem Fin-de-siècle-Stil verpflichteten jungen Poeten.

Erstaunlich rasch wird der dominierende Ibsen in der nachfolgenden Epoche durch Strindberg, Wedekind, ja auch schon durch Hofmannsthal selber verdrängt, die nunmehr als Vorbilder für neue Formen des Dramas bewundert und nachgeahmt werden. Das hat natürlich auch wieder die Kritik an diesen Vorbildern herausgefordert. „Gestern noch hat man Ibsen als Befreier gefeiert", verkündet René Schickele 1912; „Für uns ist Strindberg das Erkennungswort." Neben Strindberg, der vor allem für die Generation der Expressionisten eine faszinierende Anziehungskraft besaß, treten nach der Jahrhundertwende Wedekind und Hofmannsthal. Ihre Wirkung wird durch unsere Dokumente im Spiegel verschiedener, sei es extrem kritischer, sei es enthusiastischer Beiträge gezeigt, darunter auch die Huldigung des oft so bitterbösen Kritikers Karl Kraus an Wedekinds „Büchse der Pandora".

Mit Strindberg und Wedekind ergab sich bereits die Überleitung zur Dramaturgie des Expressionismus. Diese ist ganz am Theater orientiert und auf das Theater konzentriert. Die bereits von den Autoren knapp gefaßten Texte haben meist den Charakter von Programmen und Manifesten und für uns heute mehr dokumentarischen als gehaltlichen Wert. Neben dem Zug zum aktuellen Theater steht zugleich der ekstatische und utopische Zug zu einem „zukünftigen" Drama (Pinthus) oder zu einem „Überdrama" (Goll). Erwin Piscator setzte theoretisch und praktisch das „politische" Theater durch. Auch er wurzelt noch im Expressionismus, führt aber in seiner Wirkung bis an die Schwelle unserer Gegenwart.

Unser nächster Abschnitt ist das eigentliche Zentrum dieses Lesebuches. Er gibt einen Durchblick durch die Dramaturgie der Dichter. Damit sind die exponierten, besonders umrissenen Dramatiker des 20. Jahrhunderts gemeint: Georg Kaiser, Carl Sternheim, Gerhart Hauptmann, Arthur Schnitzler, Hugo von Hofmannsthal, Bertolt Brecht, Friedrich Dürrenmatt und Max Frisch. Am Rande gehört auch noch Robert Musil, der große Epiker, in diese Reihe. Die beiden zuerst genannten, Georg Kaiser und Carl Sternheim, sind mit dem Expressionismus noch eng verknüpft, wenn man sie auch gewiß nicht mit dieser Formel abstempeln darf. Charakteristisch für die ganze Gruppe ist, daß fast alle diese Dramatiker von der Praxis herkommen und auf die Praxis bezogen sind. Weitläufige Reflexionen über Gehalt und Gestalt des Dramas, über seine prinzipielle Bedeutung, über die Unterschiede der Gattungen oder über das Wesen des Tragischen und des Komischen liegen ihnen weit ferner als den spekulierenden Theoretikern des 19. Jahrhunderts. Aber ebensowenig sind sie Interpreten und Kritiker dramatischer Werke. Ihre Dramaturgie gilt in erster Linie der Rechtfertigung ihres jeweils eigenen, betont individuellen Stiles. Besonders Georg Kaiser ist darin geradezu monoman. Soweit theoretische Aspekte auftauchen, werden sie mit der Analyse neuer Formen des Theaters verknüpft. Systematisch geht keiner von ihnen vor. Gerhart Hauptmann äußert sich vorwiegend in Festreden oder bevorzugt den lapidaren, manchmal geheimnisvoll raunenden Aphorismus. Beiläufig und paradox sind die Behauptungen Sternheims. Nur Hofmannsthal spricht aus der ganzen Breite seiner europäischen Bildung, hält sich aber auch seinerseits die aktuelle Verknüpfung mit der Bühne offen. Die Theaterpraktiker, Brecht, Dürrenmatt und Frisch, so verschieden sie untereinander sind, liegen im Kampf mit der Überlieferung und wollen, zum mindesten der Absicht nach, die Bausteine zu einer radikal neuen Dramaturgie legen. Bei der Auswahl aus dem umfangreichen theaterkritischen Werk Brechts habe ich aus Raumgründen auf das bekannte und leicht zugängliche „Kleine Organon für das Theater" verzichtet und dafür auf einen früheren Aufsatz zurückgegriffen, der im Keim bereits Brechts Verfremdungstheorie enthält, zugleich aber deutlich macht, wie sehr Brecht an Piscator anknüpfte. Brecht selbst wiederum wird zum Gegenstand der Analyse bei Frisch und indirekt auch bei Benjamin. Nur in diesem Abschnitt über die Dramaturgie der Dichter wird die Komödie zum ausdrücklichen Gegenstand der Behandlung gemacht (Sternheim, Hofmannsthal, Dürrenmatt), obwohl sie auch sonst gelegentlich, z. B. bei Werfel, berührt wird. Aber längst sind die Grenzen der Gattungen gesprengt; längst hat sich die moderne Form der Tragikomödie ihren Platz jenseits von Tragödie und Komödie erobert. Die Kategorien des Theaters, das bis zum Absurden gehende Spiel mit seinen Möglichkeiten, der Instinkt für das Groteske und das Verhältnis des Dramatikers zur Gesellschaft und zu seinem Publikum sind weit wichtiger geworden als metaphysische Spekulationen, als Gattungsfragen oder als Detailprobleme der bloß dramatischen Technik.

Erst unser letzter Abschnitt „Theorie und Kritik der Philosophen" vereinigt Beiträge, die nicht so sehr aus dem Interesse am Theater, sondern an der Sinndeutung des Dramas überhaupt hervorgegangen sind. Aber auch hier sind zwei von vier Beispielen von philosophierenden Kritikern geschrieben worden, die man nicht als Philosophen im strengen Sinne des Wortes bezeichnen kann. Lukács behandelt Fragen der Soziologie, Benjamin analysiert das Wesen des epischen Theaters. Nur Scheler und Jaspers stellen erneut Überlegungen zum Phänomen des Tragischen an, denen eine lange deutsche Tradition vorausgegangen ist. Sonst überwiegt im ganzen Band die Dramaturgie im engeren Sinne gegenüber der im 19. Jahrhundert dominierenden Theorie des Dramas.

Der neue Aufbruch seit dem Naturalismus zeigt sich auch darin, daß die früher so wesentliche Auseinandersetzung mit dem geschichtlichen Erbe, mit der Antike, mit Shakespeare, Calderon und der deutschen Klassik, nunmehr an Bedeutung verloren hat. An ihre Stelle sind die modernen großen Anreger aus dem Inland und Ausland getreten, in erster Linie: Ibsen, Strindberg, Wedekind, Hofmannsthal. So neuartig und modern gerade Hofmannsthal erlebt wurde, er ist zugleich der einzige, der sich der geschichtlichen Tradition noch besonders verbunden weiß und dies auch in keiner Weise verleugnet hat. Auf seinen großen schönen Aufsatz „Shakespeares Könige und große Herren" mußte ich leider aus Raumgründen verzichten. Eine kleine Probe wäre hier zu wenig gewesen. Hingegen habe ich seinen meisterhaften, nicht so umfangreichen Essay über Schiller aufgenommen, der nach der Schillerfeindschaft im 19. Jahrhundert einen neuen bewundernden Zugang zu diesem Dramatiker gebahnt hat. Für den Expressionismus hätte man noch auf Kleist, Grabbe und Büchner als Anreger hinweisen können. Nicht immer ist die neue Dramaturgie wirklich so neu, wie sie sich gebärdet. Die Verleugnung der Tradition kann gerade aus ungewollter Abhängigkeit von Traditionen hervorgehen. Umgekehrt wiederum vermag das bewußte Erneuern von europäischen

Traditionen auch wieder ganz neue Bereiche des Dramatischen aufzuschließen. Die Verhältnisse sind hier im 20. Jahrhundert sehr verwickelt. Man braucht nur an Brechts Auseinandersetzung mit dem aristotelischen Theater und mit Lessing, an Hofmannsthals Umgestaltung Calderons oder an Dürrenmatts Schiller-Kritik zu erinnern. Alle diese Bezüge sichtbar zu machen, wäre weit über die Möglichkeiten des kleinen Bandes hinausgegangen. Das muß den weiteren Studien des kundigen Lesers überlassen bleiben.

Noch einige Bemerkungen zum Technischen. Vom Herausgeber eingesetzte Titel, nur sparsam verwandt, sind in Kursivdruck wiedergegeben. Die Schreibung und Interpunktion der jeweiligen Vorlage wurde genau beibehalten. Das Quellenverzeichnis unterrichtet über die Druckvorlage und den Erstdruck (=ED) der Texte. Die Entstehungszeit ist dort angeführt, wo der Erstdruck längere Zeit nach der Entstehung erfolgte.

Am Ende dieses Vorwortes sei auch diesmal. der Dank an Dr. Hartmut Steinecke ausgesprochen, der mich erneut mit Rat und Hilfe und beim Lesen der Korrekturen unterstützt hat.

Ich hoffe, daß gerade dieser, wie ich meine, bisher sehr fehlende Band, der die deutsche Dramaturgie bis in unser eigenes Zeitalter begleitet, lebhaftes Interesse finden wird.

Bonn, März 1969   Benno von Wiese

I. Dramaturgie des Naturalismus

ALFRED KERR

Aus: Technik des realistischen Dramas

[. . .] Zwei Prinzipien beherrschen die neue Technik. Das eine kennzeichnet sich durch das Streben nach Realismus: die Art, wie sich die Vorgänge auf der Bühne abwickeln, soll der Art des wirklichen Lebens nahekommen. Das zweite Prinzip steht mit dem Realismus in gar keinem ursächlichen Zusammenhang. Es ist eine Begleiterscheinung des realistischen Dramas, nicht eine Folge seines realistischen Wesens. Dennoch kann es bei einer Untersuchung der Technik des realistischen Dramas nicht ausgeschieden werden: beide Prinzipien sind in der Kunstübung der Führer untrennbar. Untrennbar in der Praxis: in der Theorie sind es getrennte Welten. An einem gewissen Punkte stoßen sie aufeinander zu einem Kampf um Dasein oder Untergang. Ich versuche diesen Punkt aufzuzeigen . . .

Zuerst eine Antwort auf die Frage, welche Seiten der neuen Technik aus Gründen des Realismus entstanden sind. Eine Eigentümlichkeit negativen Charakters, die hier sofort in die Augen springt und die wichtiger ist, als sich vorschnelles Laientum träumen läßt, ist der Wegfall des M o n o l o g s. Ist diese Erscheinung etwas Zufälliges, oder ist sie auf ein bewußtes Streben zurückzuführen? Eine Entscheidung im Sinne des zweiten Teils der Frage ergibt sich mit Notwendigkeit dann, sobald erwiesen wird, daß die realistische Dramatik den Monolog selbst da, wo er aus technischen oder inhaltlichen Rücksichten unvermeidlich scheint, umgeht und durch etwas anderes ersetzt. Das ist der Fall, das Ersatzmittel ist die Pantomime.

In der „Frau vom Meere", in den „Stützen der Gesellschaft" findet sich überhaupt nichts Monologartiges. In „Gespenstern" aber ist eine merkwürdige Szene enthalten. Der Pastor hat eine Unterredung mit Regine, und die lebensfrohe Tochter des Kammerherrn setzt ihm zu mit ihren koketten Annäherungen, so daß der Vortreffliche, ein wenig erstaunt, sie bittet, Frau Alving zu rufen. Bis Frau Alving kommt, bleibt der Pastor allein auf der Bühne. Jeder Schablonendramatiker hätte Herrn Pastor Manders jetzt vor sich hinreden lassen: „Ein eigentümliches Mädchen, diese Regine . . . Ich hätte ihr das gar nicht zugetraut! . . . Einen Augenblick schien sie mir wirklich gradezu gefährlich zu sein . . . Doch – vielleicht täusche ich mich in ihr; man soll über seine Nebenmenschen nicht vorschnell urteilen . . . (Nach einer Weile:) Sieh da, was hat Frau Alving hier für unchristliche Zeitschriften?! . . ." – usw. usw. nach der bekannten Melodie. Bei Ibsen findet sich nichts als einige szenische Andeutungen: „Pastor Manders (geht ein paar Mal im Zimmer auf und ab; steht dann einige Augenblicke mit den Händen auf dem Rücken im Hintergrunde und sieht in den Garten hinaus. Darauf kommt er wieder an den Tisch, nimmt ein Buch und sieht das Titelblatt an, stutzt, sieht dann noch mehrere an) „Hm, – ja, ja" – da erscheint Frau Alving.

Offenbar hat hier der Dichter den Monolog mit vollster Beflissenheit vermieden. Und auf durchaus gleichgeartete Fälle stoßen wir bei Dramatikern, die von Ibsen beeinflußt wurden. Strindberg läßt im „Vater" ein notwendiges szenisches Alleinsein der Laura durch die Tätigkeit stummen Geldzählens ausfüllen, und er greift weiterhin lieber zu dem Verlegenheitsbehelf, die Großmutter aus dem Nebenzimmer nach einer sehr belanglosen Tasse Tee rufen zu lassen, als daß er seiner Heldin in dieser Situation Worte in den Mund legt. In dasselbe Kapitel gehört der Köchin Christine lautloses Hantieren, während sich Fräulein Julie mit ihrem Geliebten im Tanze weidet. Am auffallendsten aber ist die Scheu vor dem Monolog bei Gerhart Hauptmann, der im „Friedensfest" sechzehn Zeilen lang Vorschriften erteilt für eine stumme Solopantomime des verbissenen Spötters Robert. Nicht nur die verschiedenartigsten Empfindungen sollen hier zum Ausdruck kommen – das erregte Schwanken Roberts, ob er Frau Buchner nacheilen soll oder nicht, darauf ein stumpfsinniger Gleichmut, der sich in resigniertem Tabakrauchen kundtut, dann wieder eine Stimmung voll verzweifelten Hohns, die ein bitteres Auflachen beim Anblick des Christbaums verrät: – sogar Tatsachen will der Dichter durch diese Gebärdensprache dem Zuschauer vermitteln, Tatsachen, die bis dahin unbekannt waren und jetzt als erregendes Moment in die Handlung eintreten, wie die Leidenschaft Roberts für Ida: Robert muß eine Handarbeit der künftigen Schwägerin ergreifen und küssen, um seine Gefühle für sie anzuzeigen ... Aber auch Dramatiker, die nicht von Ibsen abhängig sind, zeigen die gleiche Scheu vor dem Monolog; die nicht nur ein Erbteil germanischer Autoren ist. Das beweist ein flüchtiger Blick auf die letzten Arbeiten des jüngeren Dumas. Die Ursache einer so allgemein auftretenden Erscheinung ist überall die gleiche. Sie liegt in dem Streben nach Wahrheit; einfach deshalb duldet der realistische Dramatiker keine Selbstgespräche im Drama, weil Selbstgespräche im Leben nicht gehalten werden.

Werden sie das nicht? . . . Unter Umständen doch. Unter Umständen gestattet darum auch der Bühnenrealist den Monolog. In zwei Fällen. Entweder es handelt sich um primitive Äußerungen, wie sie jedem gleichwie gearteten Menschen beim Alleinsein entschlüpfen können: ein solcher Fall ist gezeigt worden. Oder die Gestalten, denen ein Selbstgespräch in den Mund gelegt wird, sind ihrem Charakter oder ihrer augenblicklichen Verfassung nach wirklich angetan, etwas derartig Ungewöhnliches zu tun. Warum soll ein Wahnsinniger nicht mit sich selbst reden? Warum also soll Strindberg aufhören Realist zu sein, wenn er seinen wahnsinnigen Rittmeister mit sich selbst reden läßt? Oder warum Gerhart Hauptmann, wenn er Helene Krause nach der Flucht ihres Geliebten in fürchterlicher Aufregung entsetzte Worte hervorstoßen läßt? Hjalmar Ekdal darf in halb bekneiptem und seelisch zerrüttetem Zustande, auch wenn er allein ist, sehr wohl einige Flüche gegen Relling murmeln, und wenn auf Rosmersholm Frau Helseth hin und wieder monologisiert – alte Weiber pflegen so zu tun – so hat auch das eine psychologische Berechtigung. In „Nora" steht Ibsen noch nicht auf der Höhe dieser Technik; aber es läßt sich nicht verkennen, daß die Größe seiner Abneigung gegen den Monolog in direktem Verhältnis steht zur zeitlichen Annäherung seines Schaffens an die Gegenwart. [...]

Während die konsequente Verbannung von Monolog und Beiseitesprechen, während auch die Bevorzugung der indirekten Charakteristik vor der direkten selbständige Neuerungen der modern-realistischen Technik bilden, sind andere Eigentümlichkeiten von ihr nicht geschaffen; sondern nur grundsätzlich angeeignet. Hierhin gehört eine besondere Art, die V o r g e s c h i c h t e zu behandeln.

Die Vorgeschichte, die im germanischen Drama umfangreicher zu sein pflegt als bei den Franzosen, wird in der neuen Technik auf einen möglichst weiten Raum verteilt. Man vermeidet die bequeme Methode, sie in einer einzigen großen Erzählung darzulegen: man wählt den schwierigeren, aber lebenstreueren Weg, sie im Verlaufe der Handlung allmählich durchsickern zu lassen. Und in der Art, wie man dieses Prinzip im einzelnen zur Ausführung bringt, sucht man wiederum der Wirklichkeit des Lebens möglichst nahe zu kommen. Man erzählt die Vorgeschichte nicht, wie noch Richard Voß es tut, Personen, die sie schon wissen, oder die kein Interesse haben können, sie zu erfahren; die Kunst des neueren Dichters bringt die zerstreuten Mosaikteilchen, aus denen er die Vorfabel zusammensetzt, ganz gelegentlich an den Mann. Er läßt beileibe nicht die Absicht merken, daß er dem Hörer jetzt wohl oder übel etwas beibringen müsse, das zum Verständnis der Sache notwendig sei: das würde die Illusion stören und wäre unrealistisch. Er läßt vielmehr seine Gestalten einfach sprechen, was sie zum Verlaufe der dramatischen Handlung zu sprechen haben, und hierbei erfährt man – unter der Hand, aus einem Nebensätzchen – den einen oder andern Bestandteil der Vorgeschichte. Die Redenden tun, als ob sie gleichgültige Tatsachen streiften. Nirgends breite Auseinandersetzung, überall inhaltsvolle Andeutung. Ein Meister in dieser Kunst war schon Lessing, in welchem die neurealistische Bühnentechnik ihren großen Wegweiser verehrt. Wo freilich die Vorgeschichte derart in die Handlung des Dramas hineinspielt, daß sie diskutiert werden muß; wo ein Wesentliches der dramatischen Handlung in einer Enthüllung besteht, wie in Ibsens „Gespenstern", dort wird begreiflicherweise die Behandlung der Vorfabel in der geschilderten Art unmöglich. [...]

Es bleibt ein letztes Mittel zu kennzeichnen, das dem Wahrheitsstreben moderner Dramenkunst dient: die S p r a c h e . Das kann in knappen Zügen geschehn: die Handhabung der Sprache zur Erzielung realistischer Wirkungen – wieder nicht ein Erzeugnis, sondern nur ein Grundsatz moderner Technik – ist ja sehr alt. Die gröbste Art des sprachlichen Realismus ist die zeitweilige Anwendung des Dialekts: schon das 16. Jahrhundert ließ die deutschen Bauern des Theaters im Gegensatz zu Vornehmeren ihr ländliches Platt reden. Eine etwas höhere Stufe realistischer Sprachverwertung trat gleichfalls früh in gewissen Situationen auf: in Augenblicken des Sterbens und der Verlegenheit; hier suchte selbst eine Technik, die noch in den Kinderschuhen stand, durch die bekannten Gedankenstriche und Punkte, abgebrochene Sätze und zusammenhanglose Worte eine Art Situationscharakteristik hervorzurufen. Aber noch bei Lessing kommt die Sprache im Schauspiel nicht sonderlich gut weg. Im Aufbau des Dramas den Stürmern und Drängern um Turmhöhe überlegen, steht er im realistischen Gebrauch der Rede fast ebenso tief unter ihnen. Sein Just, der doch ein ungeschlachter Packknecht ist, darf noch Sätze sprechen, wie sie nur ein philosophischer Kopf zurechtgeklügelt haben kann. „So gewiß," sagt er zu Tellheim, „so gewiß ich Ihnen schuldig bin, so gewiß Sie mir nichts schuldig werden können, so gewiß sollen Sie mich nun nicht verstoßen." Die Kraftgenies brachten durch ihre Abwendung vom sprachlich Korrekten Herzlichkeit, Lebendigkeit, Naturalismus in das Drama, doch eine feinere psychologische Verwertung der Sprache gelang erst den Charakteristikern des 19. Jahrhunderts. Auf ihnen fußt die moderne Kunst Ibsens, die Bestrebungen jener in sich umfassend und großartig fortbildend. Vom „Erbförster" zur „Wildente" ist ein weiter Weg.

Das neue Drama trachtet nach immer größerer Differenzierung der Sprache, die sich einmal streng nach dem Wesen der redenden Gestalten, dann nach dem Wesen der Situation richtet. Da nun das Drama Menschen vorführt, die ihrem Beruf nach nicht immer Oberlehrer sind, so sprechen sie auch nicht wie diese in vorsichtig geordneten Mustersätzen, sondern mit allen den kleinen syntaktischen und logischen Nachlässigkeiten, welche die Sprache des Lebens zeigt. Ibsen vor allem hat jene raffinierte Unordnung in der Redeweise eingeführt, die es erst glaublich macht, daß die vorgeführten Gestalten ihre Worte nicht auswendig gelernt haben. Papierene Wendungen wie sie etwa Paul Lindau noch braucht – „Bin ich nicht Deine Dich zärtlich liebende Schwägerin?" – können wir heute kaum mehr ernst nehmen. Hauptmann und die Verfasser der „Familie Selicke" sind über Ibsen hinausgegangen; ihr subtiler Sprachnaturalismus greift dem Schauspieler zuweilen unnötig vor.

Zwei starke ästhetische Reizmittel scheinen allerdings bei den sprachlichen Grundsätzen der modernen Technik wegzufallen: Die poetisch-pathetische Rede und die geistreiche Rede. Sie fallen tatsächlich nicht weg. Nur daß sie nicht mehr ohne Begründung angewandt werden. Die pathetische Rede würden wir überdies nicht schwer entbehren: Wenn uns eine dargestellte Leidenschaft hinreißen soll, muß es heute weit eher eine halb verhaltene, wider Willen elementarisch-ruckweise sich äußernde sein als ein glatt dahinströmendes edel-schönes Pathos. Dennoch ist das Pathos aus dem modernen Drama nicht verbannt; dem Rittmeister August Strindbergs, dem exaltierten Mann, fehlt dieses Symptom der Exaltation nicht, und der unsterbliche Hjalmar Ekdal darf reden von dem „armen, schiffbrüchigen Greis", von der „Pistole, welche eingriff in die Geschichte des Ekdalschen Geschlechts," und von „des Lebens ewiger Nacht".

Ebenso wird die „geistreiche" Rede von der modernen Technik nur da angewandt, wo sich ihre Existenz begründen läßt. Wenn in der hagestolzen Abendgesellschaft des Großhändlers Werle allerhand Witzworte fallen, so sind sie dem Dichter nicht Selbstzweck, sondern nur Mittel zur Charakterisierung ihrer Urheber. Wenn ein gewiegter Weltmann, wie der Gerichtsrat Brack, sich im Gespräch mit Hedda Gabler pointierteren Wendungen bedient, ist auch das völlig begründet. Unbegründet aber, folglich unrealistisch ist das Verhalten jenes aufdringlichen Kaffeekönigs aus Indien, der sämtliche Pointen, welche sein Verfasser im Lauf eines Jahres gesammelt hat, an einem Abend zum besten gibt, ohne doch im Ganzen als ein Geisthascher gezeichnet zu sein. Es wäre sehr hübsch, wenn die Backfische des Tiergartenviertels vor anmutig-gefeilten Aphorismen und paradox-graziösen Wendungen sprühten, aber sie tun es nur bei Oskar Blumenthal; im Leben nicht. In französischen Dramen lassen wir uns diese Eigentümlichkeit noch gefallen: wir können uns im schlimmsten Fall weismachen, die scharfe Feinheit der Rede entspreche dem Charakter jenes Volkes, den

wir so sicher nicht kennen wie den eignen. Daß aber bei uns
die Leute so unmenschlich geistreich nicht sind, wissen wir ganz
genau . . . Und deshalb läuft bei den germanischen Völkern
die geistreiche Rede des Dramas in der Mehrzahl der Fälle
dem Realismus entgegen. – [. . .]

OTTO BRAHM

Aus: Die Freie Bühne in Berlin

[. . .] Als solchermaßen der moderne Schauspieler auf den Plan
getreten war, der moderne Dichter aber vor den Pforten der
deutschen Bühne noch tatenlos verharren mußte, machte ich
(1884, in der Vossischen Zeitung) den Vorschlag, doch das be-
deutendste Werk der Zeit endlich auf die Bühne zu stellen, auf
unsere führende Berliner Bühne: die „Gespenster". Und zur
Sicherheit fügte ich gleich meinen Besetzungsvorschlag für das
Deutsche Theater bei, mit August Förster und Siegwart Fried-
mann, mit Anna Haverland und Agnes Sorma, und ich schloß
mit den Worten: Oswald – selbstverständlich Kainz. Aber da
kam ich schön an bei den Leitern und Spielern des Deutschen
Theaters: L'Arronge und Förster schrien zetermordio, und auch
Kainz, dessen Oswald nun jeder preist, konnte sich in diesem
großartigen Wagnis nicht gleich zurechtfinden. Hatte doch selbst
zu „Nora", das einige Jahre zuvor im Residenz-Theater nach
allen Regeln der Kunst durchgefallen war, der Direktor des
führenden Deutschen Theaters sich nicht bekennen mögen; und
blieb so vom Herbst 1880 an die Berliner Bühne ibsenfremd –
bis zu jenem denkwürdigen Einbruch der neuen Zeit in der
„Gespenster"-Matinee des Januar 1887: alle Perücken wackel-
ten, auch die freiesten Geister waren erschreckt durch diese
Revolte in der Ästhetik (ich sehe mich noch mit dem alten
Weisen, Theodor Fontane, streitend durch die Straßen irren,
um das Residenz-Theater herum); und so hätte man, nach jenem Goethe-Wort, den Offizieren und den Mannschaften, den
Ahnungslosen wie den Ahnungsvollen wieder einmal zurufen
dürfen: Von hier und heute fängt eine neue Epoche der Literaturgeschichte an, und ihr dürft sagen, ihr seid dabeigewesen.

Der Weg war gewiesen, und das Ziel war gesteckt; nun galt es, auszuschreiten und, was uns hemmen wollte, niederzurennen. In der Literatur geht es zu wie bei den Wilden, hat Heine einmal gesagt: Wenn die Jungen zu Jahren gekommen sind, schlagen sie die Alten tot. Und solcher Totschlag sollte nun beginnen – sofern nicht vom bloßen Schrecken schon das Abgelebte stürzte und die Kraftlosigkeit verschied. Zum erstenmal für uns Heutige war das Theater wieder die große Kulturmacht geworden, die Führerin im Geistesleben, und ihre Gewalt offenbarte sie mit strömender Schnelle: Von dieser einen Aufführung im kleinen Residenz-Theater – Wiederholungen untersagte die Polizei – gingen tiefere Wirkungen aus, aufwühlendere, fortreißendere als von hundert „Goldfischen", die im Bassin des Deutschen Theaters sich tummeln durften, als von allem deutsch dröhnenden Pathos des Wildenbruch und der berüchtigt schönen Sprache der Jambentragödien. Welch ein ungeheurer Leuchter war doch diese Bühne, was für ein Scheinwerfer über die Völker, über die Zeiten; nur ganz einfach Licht mußte man ihr zuführen, wirkliches Licht und keine Funzellämpchen – so war sie wieder, was sie in den Zeiten ästhetischen Glanzes gewesen, Gebieterin über die Seelen, der Tempel alles Kunstfrommen.

In der Schar der Gläubigen, die gekommen war, „Gespenster" zu schauen, verweilte auch an jenem Sonntagmorgen des Januar 87, still und uns allen unbekannt, ein junger blonder Poet: Er sah in seinem Seminaristenrock, bartlos und milde, eher einem Genossen des Pastors Manders gleich und empfing auch von dem Manders da oben, der Emanuel Reicher hieß, und von dem ganzen großen Werk einen unauslöschlichen Eindruck. So trafen sich, einander noch fremd, schon diejenigen im Zeichen Ibsens, die von verschiedenen Seiten nach gleichen Zielen ausmarschierten: Gerhart Hauptmann und die künftigen Freien-Bühnen-Männer.

Wer aber waren diese gewesen? Ein paar junge Leute, die sich jeden Tag im Café Schiller versammelten, um einen bescheidenen Marmortisch; und der größte deutsche Dramatiker sah unserem erregten Plänemachen lächelnd zu. Antoines Théâtre-libre war das Vorbild gewesen für Harden, Theodor Wolff und mich, die wir den Gedanken einer Berliner Freien Bühne, jeder an seinem Teil, zu verwirklichen strebten; Schlenther, die

Brüder Hart, zuletzt Fritz Mauthner gesellten sich uns bei, und zwei Männer der Praxis, S. Fischer und Paul Jonas, walteten als Schatzmeister und als Rechtsverweser. Aber auch für den Humor war gesorgt in unserem kritischen Kreis, als unser Senior lieferte ihn in reichlichen Dosen Julius Stettenheim; und als das Berliner Théâtre-libre gleich nach der Geburt an einen kritischen Wendepunkt geriet, rief der Vater Wippchens aus: Wollen wir denn das Théâtre lieber nicht aufmachen? Allein dieser Wendepunkt ward glücklich überschritten – nur daß leider dabei zwei Männer aus unserem Boot sprangen, Harden und Wolff – und nach dem Vorschlag von Heinrich Hart übertrug man das Präsidium des Vereins mir. Der also ist mein Königsmacher gewesen; und ich bewahre dem guten Gesellen, der nun schon aus dieser Welt der Freien Bühnen abspaziert ist, ein dankbares Gedenken.

Im Frühjahr war die Freie Bühne gegründet worden, zum Herbst tat sie im Lessing-Theater ihre Pforten auf: Sie grüßte mit ihrer ersten Vorstellung, am 29. September 89, den Ahnherrn und spielte, zum zweiten Male in Berlin, Ibsens noch immer verbotene „Gespenster". Und nun folgte, am 20. Oktober, der erste Signalschuß der neuen deutschen Kunst: Unter ungeheurem Lärmen, tosendem Widerspruch und rauschendem Beifall ging das Werk eines unbekannten Autors in Szene, Hauptmanns „Vor Sonnenaufgang". Schon vor der Aufführung war der Streit um dieses Werk entbrannt, die Schauspieler wurden in aufgeregten Briefen, natürlich anonymen, vor dem drohenden Theaterskandal gewarnt, und tatsächlich schien an mehr als einer Stelle die Möglichkeit, zu Ende zu spielen, aufgehoben. Auf einem Schlachtfeld glaubt man zu stehen, sagte mir, als ich auf die Bühne kam, der Darsteller des Hoffmann, Gustav Kadelburg: Man hört die Kugeln pfeifen, nur leider, man kann nicht zurückschießen! Und Hauptmann, aus dem nämlichen Eindruck heraus, schrieb mir in das neu erscheinende Buch vom „Sonnenaufgang": „Zur Erinnerung an die Schlacht im Lessing-Theater." So rapid war sein Aufstieg gewesen wie einst der des Byron, er „erwachte eines Morgens und fand sich berühmt" – berühmt oder berüchtigt, gleichviel: In den Karpfenteich der deutsch-theatralischen Genügsamkeit war der erste Friedensstörer gekommen, ein seltsamer junger Hecht.

Wochenlang setzte sich der Kampf noch fort in ungeminderter Stärke; in Cafés, in Gesellschaften, in Zeitungen und Zeitschriften wurde gestritten und verdammt; alte Freunde entzweiten sich, Gleichgesinnte schlossen sich zusammen, und der Widerspruch gegen die Neuerer oder die Zustimmung ward zu einem Erkennungszeichen im ästhetischen Feldzuge: hie Welf, hie Waiblingen. Das Banner des deutschen Naturalismus flatterte in den Lüften, ward beschimpft und bestaunt, mit wechselnden Gebärden; aber eingezogen sollte es nun nicht mehr werden, auf lange hinaus.

Naturalismus – das eine modische Wort ist so lange durch die Finger der Schreibenden gegangen, bis es abgegriffen ward wie Scheidemünze; es ist so lange zu Tode gehetzt worden, bis einem nachkommenden Geschlecht scheinen konnte, als sei auch die Sache tot, die es zu decken versuchte. Daß ich dieser Meinung nicht bin, und warum ich es nicht bin, will ich jetzt aussprechen.

Zur Formel gemacht ist das Wort am entschiedensten durch Zola: „le naturalisme au théâtre" forderte er mit Stentorstimme und erwartete alles Heil – für seine Zeit, für seine Nation – vom Naturalismus. Allein das Wort war kaum über den Rhein gesprungen, es hatte kaum seine Schlagkraft auch bei uns erwiesen, so weitete sich auch schon sein Umfang, und nur die grauesten Theoretiker noch, unter den Freunden wie unter den Feinden, bleiben auf der ersten Formel sitzen.

Ich darf zwei Sätze hier vorlegen, die, obgleich in jener Kampfzeit geschrieben, schon bewußt über die Theorie des Naturalismus hinausstreben, zu einem reicheren Begriff neuen künstlerischen Wollens. In seinen Aufsätzen „Zur Kritik der Moderne", von 1890, sagte Hermann Bahr kurz und schlagend: „Die Synthese von Naturalismus und Romantik ist die gegenwärtige Aufgabe der Literatur." Und der Leiter der Freien Bühne, der hier das Wort nimmt nach langem Schweigen und der als ein engbrüstiger Naturalist verrufen ist, fügte hinzu: „Eine Anschauung dies, die ich von ganzer Seele teile." In den Eröffnungsworten aber, die die neu begründete Zeitschrift Freie Bühne einleiteten, hatte ich 1890 gesagt: „Dem Naturalismus Freund, wollen wir eine gute Strecke Wegs mit ihm schreiten, allein es soll uns nicht erstaunen, wenn im Verlauf der Wan-

derschaft, an einem Punkt, den wir heute noch nicht überschauen, die Straße plötzlich sich biegt und überraschende neue
Blicke in Kunst und Leben sich auftun."

Aber ich höre einen Einwand aufsteigen, dem ich begegnen
muß. Ist das der Beweis, fragt man, von der lebenspendenden
Kraft des Naturalismus, daß schon in seinem ersten Auftauchen
sein Begriff in Deutschland umgebogen werden konnte? Ich
antworte: Ja, denn eben weil wir bei dem französischen Muster nicht stehengeblieben sind, haben wir die Geltung des
Neuen für unsere Nation, für unser Theater gewonnen. Nicht
laut genug können wir es ausrufen, daß nur der enge Sinn der
Gegner es war, der uns an dieses Kreuz des Zolaschen, des
Arno-Holzischen Naturalismus zu nageln versuchte; und es
heißt Worte, die in der Hitze des Gefechtes gefallen sind, parteiisch verewigen, es heißt subjektive Stimmungen des Augenblicks, wie die freundschaftliche Widmung von Hauptmanns
erstem Drama an seine Anreger Holz und Schlaf, parteiisch
aufzubauschen, wenn man mit jenen Schlagworten von der Be-
schränktheit des deutschen Naturalismus immer noch krebsen
geht, nachdem die Freie-Bühnen-Bewegung längst historisch geworden ist und ihren Platz unter den Evolutionen des Geistes
schlicht behauptet. [...]

ARNO HOLZ

Aus: Evolution des Dramas

Im Herbst 1896, als Vorwort zu meiner Komödie „Sozial-
aristokraten", schrieb ich:
Das vorliegende Stück ist als das erste einer großen Reihe von
Bühnenwerken gedacht, die, wie ihr Gesamttitel bereits an-
deutet, zusammengehalten durch ihr Milieu, alle Kreise und
Klassen spiegelnd, nach und nach ein umfassendes Bild unserer
Zeit geben sollen.

Noch unlängst hatte auf unserem Theater als der Inbegriff
aller modernen Antiklassik und Antiromantik die Art der
letzten großen Norweger gegolten. Nichtsdestoweniger besteht
zwischen der Diktion zum Beispiel Ibsens und der Rhetorik etwa

Schillers, ich könnte natürlich auch beliebig andere nennen, kein Wesensunterschied. Beide Künstler, über das Jahrhundert hinweg, das sie trennt, und so viel Welten auch zwischen ihnen liegen, in der Überzeugung treffen sie sich: die Sprache des Theaters ist nicht die Sprache des Lebens. Wie ja auch Shakespeare diese nicht gegeben und überhaupt noch niemand bisher, zu keiner Zeit und in keinem Volke.

So oft sich diese Sprache bis jetzt hervorgewagt hatte, und sie wagte sich wiederholentlich hervor, wenn auch überall erst in Ansätzen und noch nirgends durchgebildet, war sie neben der eigentlich literarischen nie mehr als die sozusagen geduldete gewesen, das Aschenbrödel neben der Prinzessin; und es war keiner auf die Vermutung verfallen, am wenigsten natürlich die sogenannte Ästhetik, sie, die Mißachtete, könnte am Ende die heimlich künstlerische sein und jene Gefeierte die offenbar plumpe.

Genau von diesem entgegengesetzten Standpunkt aber gehen bei uns heute die Jungen aus: die Sprache des Theaters ist die Sprache des Lebens. Nur des Lebens! Und es versteht sich von selbst, daß damit für jeden, der derartige prinzipielle Umwälzungen in einer Kunst – die ja allerdings begreiflich nicht zu häufig vorkommen – auch sofort als solche zu erkennen weiß, ein Fortschritt in dieser Kunst eingeleitet ist, eine neue Entwicklungs-, nicht bloß Möglichkeit, sondern, worauf es vor allem ankommt, -Notwendigkeit, wie sie ähnlich breit in ihrer Basis bisher noch nicht vorhanden gewesen. Ihr Ziel zeichnet sich klar: die aus dem gesamten einschlägigen Reproduktionsmaterial sich nun einmal ergebenden Unvermeidlichkeiten möglichst auf ihr Minimum herabzudrücken, statt des bisher überliefert gewesenen posierten Lebens damit mehr und mehr das nahezu wirkliche zu setzen, mit einem Wort, aus dem Theater allmählich das „Theater" zu drängen.

Es sei mir gestattet, zu wiederholen, was ich dieser neuen Technik gleich zu Anfang für ein Prognostikon gestellt hatte:

„Eine Neuerung für die gesamte Literatur von einer so prinzipiellen Bedeutung, wie sie seinerzeit für die Malerei die Verdrängung des künstlichen Atelierlichts durch das natürliche Freilicht besessen. Und ob mit, oder wider Willen, aber es wird niemand sein, der sich auf die Dauer ihr wird entziehen können. Es ist nicht im mindesten zuviel gesagt: durch sie in Erschütterung versetzt, wird mit der Zeit kein Stein der alten Konvention auf dem anderen bleiben. Was die alte Kunst mit ihren primitiveren Mitteln, an die wir nicht mehr glauben, die uns keine Illusion mehr geben, schon einmal getan, diese neue Kunst mit ihren komplizierteren Mitteln, hinter denen wir mal wieder bis auf weiteres noch nicht so die Fäden sehen, wird es noch einmal leisten: den ganzen Menschen von neuem geben! Und es bedarf nicht erst einer Prophezeiung, daß gegenüber dieser Unsumme von Arbeit, die dieser differenzierteren Technik auf diese Weise harrt, und aus deren allmählicher Bewältigung durch sie ein Drama hervorgehen wird, das das Leben in einer Unmittelbarkeit geben wird, in einer Treffsicherheit, von der wir heute vielleicht noch nicht einmal eine entfernte Vorstellung besitzen, noch geradezu eine ganze Reihe von Generationen vergehen wird, ehe ein ähnlich tiefer Einschnitt in der Geschichte des Theaters auch nur möglich sein wird."

Man sieht: ich mache mir meine Konstruktion nicht erst nachträglich zurecht. Ich bin mir über die einfach alles revolutionierende Bedeutung dieser neuen Sprache nie im unklaren gewesen. Zum mindesten, ich unterschätze sie nicht. Ja, es ist sogar meine Behauptung: ihrer endlichen Leistung, der Tatsache gegenüber, daß sie eines schönen Tages plötzlich wirklich da war, hat jede Einzelleistung seitdem, so außergewöhnlich tüchtig auch die eine oder andere von ihnen gewesen sein mag – und ich bin der letzte, das zu leugnen – doch immer nur sekundär bleiben können. Denn es ist selbstverständlich: zwischen der Schaffung eines Kunstwerks in einem Stil, der bereits gegeben ist, und der Schaffung eines solchen Stiles selbst, besteht kein Grad-, sondern ein Artunterschied. [. . .]

Sie * zitieren einen Satz von Brunetière: „*Ce qui n'appartient qu'au théâtre, ce qui fait à travers les âges l'unité permanente de l'espèce dramatique, si j'ose ainsi parler, ce que l'histoire, ce que la vie même ne nous montrent pas toujours, c'est le déploiement de la volonté, – et voilà pourquoi l'action demeurera la loi du théâtre, parce qu'elle est enveloppée dans*

---

* Der folgende Abschnitt richtet sich an Maximilian Harden (Anm. d. Hrsg.).

son idée même." Sie hätten von Aristoteles ab ebensogut auch jeden beliebigen anderen Autor über dieses Thema ins Treffen führen können. Sie orakeln in rührendster Übereinstimmung alle das selbe. Aber ich vertraue auf das Einmaleins und appelliere an Ihre Logik: „. . . *c'est le déploiement de la volonté, – et voilà pourquoi l'action demeurera la loi du théâtre.*" Wo, frage ich, ist die granitene Brücke der Notwendigkeit, die von diesem Vordersatz zu diesem Nachsatz führt? Ich bedaure. Ich sehe nur einen Gedankenstrich und dahinter eine in der Luft zappelnde Behauptung. Gerade aus dem Vordersatz Brunetières, den ich mich hüte hier anzuzweifeln und den auch ich unterschreibe, ergibt sich mit Folgerichtigkeit nur das eine: die Menschen auf der Bühne sind nicht der Handlung wegen da, sondern die Handlung der Menschen auf der Bühne wegen. Sie ist nicht der Zweck, sondern nur das Mittel. Nicht das Primäre, sondern das Sekundäre. Mit anderen Worten: nicht Handlung ist also das Gesetz des Theaters, sondern Darstellung von Charakteren. Und dieses Gesetz, dieses Fundamentalgesetz alles Dramatischen, in aller Klarheit aus den Dingen als erste empfunden zu haben, nachdem das gesamte Akademikertum zweier Jahrtausende sich wie das Tier auf der Heide vergeblich im Kreise gedreht, war, ich gebe es zu, allerdings unser Pech! Daß man dann aber gleich das Kind mit dem Bade ausschüttete, und uns unterschob, wir perhorreszierten nun überhaupt jede Handlung, als ob ein Drama ohne Handlung auch nur denkbar wäre, und wir wollten nur noch Stücke ohne Anfang, Mitte und Ende, fällt nicht uns zur Last, die wir solches Blech nie gewalzt haben, sondern war lediglich Folge der vielen, uns ach, so überlegenen Intelligenzen auf den Redaktionssesseln, denen es natürlich ein leichtes war, uns sofort besser und gründlicher zu verstehen, als wir uns selbst verstanden. Man kennt ja den Vorgang. Er wiederholt sich fast täglich auf allen Gebieten. Keine Kunstform darf leisten wollen, was eine andere Gattung durch die ihr eigentümlichen Mittel noch wirksamer zu leisten vermag. Gewiß. Ich gebe das vollständig zu. Nur eben, weil dieser Satz von so unwiderleglicher Wahrheit ist, deshalb, gerade deshalb, ich wiederhole, ist Handlung nicht das Gesetz des Theaters. In eine Novelle von drei Seiten ist es technisch möglich, mehr Begebenheit zu pfropfen als in ein Drama von zehn Akten. Und umgekehrt: durch eine Szene von fünf Minuten ist es selbst dem mittelmäßigsten Dramatiker, unterstützt durch eine Duse oder einen Reicher, technisch möglich, mehr unmittelbar wirkende Menschendarstellung zu geben als selbst dem genialsten Romancier in einem ganzen Kapitel. Den einen hindern eben seine Mittel, und den anderen tragen sie. Das ist der Unterschied. Wäre die „Darstellung der Leidenschaften", wie Brunetière behauptet, das Spezifikum des Romans, kein Zola hätte dann zwanzig Bände lang eine ganze Zeit in Atem halten können, ohne als Psychologe auch nur das Mittelmaß zu überschreiten. Es ist einfach unwahr, weil mit den Tatsachen in Widerspruch, wenn Brunetière behauptet, die größten Dramatiker seien nicht zugleich auch die größten Charakterschilderer gewesen. Ich erinnere nur an den einen einzigen, den größten von allen, Shakespeare. Sind es seine Handlungen, seine Fabeln – die er so sorglos nahm, daß er sie sogar fast durchweg von anderen holte – die uns überwältigen, noch heute überwältigen, oder seine Menschen? Wer wirklich so naiv ist, sich einzubilden, es seien die kleinen oder großen faits divers, der täte meinem Dafürhalten nach wahrhaftig gescheiter, gleich zu Jules Verne oder zu Ponson du Terrail zu gehen. Brunetière, der es vorzieht, ihm geschickt aus der Begegnung zu biegen, führt Bourdaloue und La Bruyère an. Kein Dramatiker der gallischen Welt, selbst Molière nicht, hätte sie als Charakterschilderer übertroffen. Nur merkwürdig dann, wage ich dagegen einzuwerfen, daß die Menschen, die Bourdaloue und La Bruyère geschaffen, bedeckt von dem langweiligen Zeilenstaub der analytischen Rhetorenprosa dieser beiden Herren, in ihren schweinsledernen Foliantensärgen hübsch mausetot liegen geblieben sind, ihrer definitiven Verschimmelung entgegenharrend, während die vielen Männlein und Weiblein ihres armen, so schmählich unterlegenen Konkurrenten in uns allen noch heute lachen und weinen, lebendig wie am ersten Tag! Doch wozu die Beweise häufen? Entweder es genügt bereits einer, oder aber es reichen keine drei Dutzend. Läge das Recht auf Brunetières Seite, keine vier Pferde zögen uns wieder in das selbe Stück, Sardou wäre größer als Shakespeare und Hamlet eine Stümperleistung gegen Charleys Tante. Und ferner, worauf es als Schlußfolgerung hier ankommt:

wäre das von der alten Ästhetik hypostasierte Gesetz, Handlung ist die letzte Absicht des Theaters, wirklich das richtige gewesen, das der Realität parallele: unsere technische Neuerung – die Sprache des Lebens, die wir an die bisherige von Papier setzten – wäre von absolut keiner Bedeutung gewesen. Denn eine Handlung bleibt naturgemäß die selbe, ob ich sie durch eine primitive oder eine differenzierte Ausdrucksweise begleite. Verhält es sich aber gewissermaßen umgekehrt, und ist, wie ich behaupte, der Mensch selbst und seine möglichst intensive Wiedergabe das Kerngesetz des Dramas, so liegt auf der Hand, daß unsere Revolutionierung des dann zentralsten Mittels dieser Kunst eine so tiefgründige war, wie sie als Basis einer neuen Entwickelungsmöglichkeit tiefgründiger nicht einmal gedacht werden konnte. Und nun, verehrter Herr Harden, sieben Jahre später, schlage ich die „Zukunft" auf und lese: „Ewig geltende Regeln und Gesetze, die in der Idee des Dramas begründet sind, und denen man, um sie einst zu beherrschen, sich zunächst gehorsam anpassen muß? Welches unsinnig akademische Gefasel! . . . Regeln, Gesetze, Ideeen: das alles haben wir, so mochten sie höhnend rufen, doch längst glücklich abgeschafft!" O nein. Solche gehirnlosen Vogelscheuchen, solche bejammernswerten Gesellen sind wir nie gewesen. Unser ganzes Verbrechen – und ich bin stolz darauf, daß ich der erste war, wie ich heute Ihrer Meinung nach, die ich nicht teile, bereits der letzte sein soll – unser ganzes Verbrechen hatte im Gegenteil nur darin bestanden, daß wir diese ewig geltenden Gesetze und Regeln nicht blind von unseren Vätern übernahmen, die wir ja mit ihnen fest auf die trostlosesten Sandbänke gefahren sahen, sondern daß wir es für unsere Pflicht hielten, sie uns wieder aus den Dingen selbst zu suchen, um uns ihnen dann um so gehorsamer anzupassen, gerade je ehrfürchtiger wir an sie glaubten! [. . .]

HUGO VON HOFMANNSTHAL

Die Menschen in Ibsens Dramen
Eine kritische Studie

Man ist wohl nie in Versuchung gekommen, einen Vortrag zu überschreiben: von den Menschen in den Dramen Shakespeares, oder Otto Ludwigs, oder Goethes. Ebensowenig als „über die Menschen im wirklichen Leben". Der Titel würde gar nichts sagen: es gibt ja dort nichts als Menschen, plastische, lebendige Menschen, die sich handelnd und leidend ausleben, und in diesem Ausleben liegt alles. Sonst wird nichts gewollt und nichts vorausgesetzt. Bei Ibsen hat sich die Diskussion, haben sich Begeisterung und Ablehnung fast immer an etwas außerhalb der Charakteristik Liegendes angeknüpft: an Ideen, Probleme, Ausblicke, Reflexionen, Stimmungen.

Trotzdem gibt es in diesen Theaterstücken auch Menschen, das heißt, wenn man genauer zusieht, einen Menschen, Varianten eines sehr reichen, sehr modernen und sehr scharf geschauten Menschentypus. Außerdem Hintergrundsfiguren, flüchtige Farbenflecke für den Kontrast, Explikationsfiguren, die den Haupttypus kritisieren und Details hinzufügen, und Parallelfiguren, in die einzelne Züge der Hauptfigur projiziert sind, die gewissermaßen eine grell beleuchtete Seelenseite des ganzen Menschen darstellen.

So weit die beiden Individualitäten auch voneinander abstehen, es ist ganz dieselbe Erscheinung wie bei Byron: hier wie dort diese eine durchgehende Figur mit dem Seelenleben des Dichters, mit den inneren Erlebnissen, die sich nie verleugnen, ein wenig stilisiert, ein wenig variiert, aber wesentlich eins. Dort hieß sie Manfred, Lara, Mazeppa, Tasso, Foscari, Childe Harold, der Giaur, der Corsar; sie hatte einen etwas theatralischen Mantel, verzerrte Züge, einen gewaltigen Willen und die Rhetorik heftiger und melancholischer Menschen, sie war eigentlich ein sehr geradliniges, einfaches Wesen. Hier heißt sie Julian der Apostat, Photograph Ekdal, Peer Gynt, Bildhauer Lyngstrand, Dr. Helmer, Dr. Brendel, Dr. Rank oder Frau Hedda, Frau Ellida, Frau Nora. Sie ist gar kein geradliniges Wesen; sie ist sehr kompliziert; sie spricht eine nervöse

hastige Prosa, unpathetisch und nicht immer ganz deutlich; sie
ironisiert sich selbst, sie reflektiert und kopiert sich selbst. Sie
ist ein fortwährend wechselndes Produkt aus ihrer Stimmung
und ihrer eigenen Kritik dieser Stimmung.

Alle diese Menschen leben ein schattenhaftes Leben; sie erleben fast keine Taten und Dinge, fast ausschließlich Gedanken,
Stimmungen und Verstimmungen. Sie wollen wenig, sie tun
fast nichts. Sie denken übers Denken, fühlen sich fühlen und
treiben Autopsychologie. Sie sind sich selbst ein schönes De-
klamationsthema, obwohl sie gewiß oft sehr wirklich unglücklich sind; denn das Reden und Reflektieren ist ihr eigentlicher
Beruf: sie sind oft Schriftsteller: Kaiser Julian trägt das Kleid
der Weisheitslehrer und schreibt kleine, anspruchsvolle und
pedantische Broschüren; Hjalmar Ekdal und Ulrich Brendel
werden wahrscheinlich nächstens ein epochemachendes Werk
herausgeben, und Ejlert Lövborg hat sogar schon eines geschrieben; oder sie sind müßige, nervöse und schönsinnige
Frauen, wie die Frau vom Meere und die andere, die in Schönheit gestorben ist. Sie ermangeln aller Naivetät, sie haben ihr
Leben in der Hand und betasten es ängstlich und wollen ihm
einen Stil geben und Sinn hineinlegen; sie möchten im Leben
untersinken, sie möchten, daß irgend etwas komme und sie
stark forttrage und vergessen mache auf sich selbst. Es ist in ihnen
ganz die Sehnsucht des Niels Lyhne: „Das Leben ein Gedicht!
Aber nicht so, daß man immer herumging und an sich selbst
dichtete, statt es zu leben. Wie war das inhaltslos, leer, leer,
leer: dieses Jagdmachen auf sich selbst, seine eigene Spur listig
beobachtend ... dieses Zum-Spaß-sich-Hineinwerfen in den
Strom des Lebens und Gleich-wieder-Dasitzen und Sich-selbst-
Auffischen in der einen oder der anderen kuriosen Vermum-
mung! Wenn es nur über einen kommen wollte – Leben, Liebe,
Leidenschaft –, so daß man nicht mehr dichten konnte, sondern
daß es dichtete mit einem." Dieses Rätselhafte, das kommen
soll und einen forttragen und dem Leben einen großen Sinn
geben und allen Dingen neue Farbe und allen Worten eine
Seele, hat vielerlei Namen für diese Menschen.

Bald ist es das „Wunderbare", wonach sich die Nora sehnt;
für Julian und für Hedda ist es das Griechische, das große
Bacchanal, mit adeliger Anmut und Weinlaub im Haar; oder

es ist das Meer, das rätselhaft verlockt, oder es ist ein freies Leben in großartigen Formen, Amerika, Paris. Alles nur symbolische Namen für irgendein „Draußen" und „Anders". Es ist nichts anderes als die suchende Sehnsucht des Stendhal nach dem „imprévu"; nach dem Unvorhergesehenen, nach dem, was nicht „ekel, schal und flach und unerträglich" in der Liebe, im Leben. Es ist nichts anderes als das verträumte Verlangen der Romantiker nach der mondbeglänzten Zauberwildnis, nach offenen Felsentoren und redenden Bildern, nach irgendeiner niegeahnten Märchenhaftigkeit des Lebens.

Sie leben in kleinen Verhältnissen, in unerträglichen, peinlichen, verstimmenden, gelbgrauen kleinen Verhältnissen, und sie sehnen sich alle fort. Wenn man ihnen verspricht, sie weit fortzubringen, rufen sie aus: „Nun werde ich doch endlich einmal wirklich leben." Sie sehnen sich fort, wie man sich aus grauem, eintönigem, ewigem Regen nach Sonnenschein sehnt. „Mich dünkt", sagt der oder jener, „wir leben hier nicht viel anders als die Fische im Teich. Den Fjord haben sie so dicht bei sich, und da streichen die großen wilden Fischzüge aus und ein. Aber davon bekommen die armen zahmen Hausfische nichts zu wissen; sie dürfen nie mit dabei sein." Es muß doch eine neue Offenbarung kommen, sagen sie, oder eine Offenbarung von etwas Neuem.

Es ist in diesen Verhältnissen ungeheuer viel Klatsch und ungeheuer viel irritierende Kleinlichkeit und Monotonie. In „Kaiser und Galiläer" gibt es Hofintrigen und Gelehrtenintrigen, Bureauklatsch und Stadtklatsch. In der „Hedda Gabler" weiß um 10 Uhr morgens schon die ganze Stadt, daß Ejlert Lövborg in der Nacht schon wieder betrunken war. Im „Volksfeind" und in den „Stützen der Gesellschaft" ist der Klatsch sogar das Hauptmotiv: „Was wird der Buchdrucker sich denken, und was wird der Gerichtsrat sagen, und was wird der Rektor urteilen." In solchen Verhältnissen verliert man mit sinnlosen Widerwärtigkeiten so viel Zeit, daß man leicht auf den Gedanken kommt, sein ganzes Leben versäumt zu haben. In „Peer Gynt" ist eine rührende Szene, wo den alten Mann sein ganzes ungelebtes Leben, die ungedachten Gedanken, die ungesprochenen Worte, die ungeweinten Tränen, die versäumten Werke vorwurfsvoll und traurig umschweben. Bevor sie anfingen unter solchen Verhältnissen zu leiden, haben fast alle diese Menschen eine verwirrende, halb traumhafte Kindheit durchlebt, wie in einem Märchenwald, aus der sie heraustreten mit einem unstillbaren Heimweh und einer isolierenden Besonderheit, wie Parzival in die Welt reitet im Narrenkleid und mit der Erfahrung eines kleinen Kindes. Diese Kindheit Parzivals im Wald Brezilian hat für meine Empfindung immer etwas sehr Symbolisches gehabt. Dieses Aufwachen in einer dämmernden Einsamkeit unter traumhaften Fragen nach Gott und Welt, auf die eine kindlich-traumhafte Mutterantwort folgt, das ist eigentlich das typische Aufwachen in der dämmernden, rätselhaft webenden Atmosphäre des Elternhauses, wo alle Dimensionen verschoben, alle Dinge stilisiert erscheinen; denn Kinderaugen geben den Dingen einen Stil, den wir dann vergebens wiederzufinden streben: sie stilisieren das Alltägliche zum Märchenhaften, zum Heroischen, so wie Angst, Fieber oder Genialität stilisieren. In solch einem Wald Brezilian, der ein Puppenheim ist, sind sie alle aufgewachsen: Nora und Hedda bei kranken und exzentrischen Vätern, Hjalmar bei hysterischen Frauen, den Tanten, Julian in der schlechten Luft eines byzantinischen Klosters, Peer Gynt bei der phantastischen halbverrückten Mutter, und so fort. Aus dieser Kindheit haftet ihnen immer etwas so eigentümlich Verträumtes an; sie denken scheinbar immer an etwas anderes als wovon sie reden; sie sind eben alle Dichter, oder eigentlich sensitive Dilettanten. Sie haben viel von Kaiser Nero und viel von Don Quijote; denn sie wollen auch Gedichte ins Leben übertragen, ob selbsterfundene oder anempfundene ist ja gleichgültig. Einige haben sich resigniert daran gewöhnt, nicht mehr an das Wunderbare zu glauben, das von außen kommen soll. Sie glauben an die unendlichen Möglichkeiten des Wunderbaren, die im Menschen selbst liegen: sie glauben an den schöpferischen, verklärenden, adelnden Schmerz. Das ist ein persönlicher Lieblingsglaube von Herrn Henrik Ibsen: er glaubt, daß das Wunderbare in den Menschen dann aufwacht, wenn sie etwas sehr Schweres erleben ...

Sie haben auch das Spielen mit den wachen, den lebendigen Worten, das so sehr eine Dichtereigenschaft ist: gewisse Worte scheinen für sie einen ganz anderen Sinn zu haben als für die gewöhnlichen Menschen: sie sprechen sie mit einem eigenen Ton, halb Wohlgefallen, halb Grauen aus, wie heilige, bannkräftige Formeln. Sie haben untereinander Zitate und geflügelte Worte, auch wenn sie nicht zufällig eitle Sophisten sind wie Kaiser Julian, der sich immer selbst zitiert. Sie sind auch um ihre Abgänge sehr bekümmert: sie lieben das arrangierte Sterben; wenn sie nicht mit Zitaten aus Seneca umsinken, wie die Prinzen in einem jugendlichen Drama Shakespeares, so liegt wenigstens in der Situation eine leichte Pose. Mir fällt das traurige Wort eines jungen Mädchens aus der guten Gesellschaft ein, die ein paar Wochen vor ihrem Tod mit elegantem Lächeln sagte: „Après tout, le suicide calme, c'est la seule chose bien aristocratique qui nous reste." Das könnte fast die Frau Hedda gesagt haben oder der Doktor Rank; auch die kleine Hedwig stirbt nicht naiv. Und Julian, nach einem Leben voll Enttäuschungen, kann nicht sterben, ohne an den Effekt zu denken: „Sieh dies schwarze Wasser", sagt er zu seinem Freund, „glaubst du, wenn ich spurlos vom Erdboden verschwände und mein Leib nirgends gefunden würde und niemand wüßte, wo ich geblieben wäre – glaubst du nicht, daß sich die Sage verbreiten möchte, Hermes wäre zu mir gekommen und hätte mich fortgeführt, und ich wäre in die Gemeinschaft der Götter aufgenommen?"

Wie nahe stehen wir hier der Manier des Nero, jenes wirklichen und höchst lebendigen Nero, den Renan aus den Details des Petronius, des Sueton und der Apokalypse zusammengesetzt hat: ein mittelmäßiger Künstler, in dessen Kopf Bakchos und Sardanapal, Ninus und Priamus, Troja und Babylon, Homer und die fade Reimerei der Zeitgenossen irr durcheinanderschwankt, ein eitler Virtuos, der das Parterre zittern macht und davor zittert, ein schöngeistiger Dilettant, der durch eine Smaragdbrille den Leichnam seiner Mutter ästhetisch betrachtet, hier lobend, dort tadelnd, und dem in seiner eigenen Todesstunde nichts als literarische Reminiszenzen einfallen. Er erinnert sich, daß er Rollen gespielt hat, in denen er Vatermörder und zu Bettlern herabgekommene Fürsten darstellte, bemerkt, daß er das alles jetzt für seine Rechnung spiele, und deklamiert den Vers des Ödipus:

Θανεῖν μ' ἄνωγε σύγγαμος, μήτηρ, πατήρ.
Weib und Mutter und Vater heißen mich sterben!

Dann redet er griechisch, macht Verse, bis man plötzlich das Geräusch herankommender Reiterei hört, die ihn lebendig fangen soll. Da ruft er aus:

„Dumpfes Geräusch von eilenden Rossen erschüttert das Ohr mir!"

und empfängt von einem Sklaven, der den Dolch herabsenkt, den Todesstoß „in Schönheit".

Kein Wunder übrigens, daß zwischen jenem Julian und diesem Nero eine solche Verwandtschaft besteht; sie sind beide bis zu einem geringen Grade die Selbstporträts ihrer Dichter, zweier geistreicher Weisheitslehrer des 19. Jahrhunderts.

Die Erziehung des Nero in dem rhetorischen Seminar des affektierten Seneca, des Virtuosen der Anempfindung, hat mit der unserigen viel Verwandtschaft; und das hübsche Wort, das Seneca über seine Zeit gesagt hat, „Literarum intemperantia laboramus", könnten alle diese literarischen Dilettantenmenschen der Ibsen-Dramen in ihre Tagebücher schreiben und so kommentieren: „Mein Leben hat mich nirgends fortgerissen und getragen; mir fehlte die Unmittelbarkeit des Erlebens, und es war so kleinlich, daß ich, um ihm Interesse zu geben, es immer mit geistreichen Deutungen, künstlichen Antithesen und Nuancen ausschmücken mußte." Dieses Dekorieren des gemeinen Lebens, diese schöne und sinnreiche Lebensführung, die nur in ihrer Terminologie ein wenig an die der protestantischen Erbauungsbücher gemahnt, dieses starke, alles absorbierende Denken an das „eine Notwendige", dieses harte und herbe Betonen der Pflichten gegen sich selbst bringt je nach den Figuren zweierlei endgültige Konzeptionen des Lebensproblems mit sich: einmal das symbolische Sich-Isolieren, das nervöse Bedürfnis, Abgründe ringsum sich zu schaffen, das Alleinbleiben des Volksfeindes, das Einsamwerden auf Rosmersholm, das Hinauslaufen der Nora in die Nacht; oder man bleibt im Leben und zwischen den Menschen stehen: aber als der heimliche Herr, und alle anderen sind Objekte, Akkumulatoren von Stimmungen, Möbel, Instrumente zur Beleuchtung, zur Erheiterung, zur Verstimmung oder zur Rührung. So behandelt Herr Helmer seine Frau und seinen Freund Rank. Die Frau ist ein Spielzeug, eine hübsche, graziöse Puppe, die er in Gesellschaft führt, dort läßt er sie Tarantella tanzen, sammelt die Lobsprüche ab und führt sie wieder fort, ob sie will oder nicht; und wie sein Freund sich versteckt, um still zu sterben, wie ein verwundetes Tier, sagt er: „Schade, er mit seinen Leiden und seiner Vereinsamung gab gleichsam einen schönen, bewölkten Hintergrund ab für unser sonnenhelles Glück." Noch hübscher aber ist es in einem anderen Stück, wo eine Gruppe von drei Menschen sich wechselseitig so als Ding und Stimmungsobjekt behandelt; ich meine den kranken Bildhauer Lyngstrand und die beiden jungen Mädchen, die Stieftöchter der Frau vom Meere: der hoffnungslos kranke Mensch spricht von seiner bevorstehenden Reise nach Italien und nimmt der älteren von den zwei Mädchen das Versprechen ab, immer aus ihrer eintönigen, armen Existenz heraus an ihn zu denken. Wozu eigentlich? „Ja, sehen Sie", sagt er, „so zu wissen, daß es irgendwo auf der Welt ein junges, zartes und schweigsames Weib gibt, das still umhergeht und von einem träumt . . ."

Er findet das ungeheuer „anregend".

Dabei interessiert er sich aber eigentlich gar nicht für sie, sondern für die Jüngere, eine halberwachsene, sehr gescheite kleine Person.

„Wenn ich wiederkomme", sagt er zu ihr, „werden Sie ungefähr im selben Alter sein wie Ihre Schwester jetzt. Vielleicht sehen Sie dann auch aus, wie Ihre Schwester jetzt aussieht. Vielleicht sind Sie dann gleichsam Sie selbst und sie sozusagen in einer Gestalt . . ."

Hilde spielt mit dem Gedanken, daß der Mensch, der ihr das alles sagt, nie mehr wiederkommen wird, weil sie weiß, daß er sterben muß. Ihr macht dieser Flirt vor der Türe des Todes ein eigentümliches Vergnügen. Sie fragt ihn, wie sie sich in Schwarz ausnehmen würde, ganz in Schwarz, mit einer schwarzen Halskrause und schwarzen, matten Handschuhen . . .

„So als junge, schöne trauernde Witwe, nicht?"

„Ja", meint sie, „oder eine junge trauernde Braut."

Sie findet wieder *den* Gedanken ungeheuer anregend.

Diese resignierten Egoisten wie Hjalmar, Helmer und Hilde, und die Pathetisch-Isolierten, wie Stockmann oder Nora, sind für meine Empfindung nur Stadien ein und desselben inneren Erlebnisses, und diese verschiedenen Menschen sind nichts als der eine Ibsensche Mensch in verschiedenen Epochen der Entwicklung. Alle Ibsenschen Menschen repräsentieren nichts anderes als eine Leiter von Seelenzuständen, die zum Beispiel der eine Julian schon alle im Keime hat und durchlebt. In jedem Stücke wird eine Idee, das heißt, eine Seite des großen Grundproblems, besonders betont und in französischer Manier mit viel Räsonnement durchgeführt.

Und das Grundproblem ist, glaube ich, immer das eine, wesentlich undramatische: Wie verhält sich der Ibsensche Mensch, der künstlerische Egoist, der sensitive Dilettant mit überreichem Selbstbeobachtungsvermögen, mit wenig Willen und einem großen Heimweh nach Schönheit und Naivetät, wie verhält sich dieser Mensch im Leben? Wie, wenn man ihn binden und zwingen will und er ist schwach und hilflos gestimmt? – Nora.

Oder wenn man ihn zwingen will und er ist stark und hochmütig gestimmt? – Stockmann.

Oder man läßt ihm Freiheit und die Qual des Wählens? – Frau vom Meere.

Oder er ist arm und hätte gemeinmenschliche Pflichten? – Hjalmar.

Oder er hat alle Macht der Welt? – Julian.

Oder er ist unrettbar krank? – Oswald Alving.

Oder er ist überspannt erzogen worden? – Hedda.

Ich glaube, die Antwort ist sehr einfach: eigentlich hat er zwischen den Menschen keinen rechten Platz und kann mit dem Leben nichts anfangen. Darum geht er manchmal sterben, wie Julian, Rosmer, Hedda. Oder er „stellt sich allein", was fast dasselbe ist: Nora, Stockmann. Oder er lebt weiter, einsam zwischen den Menschen, in selbstsüchtigen Kombinationen ihr heimlicher Herr: Hjalmar, Helmer, Hilde … in hochmütiger Resignation und enttäuschter Kühle, ein zerbrechliches, künstliches Dasein. –

Inzwischen ist der „Baumeister Solneß" erschienen. Das ist eine wunderliche Mischung von Allegorie und Darstellung realen Lebens. Wie wenn Bauernkinder bei Nacht in ausgehöhlte Kürbisköpfe Lichter stecken, die durch das gelbrote dünne Fleisch scheinen, so scheint hier die allegorische Bedeutung durch hohle, menschenähnliche Puppen. Man hat das ganze Stück geistreich und gewiß nicht unrichtig als eine symbolische Darstellung von Ibsens innerer Entwicklung, von seinem Künstlerverhältnis zu Gott, zu den anderen und zu sich selbst aufgefaßt. Der Künstlermensch, der große Baumeister, steht in der Mitte zwischen den beiden Königen aus den „Kronprätendenten". Denn die Könige bei Ibsen sind auch Baumeister und die Baumeister Könige; oder alle beide Dichter, königliche Baumeister der Seelen. Baumeister Solneß steht also zwischen dem König Hakon und dem König Skule. Er hat das dämonische Glück, wie der eine, und wird von Zweifeln zernagt, wie der andere. Er hat das Ingenium, den eingeborenen Beruf, das Baumeistertum von Gottes Gnaden, das Recht und die Pflicht, sich durchzusetzen, wie der geborene König Hakon, „der mit dem Königsgedanken"; und er hat die Kleinheit und die Angst und die Gewissensqual und die Sehnsucht nach Kraft und Leichtigkeit des Lebens, wie der König Skule, der kein Recht hat, König zu sein. Wie diese Könige und Baumeister, so sieht der Künstlermensch aus, von innen gesehen; und die Karikatur davon ist Hjalmar und Julian. Neben dem schaffenden Künstler steht das fordernde Leben, das spöttische, verwirrende. So steht neben dem zweifelnden Baumeister die Prinzessin Hilde. Es ist die erwachsene kleine Hilde, die Stieftochter der Frau vom Meere. Der Baumeister hat ihr einmal ein Königreich versprochen, und das kommt sie jetzt fordern. Wenn er ein geborener König ist, muß ihm das ja ganz leicht sein. Wenn nicht, so geht er einfach daran zugrunde. Und das wäre ja ungeheuer anregend. Ihr Königreich liegt, wie das der Nora und der Hedda, im Wunderbaren. Dort, wo einem schwindlig wird. Dort, wo eine fremde Macht einen packt und fortträgt. Auch er hat in der Seele diesen Zug nach dem Stehen auf hohen Türmen, wo es im Wind und in der dämmernden Einsamkeit unheimlich schön ist, wo man mit Gott redet und von wo man herabstürzen und tot sein kann. Aber er ist nicht schwindelfrei: er hat Angst vor sich selbst, Angst vor dem Glück, Angst vor dem Leben, dem ganzen rätselhaften Leben. Auch zu Hilde zieht ihn Angst, ein eigenes, verlockendes Grauen, das Grauen des Künstlers vor der Natur, vor dem Erbarmungslosen, Dämonischen, Sphinxhaften, das sich in der Frau verkörpert, mystisches Grauen vor der Jugend. Denn die Jugend hat etwas Unheimliches, einen berauschenden und ge-

fährlichen Hauch des Lebens in sich, der rätselhaft und ängsti-
gend ist. Alles Problematische, alles zurückgedämmte Mystische
in ihm erwacht unter ihrer Berührung. In Hilde begegnet er
sich selbst: er verlangt das Wunderbare von sich, aus sich
heraus will er es erzwingen und dabei zusehen und den Schauer
fühlen, „wenn das Leben über einen kommt und mit einem
dichtet". Da fällt er sich tot.

- -

Ich glaube nicht, daß diese halb geistreiche, halb leichtfertige
Art, die Dramen Ibsens zu zerpflücken und durcheinanderzu-
schütteln, ihnen wirklich schaden kann. Man kann ja nicht
zwischen ihnen herumgehen wie zwischen wirklichen Menschen in lebendiger Luft, wie in der Shakespearewelt vom
Markt durch den Schloßhof in des Königs Betstube, und von
da durch das lärmende Bankett die Treppen hinab und an der
Wachtstube vorbei, an der Schenke, an des Friedensrichters
Haus, am Kreuzweg, am Friedhof ... aber man geht durch die
reiche und schweigende Seele eines wunderbaren Menschen, mit
Mondlicht, phantastischen Schatten und wanderndem Wind
und schwarzen Seen, stillen Spiegeln, in denen man sich selbst
erkennt, gigantisch vergrößert und unheimlich schön verwandelt.

ALFRED KERR

Ibsen
Gedenkrede

I.

Die Bedeutung dieses seltenen Mannes, der nun siebzig Jahre
auf Erden lebt, ruht in drei Dingen. In seiner Kunstform; in
seinem Gedankenkreis; in seiner anschauenden Kraft.
Die dramatische Form mag nebensächlich scheinen bei einem
Geiste, der noch auf andren Feldern von so tiefem Belang ist.
In Wahrheit aber bildet sie ein untrennbares inneres Merkmal.
Sie ist der erste Beleg für sein Wirklichkeitsstreben: er will das
unmittelbare Leben konterfeien. Nie hat er die epische Form
gebraucht, die so viel leichter zu brauchen ist.

26

So wie sich für einen fremden Beobachter die Seelenvorgänge handelnder Menschen kundtun: nur so wollte Ibsen sie kund werden lassen. Er verzichtete also gemeinhin auf den Monolog, auf das Beiseitesprechen, ließ die Vorgeschichte in Tropfen verteilt gelegentlich durchsickern, kennzeichnete die Gestalten durch eine unwillkürliche, die indirekte Charakteristik und verfeinerte die ganze Methode dramatischer Seelenenthüllung im einzelnen. Er erscheint hier als ein Vollender, nicht als Erfinder. Wie denn Menschen seiner Größe meist Vollender sein müssen. Spinoza gilt als ein „Zu-Ende-Denker". Shakespeare war nach Marlowe und Genossen ein Vollender. Wagner ein Vollender nach Weber und selbst Meyerbeer. Zola, der die Welt erobert hat, steht auf den Schultern Balzacs, der sie nicht erobert hat. So sind Ibsens letzte Vorgänger in einem wichtigen Teil der Kunstform Hebbel und Otto Ludwig. Er aber bringt die letzten reifsten und sieghaftesten Ergebnisse der Entwicklung, in deren Mitte sie stehen. Auch er ist ein Zu-Ende-Denker. Schattenhafte Seelenbewegungen, Verschiebungen in geheimen Gängen des Innern, verborgene Vorstöße: das weiß er mit den sehr beengten Mitteln einer realistischen Dramentechnik ergreifend zu gestalten. Es ist ein grandios sicheres und klares Zwischen-den-Zeilen-lesen-lassen, das direkte Offenbarungen verschmäht und in das Innere der Menschen dennoch schauen läßt wie in die geöffneten und überglasten Leiber vivisezierter Hunde.

Zugleich ist Ibsen ein Vollender im inneren Bau des Dramas. Er fußt auf der Form, die Lessing und neuere Franzosen vertreten; nicht aber Gerhart Hauptmann. Er reiht nur die wesentlichen Momente aneinander, die zum Verständnis der Handlung nötig sind. Episoden als Selbstzweck kennt er nicht. Und er beherrscht die Mathematik des Dramas stärker als Lessing und die Franzosen; er ist wahrscheinlich der exakteste Dramentechniker, den die Literatur aller Zeiten hervorgebracht. So enthalten seine Werke die subtilsten und mannigfachsten Beziehungen. Alles ist doppelt und dreifach verknüpft. In Hinsicht auf Kausalzusammenhänge treiben die Gestalten gewissermaßen Inzucht. Was zeigt sich darin? Das Streben, die gewählte Handlung von der Außenwelt abzusondern; das Drama zu einem möglichst selbständigen Ganzen zu machen.

Aber das Leben bietet solche Absonderung nicht. Hier ist der Punkt, wo Ibsens Kunst mit dem Realismus in Streit kommt. Ibsens dramatische Logik ist tiefsinnig, zuweilen aber streift sie die Spitzfindigkeit. Jene haarscharfe Logik, welche die profansten Franzosen im Spiel mit äußeren Vorgängen zeigen, wendet Ibsen auf innere Vorgänge an. Erlernen läßt sich so etwas nicht; aber durch Routine sehr vervollkommnen. Die Neigung zum Grübeln ist bei ihm a priori vorhanden (sie fällt in einem seiner ersten Stücke erstaunlich auf), zugleich wird das Bühnenrechnerische bei steter Berührung mit dem Theater von außen genährt. In Hedda Gabler etwa ruht alles auf einer Karte. Wie liegen die Dinge zuletzt? Bei dem toten Lövborg findet man ein Pistol, das ihm Hedda gegeben hat. Das könnte sie bloßstellen. Aber Lövborg kann das Pistol auch gestohlen haben. Wenn Hedda dies sagte, wär' es ihre Rettung. Sie will solchen Schimpf nicht auf den Toten kommen lassen. Schimpf? Es soll schimpflich sein, wenn ein Selbstmörder zum Selbstmord die Pistole entlehnt? Selbst für das besondere Gefühl der Hedda, die das Ende in Schönheit wünscht, kann das nicht als schimpflich gelten. Es wird nur eben mit dem theoretisch starren Begriff „Diebstahl" gerechnet, auf daß die Mathematik des Dramas zurecht komme. Denn jetzt gerät Hedda in die Gewalt Bracks, des einzigen, der vom Ursprung der Pistole weiß. Wenn er sie verrät, ist sie zugrunde gerichtet. Wird er sie verraten? Kaum. Doch Hedda muß fürchten, daß er es tun könnte. Sie behauptet, daß sie damit unfrei geworden sei. Und schießt sich tot. War sie vorher frei?

Das ist ein Beispiel. Ein geborgtes Pistol, ein zufällig alleinwissender Brack, und dieser Alleinwissende just ein begehrlicher Anbeter. Man sieht ein Kartenspiel. Was den inneren Bau Ibsenscher Dramen zu überschauen erschwert, ist nicht nur die kausale Inzucht, die Fülle der Beziehungen, die mehr als doppelten Verknotungen. Vieles muß auch in doppeltem Sinn verstanden werden. Der Dichter ist früh ein Symbolist. Und er gibt gleich zwei Arten von Symbolen. Symbole für Begriffe, zweitens Symbole für Stimmungen. In der unergründlichen, versunkenen, doppelbodigen Sprechweise der Gestalten liegt etwas Gespensterhaftes. Abgeschiedene Seelen sind es, die miteinander reden. Ihr Körper ist durchgreifbar, durchscheinend, erzeugt von den Strahlen einer laterna magica. Eine seltsame Luft umwittert modern redende Geister im Straßengewand. Der Dichter sieht vor allem eine innere Welt. Vom Äußeren spendet er auch, doch sehr sparsam. Zuweilen erscheint es, als ob diese Gestalten nur Seelenmöglichkeiten seien. Und doch bietet er mehr als Grundrisse von Menschen: Menschen in Grundrissen. Beruhigt euch! Er meidet nur das Pleonastische und das Unwesentliche, aber die Personen etwa in der Wildente sind lebend, von der Erde, von Fleisch und Blut, – und doch symbolisch.

Will man Hauptmanns Art, Menschen zu zeichnen, mit der Ibsenschen vergleichen, so wäre zu sagen: Die Betrachtung bei Hauptmann ist allgemeiner, summarischer. Man sieht bei ihm die Gesamtseele von außen: Ibsen kriecht in ihren Sitz; ein Seelenbergmann. Ibsen lugt dabei immer nach Gesetzen. Seine Charakteristik ist das Gegenteil von allgemein: doch er betrachtet den Zusammenhang mit der Allgemeinheit. Seine Charakteristik ist das Gegenteil von summarisch: doch er schielt dabei nach der Summe der Dinge. Hauptmann will, daß wir die Gefühle seiner Menschen teilen; Ibsen will, daß wir nachdenklich ihre Beschaffenheit würdigen. Hauptmann schildert ein Geschehnis; Ibsen stellt eine Frage. Hauptmann ist Altruist; Ibsen ist Forscher.

Um zu Ibsen zurückzukehren: er betrachtet das Verhältnis der Menschen untereinander und das Verhältnis der Menschen zur Ewigkeit; mit scheinbarer Kühle. Wie er ihren Schmerzen und Freuden gegenübersteht, scheint er ein Symbol unseres empirischen Zeitalters. Er zählt zu den Gefestigten, Unerschrockenen. Er lacht und weint nicht: er sieht. Das Sehen ist primär, das Ertragen sekundär. Und so, in dieser größeren Gefühlsfreiheit, wird er ein Seelenbergmann ohnegleichen. Er schafft für die ganz leisen Abschattungen, die halben, dunklen Regungen, die winzige, entgleitende Abstufung eine neue Stätte. Er befreit die lebenheischenden Werte unten im Schacht.

II

Ibsens Grundzug ist kritisch. Er ist ein anarchistischer Individualist, im Gegensatz zu Zola, dem Sozialisten und Kollektivisten. Seine Kritik wirft sich eher auf privat-ethische Dinge, als auf öffentlich-ethische Dinge. Gelegentlich kann er sozial-ethisch sein: im Bund der Jugend, wo er den Typus des politischen Strebers zeichnet; in den Stützen der Gesellschaft, wenn er die heuchlerische Tugend führender Christen entlarvt; in Nora, sofern ihre Wechselfälschung in Betracht kommt, denn das ist ihr bescheidenes Verhältnis zum Staat. Das sozusagen Physiologisch-Ethische, die Ungerechtigkeit des Fleisches, erhält in den Gespenstern ein furchtbares Denkmal. Im Volksfeind liegt im Kampf um die Wahrheit und Selbständigkeit das ethische Moment. Die ideale Forderung wird hier durchgesetzt, soweit es der Einzelne vermag. Wahrheit und Freiheit verkündete schon Lona Hessel als die echten Stützen der Gesellschaft. Brand wollte eher seinen Rücken opfern, als sich ergeben. Doktor Relling aber droht, den Mann mit der idealen Forderung kopfüber die Treppe hinabzuwerfen. Und Gregers Werle selbst (kein Wikingersproß wie Stockmann) fühlt dumpf, daß er, mit der idealen Forderung, der Dreizehnte bei Tisch ist. Durch Wahrheit geht Hjalmar Ekdals dürftiges Glück in Scherben. Und vor dieser schneidenden Tragik scheint der Dichter an einer sittlichen Möglichkeit in menschlichem Tun zu verzweifeln.

Er scheint es nur. Schon als er Kaiser und Galiläer schrieb, wog er die praktische Unzulänglichkeit alles Sittlichen hin und her: doch der Galiläer siegte. Die kleine Hedwig Ekdal mag noch ein schnödes Opfer törichter Moralforderung sein; Rebekka West ist Heldin. Gebenedeit, wenn sie freudig durch freiwilligen Tod eine Schuld zu sühnen wagt. Als Rosmer die ideale Forderung an sie richtet, steigt sie empor zum Adelsmenschentum. Und die Eltern des kleinen Eyolf, die ganz Enttäuschten, erfüllen noch am Schluß gleichfalls sittliche Pflichten. Sie sind bereit, ohne Illusionen gut zu handeln; nicht nur, um eine Aufgabe zu haben (nach der unseligen Erkenntnis), sondern zur Selbstberuhigung über das Leiden, das man in seiner Erdenmenschlichkeit verschuldet. Und wenn sie fremde Kinder erziehen wollen, so bleibt der Badearzt Stockmann um der Armen willen am Orte. Die Frau eines andern Arztes aber, Ellida Wangel, fühlt wohl die tiefe Sehnsucht der Umfriedeten nach Freiheit, doch sittliche Kraft läßt sie die Sehnsucht überwinden.

Daneben steht das Gegenteil dieser Weltanschauung. Den Baumeister Solneß hat der Dichter in eine Sphäre gestellt, aus der helle Herrenmoral leuchtet; Heimstätten für Menschen hat er einst gebaut; und baut sie nicht mehr. Fast ein anti-ethischer Zug liegt im Schicksal der mattstrahlenden herrlichen Hedda. Die Philistergüte eines Tantenheims wird lächerlich gemacht, die Philister bleiben gesund und am Leben, die Genialen und Unsittlichen gehen als Helden zugrunde: als Helden. In der Gestalt Borkmans ist die Herrenmoral wieder zu Ehren gelangt, doch in der seltsamen Form, daß sie zugleich den Mitmenschen zugute kommen soll. Der geniale Mensch darf unsittlich handeln, wenn nur durch ihn das Erz in der Tiefe befreit wird, wenn er nur, schaffend, Fortschritt und Bewegung schafft. Das kühne Streben erfährt im Baumeister Solneß eine ähnliche Verherrlichung. Ein Baumeister, der zwar abstürzt, aber doch bis hinauf kam. Borkmans Schuld war bloß, daß er nach dem Gefängnis von weiterem Kampf abstand! Sein Verbrechen liegt hier, nicht im Bankdiebstahl. Und strahlend zaubermächtig schwebt über diesem Drama der Ausspruch des unterliegenden Helden: „Ach was, überfahren werden wir alle miteinander einmal im Leben. Aber da muß man eben wieder aufstehen und tun, als ob nichts gewesen wäre!"

So herrscht weit und breit Aufwärtsstimmung voll positiver Kraft. Und dann wieder versinken in Ibsens grell- und fahler Schneebeleuchtung menschliche Ideale, oder: Wahnbegriffe. Nichts Gutes bleibt, keine sogenannte Liebe, nichts Feststehendes, kein Ringen, das des Ringens wert wäre, keine Glücksmöglichkeit. Die holden Schleier sinken, und was lieblich erschien und verheißungsvoll, ist graue, kahle Selbstsucht. Ausharren und die große Stille erwarten, bleibt die letzte, die einzige Zuflucht. „Mit der Zeit geht es vorüber – alles miteinander." So verschlingt sich in der Riesenwelt dieser großen nordischen Seele das Weiße mit dem Schwarzen, das Positivste mit dem Nihilistischen, die ideale Forderung mit der Ideallosigkeit. Was Eyolfs Eltern innerlich erleben, das Schwinden des letzten Menschenglaubens, das erlebten vor ihnen andere. Diesem Glauben an die Kindesliebe ging Ibsen in den Gespenstern schon zu Leibe. Und. der junge Erhard Borkman, der naiv-egoistisch mit einer schönen Witwe davoneilt, wenn drei nächste Blutsverwandte einen Lebenskampf um ihn kämpfen, der schränkt diesen Glauben noch ahnungsvoller, noch deutlicher, noch ruhiger ein. Und vom Begriff der Freundschaft wird die Schminke abgewaschen, wenn das treue Kanzleischreiberchen und Borkman sich auseinandersetzen. So wandelt im Lauf eines siebzigjährigen Lebens der Dichter die Ideale wie Hildes Baumeister die seinigen, von den Kirchen und den Heimstätten für Menschen zu Luftschlössern mit einer Grundmauer. Aber die Reihenfolge ist nicht dieselbe.

Durch das scheinbare Chaos geht doch ein Grundzug; ein schneidender, schmerzvoll-kalter, ein verschwiegen-entsagender, ein gefestigt-hoffnungsloser. Ibsen ist Luzifer. Sein ganzes Werk ist im Grunde das eines Entgötterers. Das Werk dieses schönen und traurigen und starken Engels, der „Gegenschöpfer" sein will. Ibsen spürt die ideale Forderung in sich, und weil er tapfer wie ein Wikinger ist, dringt er bis ans Ende. Ans Ende der Wahrheit; das ist: Verzichten. Und mit alledem weckt er Empfindungen, die eine schlechtweg religiöse Gewalt haben. Heilig ist auch der Gegenschöpfer. Eine erschütternd tiefe Vorstellung aller innigsten Daseinsinteressen enthält sein Gesamtwerk. Es gibt, was die großen Schöpfungen großer Menschen geben: Ewigkeits-Perspektiven. Ein Perspektivensteller ist er vom Beginn bis zum Ende. Gewiß mehr ein Anreger als ein Erfüller; gewiß mehr ein Frager als ein Antworter. Wer aber von uns ist ein Antworter?

III.

Eine unerhörte Fülle von Gestalten hat er in siebzig Jahren erstehen lassen, die nicht vergänglich sind. Wer nichts fühlt von der ganzen Symbolik seiner Werke, der fühlt doch wundersam den dichterisch gewaltigen Reiz dieser seltsam in verwegene Höhen steigenden Gebilde. Das modernste Leben und transzendentale Fernen liegen darin. In diesen Dramen ruht die großartigste, tiefste und unlösbarste Vermählung des Phantastischen mit dem Realen. Die Welt des Schaurigen, Unerforschten grenzt an den Alltag, und aus den Winkeln der Zimmer und der Seelen lugen die Rätsel.

Ein Phantast und ein Realist ist Ibsen, wie er zugleich ein Phantast und ein Mathematikus ist. Schaurig und überwältigend in schauriger Erhabenheit sind Gespräche, die Solneß auf dem Turme mit Gott führt. Er steht allein da oben und redet im Irrsinn mit Gott. Gigantisch ist John Gabriel, wenn er vor dem Ende mit der alten Jugendgeliebten nachts ins Ungewitter des Lebens zieht; wenn er noch einmal in ekstatischem, kaltglühendem Erguß die lebenheischenden Werte da unten anredet; und wenn dann das Weib mit erhobenem Arme schreit, er werde nicht den Siegeseinzug halten in sein kaltes, dunkles Reich. Schicksalvolles, Unfaßbares und Gewaltiges steht hinter allen Gestalten. Und wie sind doch manche von süßem Reiz umflossen; wie wundersam ergreifend Asta, der schwesterliche Kamerad, und ihr zart umschleiertes Verhältnis zu Alfred Allmers; wie farbentief und strahlend Hedda Gabler, wie stark und stählern und wikingerfrisch Baumeisters Hilde, und welcher melancholische Zauber umtrauert die einst leuchtende Gestalt der herrlichen Rita. Ein vergilbtes Blatt mit zaubervollen, verblichenen Versen, so steht die alte Ella Rendheim da, Gregers Werle pflegt absonderlich verschollene Zwiesprache mit der kleinen, bald erblindeten Hedwig, der Pastor Rosmer schreitet mit Rebekka über den Mühlsteg im Dunstkreis der weißen Pferde, und die Rattenmamsell spricht magisch mit einem armen Knaben; sie, den Tod bringend und den Frieden bringend mit der großen Stille; und das zarte, kluge Kind, vor dem das Leben zu liegen scheint und über dem das Ende schwebt. Und Nora reicht dem Doktor Rank zum letzten Mal Feuer für seine Zigarre. Frau Alving sieht mit geschlossenem Mund den biederen Pastor Manders an, und draußen liegt Nebel und Dunkel über dem Fjord.

Ins Grenzenlose schweift der Dichter, in die Unendlichkeit grübelt er hinüber, die ethische Welt löst er auf: aber die sinnliche muß er lassen stahn. Dem Lebenszauber dieser sinnlichen Welt gehören seine Gestalten an und seine Szenen. Sie haften in der Seele, weil eine naturgleiche Dichterkraft sie

schuf; eines Meisters, der die Kenntnis vom Menschen erweitert
hat, der das Niederste dem Höchsten zu gesellen weiß, und der
den Ewigkeitszug in sich trägt.

Sollen wir ihm eine Stellung zuweisen, so dürfen wir seinen
Namen nur an Menschheitskünder besonderen Schlages knüp-
fen. Die nach uns Kommenden werden entscheiden, welches
sein Verhältnis zu Dante, zu Shakespeare ist. Wir aber sind
glücklich, zur gleichen Zeit mit ihm zu leben. Die Zeit zwar
ist nicht glücklich; nicht im idyllischen Sinn. Doch sie steckt
voll lebenheischender Werte, die zu befreien Glück ist.

Und so senden wir heute Dank und Gruß nach Norden.

PAUL ERNST

Aus: Das Drama und die moderne Weltanschauung

[. . .] Handelte es sich für die Kunst nur um die Ziele, welche
durch den Satz von Gontscharow bezeichnet sind, so war offenbar das Ideal der Kunst eine ganz genaue Wiedergabe der Natur.
Der Leser mußte schon verstehen, die feinen Fäden überall auf-
zuspüren und dem Dichter nachzudichten. Irgendein Winkel der
Natur wurde geschildert; ganz unfolgerichtig war es, wenn
Zola das „Temperament" des Künstlers, das ja doch nur
Beobachtungsfehler erzeugen konnte, als grundlegend für diese
Kunst betrachtete. In Deutschland zog man die letzte Folge-
rung: Phonograph und Momentphotographie waren der eigentliche Ersatz für das Temperament des Künstlers geworden *.
Indem man aus dieser Meinung heraus alles, was der Künstler
aus seinem Eigenen geben konnte, möglichst zurückdrängte,
kam man dazu, alles, was nicht gehört werden konnte, nur
durch kurze Bemerkungen anzudeuten, nach Art der Regiebemerkungen bei Stücken, und das Gehörte so genau wie möglich zu Papier zu bringen. Es entstanden auf diese Weise Gespräche. Hatte man die, so war nicht einzusehen, weshalb

---

* Einer der Hauptführer hat mir einmal in einem Gespräch eine entsprechende Theorie entwickelt.

man nicht eine Bühne genau so einrichten sollte, wie der nach-
zubildende Raum in der Wirklichkeit war, und dann von
Schauspielern die Gespräche sprechen lassen.

Damit war die Form des naturalistischen Dramas geschaffen.
Irgendein weiterer Gedankeninhalt kam nicht hinzu. Wer
früher dramatisch gearbeitet hatte, war doch immer auf die
Frage gestoßen: Was wirkt denn? Und um die dramatische
Wirkung drehte sich alle Praxis und Theorie des Theaters. Jetzt
fand man sich sehr einfach mit dieser Frage ab; ein Kritiker
der Richtung erklärte: Was auf der Bühne wirkt, ist dramatisch
(Paul Schlenther in seiner Hauptmannbiographie). Schon der
naturalistische Romandichter konnte mit einem recht niedrigen
geistigen Besitz und Können auskommen. Seine Philosophie
brauchte nicht weiter zu gehen als bis zu Milieu und Ver-
erbung. Aber wenigstens mußte er doch einen großen, um-
fassenden Blick haben, um einen ganzen Milieuzusammenhang
herauszusehen. Bei den besten Romanen Zolas kann man diesen
Blick wirklich bewundern. Für den naturalistischen Dramatiker
genügte eine noch geringere geistige Fähigkeit. Er hatte ja nicht
durch die Auswahl der Zusammenhänge seine Geschichte begreiflich und in etwas tieferem Sinn verständlich zu machen;
er gab einfach seinen Ausschnitt aus dem Leben in Form von
Gesprächen und ausführlichen Regiebemerkungen; seine schöpferische Tätigkeit beschränkte sich auf das bloße Ordnen der
Vorgänge. Hier genügte ein ganz kleingeistiges Wesen; man
brauchte nicht innerlich etwas aus sich gemacht zu haben; es
war nicht jenes furchtbare Kämpfen und Ringen, jenes qual-
volle Denken und Suchen, jenes Durchzittern in Leidenschaften
und Gefühlen nötig, das frühere Dichter durchgemacht haben;
man brauchte nur zu sehen und zu hören, nur den Sinn für die
Einzelheiten des Wirklichen zu haben. Alle früheren Dichter
schufen aus sich heraus und konnten so Gestalten erzeugen, die
größer waren als sie selbst; heute beobachtet man nur außen,
und weil man mit Erfolg nur das beobachten kann, was unter
einem steht, so konnte man noch nicht einmal Gestalten
schaffen, die auf der geistigen Ebene des Dichters standen, so
wenig hoch die sein mochte; sie mußten noch unter ihr stehen.
So füllte sich die Bühne, wo früher die Könige und Fürsten
des Geistes und Herzens geherrscht hatten, mit dem elendesten

35

Proletariergesindel der Seele. Machte man jemanden darauf aufmerksam, daß diese Gemeinheiten doch niemanden fesseln könnten, so wurde einem das sehr übel genommen; denn wie immer die Ideale des Lebens sich nach den Idealen der Kunst gebildet haben, so fand man jetzt, daß diese „einfachen Menschen" doch eigentlich das Tiefste des Menschen verkörperten. Ibsen hat einmal gedichtet: „Dichten heißt Gericht halten über sich selbst." Das ist ein wundervoll tiefes Wort; hier wurde es noch in ganz anderem Sinne wahr, denn alle Gewöhnlichkeit kam jetzt zum Vorschein, die sonst verborgen geblieben wäre; alle gewöhnlichen Menschen, die sich sonst über sich schämten und still waren, bekamen jetzt Selbstbewußtsein und erklärten die Gewöhnlichkeit für das tiefste Wesen des Menschen.

Nun tritt aber beim Drama das aller Kunst Widerstrebende dieser Weltauffassung ganz besonders stark hervor. Von jeher galt die dramatische Form als die höchste, und erst der neuesten Zeit war es vorbehalten, ihre wesentlichen Unterschiede von einer Sammlung dialogisierter Skizzen nicht zu sehen und dann zu finden, daß der Roman ja doch mehr gebe als das Drama, weil man in ihm nicht nur das Handeln, sondern auch die Entwicklung und das unpersönliche Geschehen darstellen könne, und das alles noch obenein durch den Nachweis der soziologischen Fäden genau zu erklären vermöge. Das Bedenken des Zuhörers kann vielleicht eine Zeitlang durch die Kritik zur Ruhe gebracht werden, welche im Banne dieser Ideen steht; schließlich wird doch das einfache Gefühl erwachen, daß all dieses Zeug von der ödesten Langeweile ist: daß auf der Bühne gehandelt werden soll. [...]

Und das würde für uns Heutige der Inhalt der Tragödie sein: der Kampf zwischen dem Willen zur Reinigung und der menschlichen Bedürftigkeit; da man kein freundliches Gefallen an der Reinigung des Bösen erwarten kann, so kann nur die des Guten und Reinen in Frage kommen *.

Sehen wir auf alle frühere Dichtung zurück, so finden wir, daß für die Tragödie der hohe Stil notwendig ist; dagegen ist eine große Komödie sehr wohl im niedrigen Stil möglich.

---

* [Anmerkung zur dritten Auflage:] Ich habe später in „Ninon" eine solche Tragödie der Bösen versucht.

Es ist ein wahres Wort, daß das Komische das umgekehrt Erhabene sei. Wenn in der Tragödie das Gewicht auf die idealen Ziele gelegt wird und die Gemeinheit, welche sie bekämpft, in irgendeiner verächtlichen Weise als besiegt erscheint, so liegt in der Komödie das Hauptgewicht auf der Gemeinheit, alle hohen Ziele blitzen nur gelegentlich durch, die Gemeinheit triumphiert, und unsere Entrüstung wird erweckt. Hätte Ibsen die „Wildente" als Komödie gedichtet, er hätte ein gewaltiges Werk geschaffen, das durch weite Zeiten gegangen wäre. Es fehlte ihm dazu die sittliche Kraft.

Es ist nun eine unzweifelhaft richtige Erfahrung, daß alles Ideale gewinnt, wenn es in eine größere Ferne gerückt wird; unsere Vorstellungskraft vergrößert und verschönert; dagegen die Kunstlehre des Häßlichen und Gemeinen verlangt eine möglichst große Nähe, weil es hier auf das charakteristische Einzelne ankommt.

Ganz unleugbar hat das naturalistische Handwerk hier ein großes Verdienst dadurch, daß es den Dialog naturwahrer und treffender gemacht hat. Die Komödie wird diese Errungenschaft behalten; und wenn es gelingt, statt bloßer Langweiligkeit und Gemeinheit wirklich natürlich Häßliches zu schaffen, das vielleicht schon durch den bloßen schroffen Gegensatz zu der eigentlichen Gottähnlichkeit des Menschen den Kampf der großen Komödie ergibt, so würde, wenn auch auf Umwegen, der Naturalismus geholfen haben, an großer Kunst zu schaffen.

II. Die neuen Vorbilder:
Strindberg, Wedekind, Hofmannsthal

RENÉ SCHICKELE

August Strindberg

Für uns ist Strindberg das Erkennungswort. Gestern noch hat man Ibsen als Befreier gefeiert. Als Befreier, warum?

Verstockte Laienpriester, die sich Kulturträger nannten, haben für eine Generation nach der andern die Bündel seelischer Sensationen gefesselt und zur Höhe von Systemen und Bekenntnissen aufgestapelt.

Ibsen nahm von ihnen, lockerte sie – und stellte sie als tragische Wahrzeichen einer korrupten Moral an ihren alten Platz zurück. Mit resignierter Geste. Diese „korrupte Moral" war für Ibsen: Experimentierobjekt; bei der Zergliederung der Puppe lief ihm oft Blut über die Hände – aber wie er dabei, ein Sonderling, von kritischen Blitzen umleuchtet im Kreise herumging, um, nachdem der Kreis beendet war, in einer Falltür zu verschwinden, mochte einigen, die den Kopf frei hatten, ein komisches Beginnen scheinen. Ein fahles, bedrückendes Licht blieb überm Schauplatz hängen. Wars Befreiung? Eher das Gegenteil. Ein Erkennen und Verzichten; immer ein verflucht christliches Gewissen, das bedrückt ist und sich mit einem entschiedenen Ruck befreien möchte – das. Gewissen eines Sektierers bleibt.

August Strindbergs Leben war ein Kulturkampf. Dieser Kosmos, der Strindberg heisst, hat unter Ausbrüchen von Vulkanen in seinen Bahnen gekracht – und immer weitere Kreise geschwungen. In dem einen Leben ward mehr denn eine Kultur geschaffen. Alle Bündel wurden gelöst, jeder Stab zersplitterte im Licht, es wurde ein irres, wunderirres Blitzen der Ströme, in denen Sonnen fließen, es wurde das schäumende Stürzen der Katarakte.

Ibsen ist ein geistreicher, scharfsichtiger Pfaffe, der gereizt wurde und unter bedingter Verantwortlichkeit Enthüllungen veröffentlicht.

Strindberg: der gottfreie Mensch mit dem vielfältigst-organisierten Gehirn unter den Genies aller Zeiten.

Es ist nur an eins zu glauben: an die Wahrheit und Natürlichkeit der Metamorphosen des Irdischen – und alles andern. Darum können wir August Strindbergs Schöpfungstagen nie genug nachdenken. Wir sollen seinen ganzen Reichtum erleben.

JULIUS BAB

Wedekind und das tragische Epigramm

Von der Entwicklung des dramatischen Stils in Deutschland wollen wir handeln, und wenn wir im Verlauf dieser rein ästhetischen Untersuchung auf die Produktion Frank Wedekinds zu sprechen kommen, so geht uns dabei all das an sich so Merkwürdige im kulturellen, psychologischen Gehalt seiner Werke nicht direkt an. Nur das mag doch hierher gehören: es musste wohl solch ein dezidierter Nichtchrist, ein so willensstarker Erotiker, solch ein inbrünstiger Verehrer der schönen sinnlich-sinnvollen Körperbewegung sein, in dem das Gefühl für die innerlich gegründete Technik des Dramas wieder auferstand; denn das Drama ist unchristliches Handeln und Kämpfen, leidenschaftliches Begehren und Haschen, sinnlich-bewegter Körperausdruck geistiger Inhalte. Ein solcher Mann musste es also wohl sein, der den Kern des dramatischen Stils für Deutschland wieder entdeckte.

Kein Mensch von einiger stilgeschichtlichen Bildung kann Wedekinds Kindertragödie „F r ü h l i n g s E r w a c h e n" lesen, ohne aufs allerstärkste an die Art der Sturm- und Drangdramatiker erinnert zu werden. Es ist die gleiche seltsam keusche Sinnlichkeit der Sprache, die gleiche Fülle der Bilder, die wie halb aufgebrochene Knospen aus jedem Satz hervorscheinen, die leidenschaftliche Energie der Charakteristik, die bald (im Munde des Gymnasiasten) bis zum barocken Bramarbasieren, bald (im Munde des „Pädagogen") bis zur Karikatur führt. Im ganzen aber bleibt bei aller Stärke der Stilisierung die Grenze der realistischen Illusionsmöglichkeit gewahrt. Und alles durchzittert die lyrische Stimmungskraft des grossen Dramas, die vom ersten Worte an in der Ahnung der Katastrophe unsre Nerven erbeben lässt. In harten, festen, grosszügigen Linien ist der dramatische Antithesenbau hingerissen. Hart steht, Szene auf Szene, die Welt der blödsinnig gewordenen, verwesunggrinsenden, mörderischen Konvention wider das keimstarke, erlösungschreiende junge Leben. Und unter den Jungen nun das kampfvolle Widereinander, das dämonische Aufeinanderzu der Geschlechter, und unter den Knaben wiederum in tief erhellendem Wechsellicht der sentimentale Schwärmer, der zugrunde geht, und der energische Realist, der überwindet. All dies stürmt, gleich einer Kette von Schlachten vorüber in Dialogen von wilder Ergriffenheit – Dialoge, die oft genug unbekümmert um alle Naturtreue von Hauptsache zu Hauptsache hinüberschnellen und so das Wesentliche in epigrammatischer Wucht mit wütender Deutlichkeit emporschleudern. Eine selige Masslosigkeit, eine wild verschwendende Unreife steckt in diesem Stück. Freilich trägt dies geniale Werk schon all die Keime in sich, deren Entfaltung später die Kraft Wedekinds zersetzen sollte, und seine theatralische Sorglosigkeit, die in der rechten Manier der Sturm- und Drang-Künstler souverän zur Schau getragene Verachtung des Bühnenmöglichen ist Zeugnis einer gewissen Unreife. Denn der reife Dramatiker hat stets begriffen, dass erst das dargestellte Drama ein sinnvolles Ganze ist, und es ist die Unreife genialischer Jungen, ein Problem, das zu lösen die Kraft noch nicht ausreicht, für belanglos und falsch zu erklären. Hier führt der Shakespeare-Enthusiasmus die jungen Dramatiker zu einem Irrtum: sie glauben, die Form des Meisters nachahmend, die Forderung der bestehenden Bühne übersehen zu dürfen – und vergessen dabei, dass Shakespeare seine dramatische Form schuf gerade durchaus in Betrachtung der Ansprüche der damals bestehenden Bühne! Die Bühnenform aber wächst nicht nach blödsinnigen Zufällen, sondern in organischer Verknüpfung mit der Kultur, dem Geist der Zeiten. Die Entwicklung zum theatralisch Möglichen wird deshalb beim wirklichen Künstler stets zugleich eine Festigung und Vertiefung seines dramatischen Formgefühls bedeuten. –

In diesem Sinne stellt Wedekinds „E r d g e i s t" noch einen Fortschritt über die Kindertragödie hinaus dar, obwohl er an Fülle lyrisch dramatischer Details, an Reichtum latenten Lebens, an szenischer Stimmungstiefe das frühere Werk schon nicht mehr überall erreicht. In einem ungeheuern Crescendo steigen diese vier nun auch theatralisch vorzüglich verdichteten Akte auf. Das Thema ist – grob gesagt – der Verzweiflungskampf des Cerebralsystems gegen den nervus sympathicus. Das Geschlecht in der Gestalt des dämonisch unschuldigen, arglos teuflischen Weibes vernichtet eine ganze Generation von Männern, die mit ihrem Gehirn das Leben erfassen und beherrschen wollen. Dieser Kampf gestaltet sich in Dialogen, die bis in die letzte Silbe hinein dramatisch, d. h. kämpferisch sind – jeder Satz saust gleich einer stahlkalten Klinge durch die Luft. Was wir als das eigentliche Wesen des Dramatischen erkannten, das „Rechthaben" aller Teile (denn die tragische „Schuld" ist keine ethische, sondern eine metaphysische d. h. angeborene), das ist hier rein und stark entwickelt in der seligen Verbrecherunschuld der Lulu und in der verzweifelt wahllosen Getriebenheit ihrer Opfer. Weil beide Teile müssen, darum ist ihr Zusammenstoss so grossartig, so furchtbar wie ein Naturschauspiel. Und dieser Zusammenprall symbolisiert sich von Akt zu Akt in immer gewaltigeren Bühnenbildern, bis der letzte Akt in seiner stilistischen Kraft, in der refrainartigen Häufung der gleichartigen Fälle sich zu einer Szenenwirkung steigert, der sich wenige Szenen der Theaterliteratur aller Zeiten vergleichen lassen. Was theatralisch verweichlichte Geister hier grotesk, exzentrisch, karikiert nannten, das ist (von Einzelheiten abgesehen) nichts als die Neugeburt eines starken, entschieden dramatischen Stils.

Wenn man in den grossen Dramen Wedekinds unnötig viel Groteske, Karikatur suchte, so lag das freilich daran, dass viele den Autor erst kennen lernten, als schon Werke von ihm vorlagen, in denen tatsächlich aus dem Dramatiker Wedekind ein pathetischer Groteskkünstler geworden war. In den bisher betrachteten Dramen Wedekinds bildete die Lebensbasis das fanatische Pathos eines Antimoralisten, das mit der epigrammatischen Bildkunst eines grossen Cynikers zusammenwuchs zu organischen Kunstgebilden von stärkster dramatischer Stimmungskraft. In seinen spätern Bühnenwerken hat man die Teile reinlich in der Hand – das pathetische Feuilleton und den cynischen Witz – fehlt leider nur das belebende Band: das Künstlerische!

In dem ganz gross angelegten Trauerspiel „S o   i s t   d a s   L e b e n" sind alle nicht burlesken Szenen von einem qualvoll nüchternen, tendenziös pathetischen, rein gedanklichen Dialog erfüllt. Der Stil erinnerte mich lange ungemein an irgend etwas – schliesslich fand ichs: an jene Prosaskizzen Schillerschen Nachlasses ward ich erinnert, in denen die wichtigsten Gespräche des „Demetrius" flüchtig vornotiert sind. Also dramatischer Rohstoff, rein gedanklich fixiertes Material, dem die eigentliche sprachliche Verdichtung, die lyrisch-dramatisch zwingende Gestaltung des Künstlers fehlt! In einem kalten, sachlich korrekten, wirkungslosen Deutsch stehen die Reden dieser Menschen da: gut geschriebene, geistvolle Artikel – nichts weiter. So schon in der Königstragödie, so in der totgeborenen „H i d a l l a", so in dem ganz abstrakten „T o t e n t a n z". Und daneben steht krass, unverbunden der szenische Witz – der Witz, der nicht wie das künstlerische Epigramm in die Gründe grosser Kontraste hinableuchtet, sondern sich begnügt, den äussern Effekt aus einem schrill outrierten Widerspruch herauszuschlagen. Schon in des „Erdgeists" zweitem Teil, in der „B ü c h s e   d e r   P a n d o r a", verdrängt der Witz das epigrammatische Symbol. Das Spiel mit den fallenden „Jungfrau-Aktien" im zweiten Akt z. B. ist brüsk angehängter allegorischer Spass – nichts mehr. Dennoch bringt die „Büchse der Pandora" in ihrem düsterprächtigen Schlussakt zum letztenmal sprachliche Stimmungswerte, starke szenische Sinnbilder von Wedekind. Dann gibt es nur noch selten künstlerische Nachblüten in seiner Produktion – etwa die Szene unter dem Galgen in seinem Königsspiel. In „Hidalla" ist alles, was nicht langweilig ist, nur witzig, und der „Totentanz" ist geradezu ein Schulbeispiel der neuen Wedekindschen Kunstlosigkeit. Nüchtern geistreiche Artikelreden verbinden folgende Witze: Eine Dame vom „Komitee zur Bekämpfung des Mädchenhandels" erkennt als Wurzel ihres Tuns unbefriedigte Geilheit, der Mädchenhändler zeigt sich als schwärmerischer Idealist der Sinnenlust, (erster und zweiter Witz) gleich darauf erkennt er sich aber als Trottel, weil das selige Freudenmädchen, an das er glaubte, sich als arme halbtolle Masochistin entpuppt (dritter und vierter Witz) und schliesslich (fünfter und letzter Witz) erschiesst er sich, um den Liebesausbrüchen der ältlichen Jungfer vom Sittlichkeitsverein zu entgehen. Das sind nirgends mehr Lebensdinge, von sprachlicher Kraft zu stilistischer Wirkung zusammengeballt – das sind unmöglich gespitzte illusionslose Witze, die einen blendend paradoxen Leitartikel illustrieren, und die man deshalb nicht ganz rein geniessen kann, weil sie zum Teil nach der kleinlichen Lust des Bohèmiens am „épatez les bourgeois!" schmecken. Wohl steckt noch eine grosse imposante Galligkeit hinter dem wüsten, erotischen Nihilismus dieses „Totentanzes" – aber diese Grundmeinung ist eben nicht mehr in künstlerische Formen umgesetzt, sie ist brüsk, pathetisch oder witzig ausgesprochen! Kulturpsychologisch ist natürlich auch noch der neueste Wedekind höchst interessant und bedeutsam – für die dramatische Kunst kommt er nicht mehr in Betracht. *

Gerade wer so durchdrungen von der Bedeutung der grossen künstlerischen Schöpfungen Wedekinds ist, muss aufs energischste ablehnen, dass die jüngste krass subjektive Entwicklung seines Stils für die dramatische Kunst irgendeine Bedeutung habe. Ich sehe hier nichts als ein Zerfallsprodukt, interessant schillernde Verwesung, zuchtloses Auseinanderschlottern eines sehr grossen Talents. Die Kaffeehausbohème, die diesen grossen Dichter ruiniert hat, soll uns nicht seine nunmehrige Impotenz als neusten dramatischen Stil aufreden wollen!!

War es sehr fraglich, ob Hofmannsthal uns noch ein wirklich grosses Drama zu schenken habe – dass uns Wedekind nichts mehr geben wird, scheint mir traurig gewiss. Dennoch: „Frühlings Erwachen" und „Erdgeist" werden in den eisernen Bestand der dramatischen Literatur übergehen. Und was mehr ist: der Dichter dieser Stücke hat bisher am weitesten den Weg

* Alle späteren Publikationen Wedekinds haben mir dies vor fünf Jahren gewonnene Urteil nur bestätigt: sie sind inhaltlich wie formal von einer tödlichen Monotonie. Ein Geist, der in ewig unfertiger Gärung das einzige physiologisch-erotische Problem umkreist und der aus dem Munde von Zerrbildern (deren Wirklichkeitsferne er offenbar gar nicht spürt!) Papierstreifen hängen lässt – Papier mit pedantisch wütenden Artikeln bedruckt.

beschritten, auf dem man das neue Drama finden wird – denn, ehe er über frostigem Witz kalte Gespräche aufführte, hat er uns gezeigt: wie man aus dem Brennstoff des tragischen Epigramms die Glut des dramatischen Dialogs auflodern lässt.

KARL KRAUS

Die Büchse der Pandora *

... Die Liebe der Frauen enthält wie die Büchse der Pandora alle Schmerzen des Lebens, aber sie sind eingehüllt in goldene Blätter und sind so voller Farben und Düfte, daß man nie klagen darf, die Büchse geöffnet zu haben. Die Düfte halten das Alter fern und bewahren noch in ihrem Letzten die eingeborene Kraft. Jedes Glück macht sich bezahlt, und ich sterbe ein wenig an diesen süßen und feinen Düften, die der schlimmen Büchse entsteigen, und trotzdem findet meine Hand, die das Alter schon zittern macht, noch die Kraft, verbotene Schlüssel zu drehn. Was ist Leben, Ruhm, Kunst! Ich gebe alles das für die benedeiten Stunden, die mein Kopf in Sommernächten auf Brüsten lag, geformt unter dem Becher des Königs von Thule, – nun wie dieser dahin und verschwunden ...

Félicien Rops.

„Eine Seele, die sich im Jenseits den Schlaf aus den Augen reibt." Ein Dichter und Liebender, zwischen Liebe und künstlerischer Gestaltung der Frauenschönheit schwankend, hält Lulus Hand in der seinen und spricht die Worte, die der Schlüssel sind zu diesem Irrgarten der Weiblichkeit, zu dem Labyrinth, in dem manch ein Mann die Spur seines Verstandes verlor. Es ist der letzte Akt des „Erdgeist". Alle Typen der Mannheit hat die Herrin der Liebe um sich versammelt, damit sie ihr dienen, indem sie nehmen, was sie zu spenden hat. Alwa, der Sohn ihres Gatten, spricht es aus. Und dann, wenn er sich an diesem süßen Quell des Verderbens vollberauscht, wenn sich

---

* Gesprochen als Einleitung zur ersten, von mir veranstalteten Aufführung am 29. Mai 1905.

44

sein Schicksal erfüllt haben wird, im letzten Akt der „Büchse der Pandora", wird er, vor dem Bilde Lulus delirierend die Worte finden: „Diesem Porträt gegenüber gewinne ich meine Selbstachtung wieder. Es macht mir mein Verhängnis begreiflich. Alles wird so natürlich, so selbstverständlich, so sonnenklar, was wir erlebt haben. Wer sich diesen blühenden, schwellenden Lippen, diesen großen unschuldsvollen Kinderaugen, diesem rosig weißen, strotzenden Körper gegenüber i n s e i n e r   b ü r g e r l i c h e n   S t e l l u n g   s i c h e r   f ü h l t , der werfe den ersten Stein auf uns." Diese Worte, vor dem Bilde des Weibes gesprochen, das zur Allzerstörerin wurde, weil es von allen zerstört ward, umspannen die Welt des Dichters Frank Wedekind. Eine Welt, in der die Frau, soll sie ihrer ästhetischen Vollendung reifen, nicht verflucht ist, dem Mann das Kreuz sittlicher Verantwortung abzunehmen. Die Erkenntnis, welche die tragische Kluft zwischen blühenden Lippen und bürgerlichen Stellungen begreift, mag heute vielleicht die einzige sein, die eines Dramatikers wert ist. Wer die „Büchse der Pandora", die im „Erdgeist" zwar ihre stoffliche Voraussetzung hat, aber das gedankliche Verständnis des Ganzen erst erschließt, wer diese Tragödie Lulu begriffen hat, wird der gesamten deutschen Literatur, so da am Weibe schmarotzt und aus den „Beziehungen der Geschlechter" psychologischen Profit zieht, mit dem Gefühle gegenüberstehen, das der Erwachsene hat, wenn ihm das Einmaleins beigebracht werden soll. Ich würde mich nicht scheuen, diese große Revue psychologischer Kindereien mit manchem Klassiker zu eröffnen. Die tiefsten Erforscher männlichen Gefühlslebens haben vor dem Augenaufschlag ihrer eigenen Heldinnen zu stammeln begonnen, und die unsägliche Tragik, der sie Worte liehen, war durch alle Zeiten die Tragik der verlorenen Virginität. Ein „Werde du zur Dirne", oft auch bloß ein verschämtes „Werde du zur —", von irgendeinem Knasterbart gemurmelt, wir hören es durch alle dramatischen Entwicklungen bis in unsere Tage: immer wieder sehen wir den dramatischen Knoten aus einem Jungfernhäutchen geschürzt. Nie haben sich hier die Dichter als Erlöser der Menschheit gefühlt, sondern sich mit ihr unter das Damoklesschwert gebeugt, das sie in christlicher Demut freiwillig über sich aufgehängt hat. Den Irrwahn, daß die Ehre der Welt vermindert wird, wenn sie ihre Freude vermehrt, haben sie gläubig nachgebetet. Und sie schrieben Tragödien über das, „worüber kein Mann wegkann". Daß man über die knorrigen Plattheiten eines denkenden Tischlermeisters viel weniger wegkönnen sollte als über das Abenteuer seiner Maria Magdalena, ist ja eine literarische Angelegenheit für sich. Aber dem dramatischen Gejammer über die Verminderung des weiblichen Marktwertes hat erst Frank Wedekind entsagt und abgesagt. In seiner Bekenntnisdichtung „Hidalla" erhebt sich Fanny turmhoch über den Freier, der sie verschmäht hat, weil ihr „der Vorzug" mangelt, der ihre Geschlechtsgenossinnen erst preiswert macht: „Deswegen also bin ich jetzt nichts mehr?! Das also war die Hauptsache an mir?! Läßt sich eine schmachvollere Beschimpfung für ein menschliches Wesen ersinnen? – als deswegen, um eines solchen – Vorzugs willen geliebt zu werden?! – – Als wäre man ein Stück Vieh!" ... Und dann die gewaltige Doppeltragödie, deren zweiten Teil Sie heute schauen werden, die Tragödie von der gehetzten, ewig mißverstandenen Frauenanmut, der eine armselige Welt bloß in das Prokrustesbett ihrer Moralbegriffe zu steigen erlaubt. Ein Spießrutenlauf der Frau, die vom Schöpferwillen dem Egoismus des Besitzers zu dienen nicht bestimmt ist, die nur in der Freiheit zu ihren höheren Werten emporsteigen kann. Daß die flüchtige Schönheit des Tropenvogels mehr beseligt als der sichere Besitz, bei dem die Enge des Bauers die Pracht des Gefieders verwundet, hat sich noch kein Vogelsteller gesagt. Sei die Hetäre ein Traum des Mannes. Aber die Wirklichkeit soll sie ihm zur Hörigen – Hausfrau oder Maitresse – machen, weil das soziale Ehrbedürfnis ihm selbst über den Traum geht. So will auch jeder, der die polyandrische Frau will, diese für sich. Solchen Wunsch, nichts weiter, hat man als den Urquell aller Tragödien der Liebe zu betrachten. Der Erwählte sein wollen, ohne der Frau das Wahlrecht zu gewähren. Und daß vollends Titania auch einen Esel herzen könne, das wollen die Oberone nie begreifen, weil sie gemäß ihrer höheren Besinnungsfähigkeit und ihrer geringeren Geschlechtsfähigkeit nicht imstande wären, eine Eselin zu herzen. Darum werden sie in der Liebe selbst zu Eseln. Ohne ein vollgerüttelt Maß von sozialer Ehre können sie nicht leben: und darum Räuber und Mörder! Zwischen den Leichen aber schreitet eine Nachtwandlerin der Liebe dahin. Sie, in der alle Vorzüge der Frau eine in sozialen Vorstellungen befangene Welt zu „Lastern" werden ließ.

Einer der dramatischen Konflikte zwischen der weiblichen Natur und einem männlichen Dummkopf hat Lulu der irdischen Gerechtigkeit ausgeliefert, und sie müßte in neunjähriger Kerkerhaft darüber nachdenken, daß Schönheit eine Strafe Gottes sei, wenn nicht die ihr ergebenen Sklaven der Liebe einen romantischen Plan zu ihrer Befreiung aushecken, einen, der in der realen Welt nicht einmal in fanatisierten Gehirnen reifen, auch fanatischem Willen nicht gelingen kann. Mit Lulus Befreiung aber – durch das Gelingen des Unmöglichen zeichnet der Dichter die Opferfähigkeit der Liebessklaverei besser als durch die Einführung eines glaubhafteren Motivs – hebt die „Büchse der Pandora" an. Lulu, die Trägerin der Handlung im „Erdgeist", ist jetzt die Getragene. Mehr als früher zeigt sich, daß ihre Anmut die eigentliche leidende Heldin des Dramas ist; ihr Porträt, das Bild ihrer schönen Tage, spielt eine größere Rolle als sie selbst, und waren es früher ihre aktiven Reize, die die Handlung schoben, so ist jetzt auf jeder Station des Leidensweges der Abstand zwischen einstiger Pracht und heutigem Jammer der Gefühlserreger. Die große Vergeltung hat begonnen, die Revanche einer Männerwelt, die die eigene Schuld zu rächen sich erkühnt. „Die Frau", sagt Alwa, „hat in diesem Zimmer meinen Vater erschossen; trotzdem kann ich in dem Morde wie in der Strafe nichts anderes als ein entsetzliches Unglück sehen, das sie betroffen hat. Ich glaube auch, mein Vater hätte, wäre er mit dem Leben davongekommen, seine Hand nicht vollständig von ihr abgezogen." In dieser Empfindensfähigkeit gesellt sich dem überlebenden Sohn der Knabe Alfred Hugenberg, dessen rührendes Schwärmen im Selbstmord endet. Aber zu einem Bündnis, das ergreifender nie erfunden wurde, treten Alwa und die opferfreudige, seelenstarke Freundin Geschwitz zusammen, zum Bündnis einer heterogenen Geschlechtlichkeit, die sie doch beide dem Zauber der allgeschlechtlichen Frau erliegen läßt. Das sind die wahren Gefangenen ihrer Liebe. Alle Enttäuschung, alle Qual, die von einem geliebten Wesen ausgeht, das nicht zu seelischer Dankbarkeit erschaffen ist, scheinen sie als Wonnen einzuschlürfen, an allen

Abgründen noch Werte bejahend. Ihre Gedankenwelt ist, mag er sie auch noch so sehr in einzelnen Zügen von der seinen absondern, die Gedankenwelt des Dichters, jene, die schon in dem Shakespeareschen Sonett zu tönen anhebt:

Wie lieblich und wie süß machst Du die Schande,
Die wie ein Wurm in duftiger Rose steckt
Und Deiner Schönheit Knospenruf befleckt –
Du hüllst die Schuld in wonnige Gewande!
Die Zunge, die wohl Deinen Wandel tadelt,
Wenn sie leichtfertig deutend, von Dir spricht,
Läßt ohne Lob doch selbst den Tadel nicht,
Weil schon Dein Name bösen Leumund adelt.
O welche Wohnung ward den Fehlern, die
Zu ihrem Aufenthalt Dich auserlesen!
Die reinste Schönheit überschleiert sie
Und tadellos erscheint Dein ganzes Wesen.

Man kann's auch – mit dem albernen Roman-Medizinerwort – Masochismus nennen. Aber der ist vielleicht der Boden künstlerischen Empfindens. Der „Besitz" der Frau, die Sicherheit des beatus possidens ist es, ohne was Phantasiearmut nicht glücklich sein kann. Realpolitik der Liebe! Rodrigo Quast, der Athlet, hat sich eine Nilpferdpeitsche angeschafft. Mit der wird er sie nicht nur zur „zukünftigen pompösesten Luftgymnastikerin der Jetztzeit" machen, sondern auch zum treuen Eheweib, das bloß jene Kavaliere bei sich zu empfangen hat, die er selbst bestimmt. Mit diesem unvergleichlichen Philosophen der Zuhältermoral beginnt der Zug der Peiniger: nun werden die Männer an Lulu durch Gemeinheit vergelten, was sie durch Torheit an ihr gesündigt haben. Die Reihe der verliebten Alleinbesitzer wird naturnotwendig von der Reihe der Praktiker der Liebe abgelöst. In ihr folgt auf Rodrigo, der leider die Fähigkeit verlernt hat, „zwei gesattelte Kavalleriepferde auf seinem Brustkorb zu balancieren", Casti Piani, dessen Schurkengesicht eine bösere sadistische Gewalt über Lulus Sexualwillen erlangte. Um dem einen Erpresser zu entrinnen, muß sie sich dem andern an den Hals werfen, jedermanns Opfer, jeden opfernd, bis der Erschöpften als der letzte und summarische Rächer des Mannsgeschlechts – Jack the Ripper in den Weg tritt. Von Hugenberg, dem seelischesten, führt der Weg bis zu Jack, dem sexuellsten Manne, dem sie zufliegt wie die Motte dem Licht – dem extremsten Sadisten in der Reihe ihrer Peiniger, dessen Messeramt ein Symbol ist: er nimmt ihr, womit sie an den Männern gesündigt hat. –

Aus einer losen Reihe von Vorgängen, die eine Kolportageromanphantasie hätte erfinden können, baut sich dem helleren Auge eine Welt der Perspektiven, der Stimmungen und Erschütterungen auf, und die Hintertreppenpoesie wird zur Poesie der Hintertreppe, die nur jener offizielle Schwachsinn verdammen kann, dem ein schlecht gemalter Palast lieber ist als ein gut gemalter Rinnstein. Aber nicht auf solcher Szene liegt hier die Wahrheit, sondern noch hinter ihr. Wie wenig Platz fände in Wedekinds Welt, in der die Menschen um der Gedanken willen leben, ein Realismus der Zustände! Er ist der erste deutsche Dramatiker, der wieder dem Gedanken den langentbehrten Zutritt auf die Bühne verschafft hat. Alle Natürlichkeitsschrullen sind wie weggeblasen. Was über und unter den Menschen liegt, ist wichtiger, als welchen Dialekt sie sprechen. Sie halten sogar wieder – man wagt es kaum für sich auszusprechen – Monologe. Auch wenn sie miteinander auf der Szene stehen. Der Vorhang geht auf, und ein gedunsener Athlet spinnt seine Zukunftsträume von fetten Gagen und Zuhältergewinsten, ein Dichter zetert wie Karl Moor über das tintenklecksende Säkulum, und eine leidende Frau träumt von der Rettung ihrer abgöttisch geliebten Freundin. Drei Menschen, die aneinander vorbeisprechen. Drei Welten. Eine dramatische Technik, die mit einer Hand drei Kugeln schiebt. Man kommt dahinter, daß es eine höhere Natürlichkeit gibt als die der kleinen Realität, mit deren Vorführung uns die deutsche Literatur durch zwei Jahrzehnte im Schweiße ihres Angesichtes dürftige Identitätsbeweise geliefert hat. Eine Sprache, die die verblüffendste Verbindung von Charakteristik und aphoristischer Erhöhung darstellt. Jedes Wort zugleich der Figur und ihrem Gedanken, ihrer Bestimmung angepaßt: Gesprächswendung und Motto. Der Zuhälter spricht: „Bei ihrer praktischen Einrichtung kostet es die Frau nicht halb so viel Mühe, ihren Mann zu ernähren, wie umgekehrt. Wenn ihr der Mann nur die geistige Arbeit besorgt und den Familiensinn nicht in die

Binsen gehen läßt." Wie hätte das ein sogenannter Realist ausgedrückt? Szenen wie die zwischen Alwa und Lulu im ersten, zwischen Casti Piani und Lulu im zweiten und vor allem jene im letzten Akt, in der die Geschwitz mit Lulus Porträt in das Londoner Elend hineinplatzt, hat ein anderer deutscher Dramatiker mit kunstvollster Stimmungstechnik nicht zustande gebracht, und keine andere Hand hätte heute Mut und Kraft zu solchem Griff in das Menscheninnerste. Shakespearisch grotesk wie das Leben selbst ist diese Abwechslung clownhafter und tragischer Wirkungen bis zu der Möglichkeit, beim Stiefelanziehen von stärkster Erschütterung durchwühlt zu sein. Diese visionär gewendete Moritat, diese vertiefte Melodramatik des „Von Stufe zu Stufe" ist außen Lebensbild, innen Bild des Lebens. Wie ein Fiebertraum – der Traum eines an Lulu erkrankten Dichters – jagen diese Vorgänge. Alwa könnte am Schluß sich über die Augen fahren und in den Armen einer erwachen, die sich erst im Jenseits den Schlaf aus den Augen reibt. Dieser zweite, der Pariser Akt, mit seinen matten Farben eines schäbigen Freudenlebens: alles wie hinter einem Schleier, bloß eine Etappe auf den parallelen Leidenswegen Lulus und Alwas. Sie, vorne, das Blatt eines Erpressers zerknitternd, er hinten im Spielzimmer, ein schwindelhaftes Wertpapier in der Hand. Im Taumel der Verlumpung hastet er über die Szene. Alles drängt dem Abgrund zu. Ein Gewirr von Spielern und Kokotten, die ein gaunerischer Bankier betrügt. Alles schemenhaft und in einer Sprache gehalten, die einen absichtlich konventionellen Ton muffiger Romandialoge hat: „Und nun kommen Sie, mein Freund! Jetzt wollen wir unser Glück im Baccarat versuchen!" Der „Marquis Casti Piani" – nicht als die Charge eines Mädchenhändlers, sondern als die leibhaftige Mission des Mädchenhandels auf die Bühne gestellt. In zwei Sätzen soziale Schlaglichter von einer Grellheit, die nur der Schleier der Vorgänge dämpft, ein Ironiegehalt, der hundert Pamphlete gegen die Lügnerin Gesellschaft und gegen den Heuchler Staat überflüssig macht. Ein Mensch, der Polizeispion und Mädchenhändler zugleich ist: „Die Staatsanwaltschaft bezahlt demjenigen, der die Mörderin des Dr. Schön der Polizei in die Hand liefert, 1000 Mark. Ich brauche nur den Polizisten heraufzupfeifen, der unten an der Ecke steht, dann habe ich

1000 Mark verdient. Dagegen bietet das Etablissement Oikonomopulos in Kairo 60 Pfund für Dich. Das sind 1200 Mark, also 200 Mark mehr als der Staatsanwalt bezahlt." Und, da ihn Lulu mit Aktien abfertigen will: „Ich habe mich nie mit Aktien abgegeben. Der Staatsanwalt bezahlt in deutscher Reichswährung und Oikonomopulos zahlt in englischem Gold." Die unmittelbarste Exekutive staatlicher Sittlichkeit und die Vertretung des Hauses Oikonomopulos in einer und derselben Hand vereinigt. . . . Ein gespenstisches Huschen und Hasten, ein Grad dramatischer Andeutung, den Offenbach festgehalten hat, da er die Stimmungen E. T. A. Hoffmanns vertonte. Olympia-Akt. Wie Spalanzani, der Adoptivvater eines Automaten, beschwindelt dieser Puntschu mit seinen falschen Papierwerten die Gesellschaft. Seine dämonische Verschmitztheit findet in ein paar Monologsätzen einen philosophischen Ausdruck, der den Unterschied der Geschlechter tiefer erfaßt als alle Wissenschaft der Neurologen. Er kommt aus dem Spielsaal und freut sich diebisch, daß seine Judenmoral um soviel einträglicher ist als die Moral der Huren, die dort um ihn versammelt waren. Sie müssen ihr Geschlecht, ihr „Josaphat", vermieten – er kann sich mit seinem Verstand helfen. Die armen Frauenzimmer setzen das Kapital ihres Körpers zu; der Verstand des Spitzbuben erhält sich frisch: „braucht er sich nicht zu baden in Eau de Cologne!" So triumphiert die Unmoral des Mannes über die Nichtmoral der Frau. Der dritte Akt. Hier, wo Knüppel, Revolver und Schlächtermesser spielen, aus diesen Abgründen einer rohen Tatsachenwelt klingen die reinsten Töne. Das Unerhörte, das sich hier begibt, mag den abstoßen, der von der Kunst nichts weiter verlangt als Erholung oder daß sie doch nicht die Grenze seiner eigenen Leidensmöglichkeit überschreite. Aber sein Urteil müßte so schwach sein wie seine Nerven, wollte er die Großartigkeit dieser Gestaltung leugnen. Mit realistischen Erwartungen freilich darf man diese Fiebervision in einer Londoner Dachkammer so wenig miterleben wollen, wie die „unwahrscheinliche" Befreiungsgeschichte im ersten Akt und die Beseitigung Rodrigos im zweiten. Und wer in diesem Nacheinander von vier Liebeskunden der als Straßenmädchen verendenden Lulu eine rohe Pikanterie und nicht in diesem Wechsel grotesker und tragischer Eindrücke, in dieser

Anhäufung schrecklicher Gesichte den Einfall eines Dichters sieht, darf sich über die niedrige Schätzung seiner eigenen Erlebnisfähigkeit nicht beklagen. Er verdient es, Zeitgenosse jener dramatischen Literatur zu sein, über die Frank Wedekind durch den Mund seines Alwa so bitter abspricht. Aber man kann im Ernst nicht glauben, daß einer so kurzsichtig sein könnte, über der „Peinlichkeit" des Stoffes die Größe seiner Behandlung und die innere Notwendigkeit seiner Wahl zu verkennen. Vor Knüppel, Revolver und Messer zu übersehen, daß sich dieser Lustmord wie ein aus den tiefsten Tiefen der Frauennatur geholtes Verhängnis vollzieht; über der lesbischen Verfassung dieser Gräfin Geschwitz zu vergessen, daß sie Größe hat und kein pathologisches Dutzendgeschöpf vorstellt, sondern wie ein Dämon der Unfreude durch die Tragödie schreitet. Zwar, die unendlichen Feinheiten dieser groben Dichtung erschließen sich dem Leser erst bei genauerer Bekanntschaft: Lulus Vorahnung ihres Endes, das schon auf den ersten Akt seine Schatten wirft, dieses Dahinschweben unter einem Bann und dieses Vorübergleiten an den Schicksalen der Männer, die ihr verfallen sind: auf die Nachricht vom Tode des kleinen Hugenberg im Gefängnis fragt sie, ob denn „der auch im Gefängnis ist", und Alwas Leichnam macht ihr die Stube bloß unbehaglicher. Dann die blitzartige Erkenntnis des extremsten Mannes, Jacks, der dem unweiblichsten Weibe „wie einem Hunde den Kopf streichelt" und sofort die Beziehung dieser Geschwitz zu Lulu und damit ihre Nichteignung für sein fürchterliches Bedürfnis mitleidig wahrnimmt. „Dies Ungeheuer ist ganz sicher vor mir", sagt er, nachdem er sie niedergestochen hat. Sie hat er nicht zur Lust gemordet, bloß als Hindernis beseitigt. Zu seiner Befriedigung könnte er ihr höchstens das Gehirn herausschneiden. –

Nicht eindringlich genug kann davor gewarnt werden, das Wesen der Dichtung in ihrer stofflichen Sonderbarkeit zu suchen. Eine Kritik, deren hausbackene Gesundheit sich über Dinge der Liebe den Kopf nicht zerbricht, hat schon im „Erdgeist" nichts weiter als ein Boulevard-Drama sehen wollen, in dem der Autor „Krasses mit Zotigem gemengt" habe. Ein führender Berliner Geist hat die Ahnungslosigkeit, mit der er der Welt des Doppeldramas gegenübersteht, durch den Rat

bewiesen, der begabte Autor möge nur schnell ein anderes
Stoffgebiet wählen. Als ob der Dichter „Stoffe wählen" könnte,
wie der Tailleur oder der Wochenjournalist, der auch fremden
Meinungen sein stilistisches Kleid borgt. Von der Urkraft, die
hier Stoff und Form zugleich gebar, hat heute die deutsche
Kritik noch keine Ahnung. Daß die offizielle Theaterwelt ihr
Modernitätsideal im jährlichen Pensum ihrer geschickten Zise-
leure erfüllt wähnt, daß der Tantièmensegen immerzu die
Mittelmäßigkeit befruchtet und die Persönlichkeit die einzige
Auszeichnung genießt, keinen Schiller-, Grillparzer- oder Bauern-
feldpreis (oder wie die Belohnung für Fleiß, gute Sitten und
Talentlosigkeit sonst heißen mag) zu bekommen – man ist gewohnt, es als etwas Selbstverständliches hinzunehmen. Aber
nachgerade muß es erbittern, einen Dramatiker, der keine Zeile
geschrieben hat, die nicht Weltanschauung und Theateranschau-
ung zu absoluter Kongruenz brächte, und dessen perspekti-
vische Gedankenreihen endlich über das armselige Milieugeschäft
emporweisen, von der offiziellen Kunstwelt als ein Kuriosum
behandelt zu sehen. Er ist „grotesk". Und damit glauben die
Gerechten, die in der Literatur immer zwei Fliegen mit einem
Schlagwort treffen, ihn abgestempelt zu haben. Als ob das Groteske immer Selbstzweck einer Artistenlaune wäre! Sie verwechseln die Maske mit dem Gesicht und keiner ahnt, daß der
groteske Vorwand hier nichts geringeres bedeuten könnte, als
das Schamgefühl des Idealisten. Der auch Idealist bleibt, wenn
er in einem Gedichte bekennt, daß er lieber eine Hure wäre,
„als an Ruhm und Glück der reichste Mann", und dessen
Schamgefühl in viel tiefere Sphären langt, als das Schamgefühl
derer, die an Stoffen Anstoß nehmen.

Der Vorwurf, daß man in eine Dichtung etwas „hinein-
gelegt" habe, wäre ihr stärkstes Lob. Denn nur in jene Dramen, deren Boden knapp unter ihrem Deckel liegt, läßt sich
beim besten Willen nichts hineinlegen. Aber in das wahre
Kunstwerk, in dem ein Dichter seine Welt gestaltet hat, können
eben alle alles hineintun. Was in der „Büchse der Pandora"
geschieht, kann für die ästhetische wie – hört, hört – für die
moralistische Betrachtung der Frau herangezogen werden. Die
Frage, ob es dem Dichter mehr um die Freude an ihrem Blühen
oder mehr um die Betrachtung ihres ruinösen Waltens zu tun

ist, kann jeder wie er will beantworten. So kommt bei diesem Werke schließlich auch der Sittenrichter auf seine Rechnung, der die Schrecknisse der Zuchtlosigkeit mit exemplarischer Deutlichkeit geschildert sieht und der in dem blutdampfenden Messer Jacks mehr die befreiende Tat erkennt als in Lulu das Opfer. So hat sich ein Publikum, dem der Stoff mißfällt, wenigstens nicht über die Gesinnung zu entrüsten. Leider. Denn i c h halte die Gesinnung für arg genug. Ich sehe in der Gestaltung der Frau, die die Männer zu „haben" glauben, während sie von ihr gehabt werden, der Frau, die Jedem eine andere ist, Jedem ein anderes Gesicht zuwendet und darum seltener betrügt und jungfräulicher ist als das Püppchen domestiker Gemütsart, ich sehe darin eine vollendete Ehrenrettung der Unmoral. In der Zeichnung des Vollweibes mit der genialen Fähigkeit, sich nicht erinnern zu können, der Frau, die ohne Hemmung, aber auch ohne die Gefahren fortwährender seelischer Konzeption lebt und jedes Erlebnis im Vergessen wegspült. Begehrende, nicht Gebärende; nicht Genus-Erhalterin, aber Genuß-Spenderin. Nicht das erbrochene Schloß der Weiblichkeit; doch stets geöffnet, stets wieder geschlossen. Dem Gattungswillen entrückt, aber durch jeden Geschlechtsakt selbst neu geboren. Eine Nachtwandlerin der Liebe, die erst „fällt", wenn sie angerufen wird, ewige Geberin, ewige Verliererin – von der ein philosophischer Strolch im Drama sagt: „Die kann von der Liebe nicht leben, weil ihr Leben die Liebe ist." Daß der Freudenquell in dieser engen Welt zur Pandorabüchse werden muß: diesem unendlichen Bedauern scheint mir die Dichtung zu entstammen. „Der nächste Freiheitskampf der Menschheit", sagt Wedekind in seinem programmatischeren Werke „Hidalla", „wird gegen den Feudalismus der Liebe gerichtet sein! Die Scheu, die der Mensch seinen eigenen Gefühlen gegenüber hegt, gehört in die Zeit der Hexenprozesse und der Alchymie. Ist eine Menschheit nicht lächerlich, die Geheimnisse vor sich selber hat?! Oder glauben Sie vielleicht an den Pöbelwahn, das Liebesleben werde verschleiert, weil es h ä ß l i c h sei?! Im Gegenteil, der Mensch wagt ihm nicht in die Augen zu sehen, so wie er vor seinem Fürsten, vor seiner Gottheit den Blick nicht zu heben wagt! Wünschen Sie einen Beweis? Was bei der Gottheit der Fluch, das ist bei der Liebe die

Zote! Jahrtausende alter Aberglaube aus den Zeiten tiefster Barbarei hält die Vernunft im Bann. Auf diesem Aberglauben aber beruhen die d r e i   b a r b a r i s c h e n   L e b e n s f o r m e n, von denen ich sprach: Die wie ein wildes Tier aus der menschlichen Gemeinschaft hinausgehetzte Dirne; das zu körperlicher und geistiger Krüppelhaftigkeit verurteilte, um sein ganzes Liebesleben betrogene alte Mädchen; und die zum Zweck möglichst günstiger Verheiratung bewahrte Unberührtheit des jungen Weibes. Durch dieses Axiom hoffte ich den Stolz des Weibes zu entflammen und zum Kampfgenossen zu gewinnen. Denn von Frauen solcher Erkenntnis erhoffte ich, da mit Wohlleben und Sorglosigkeit einmal abgerechnet war, eine frenetische Begeisterung für mein Reich der Schönheit."

Nichts ist billiger als sittliche Entrüstung. Ein kultiviertes Publikum — nicht nur die Vorsicht der Polizeibehörde, auch der Geschmack der Veranstalter sorgte für seine Zusammensetzung — verschmäht billige Mittel der Abwehr. Es verzichtet auf die Gelegenheit, seiner eigenen Wohlanständigkeit applaudieren zu können. Das Gefühl dieser Wohlanständigkeit, das Gefühl, den auf der Bühne versammelten Spitzbuben und Sirenen moralisch überlegen zu sein, ist ein gefesteter Besitz, den nur der Protz betonen zu müssen glaubt. Bloß   e r   möchte auch dem Dichter seine Überlegenheit zeigen. Dies aber könnte uns nie abhalten, auf die fast übermenschliche Mühe stolz zu sein, die wir daran wandten, dem starken und kühnen Dramatiker unsere Achtung zu beweisen. Denn keinem haben sich wie ihm die Striemen, die seelisches Erleben schlug, zu Ackerfurchen dichterischer Saat gewandelt.

FRANZ BLEI

Die Wedekind

So hieß eine Sphinx, halb Geschlecht, halb Kopf, doch beides in verkehrter Weise angeordnet, so daß das Geschlecht den Ober-, der Kopf den Unterleib bildete. Also ruhte sie und zeigte ohne Respektlosigkeit, sondern aus ihrer Natur, dem Beschauer den Hintern und was in dessen Gegend liegt. Die

Sphinx Wedekind gab sich ihre Rätselfragen selber auf. Diese
beschäftigten sich in der Hauptsache so sehr mit ihrer umge-
stülpten Natur, daß kein menschliches Wesen sich für dieses
Fragespiel interessierte. Darüber wurde die Wedekind sehr in-
digniert. Sie erkannte, daß man sie verkannte. Sie hatte sich
gefragt: Warum wollen die Menschen nicht im Geschlechtsakt
ihre einzige würdige Tätigkeit sehen? Warum sind die Huren
nicht die Königinnen der Welt, Muster der Frau? Warum genießt der Phallus nicht die Ehren des Gottes? Warum wird
nicht ununterbrochen Tag und Nacht . . .? Als sie so lange
gefragt und sich Antwort gegeben hatte, weil niemand kam,
die Rätsel dieser Sphinx zu lösen, stürzte sie sich in den Abgrund ihres Tiefsinnes, sich selbst und die Welt dreimal bekla-
gend, daß sie ihren Propheten nicht erkannt hätte.

JULIUS BAB

Hofmannsthal und das neue Pathos

Eine plastisch gestaltete Erzählung ist ein winziger Ausschnitt
aus dem Reich der Erfahrung – und doch gibt sie mehr als die
Gesamtheit aller Erfahrung. Das, was als die eigentlich künstlerische Kraft im Kunstwerk dies supranaturalistische „Mehr"
bewirkt – das ist der Stil. Nachdem man auch im deutschen
Drama schnell genug eingesehen hatte, dass Naturalismus, d. h.
möglichst unstilisierte Lebenswiedergabe, die Nicht-Kunst an
sich ist, kam alles darauf an, den dramatischen Stil zu finden.
Das heisst zweierlei: eine Formung der Sprache gewinnen, die
die spezifischen Inhalte unsrer Zeit aufnehmen kann, und eine
Formung der Sprache gewinnen, die Text eines Dramas, d. h.
Grundlage der anschaulichen Vorgänge eines theatralischen Ge-
samtkunstwerks werden kann. Dies beides in einem erfinden,
heisst den Stil des neuen Dramas gefunden haben.
    Das Streben nach einem neuen Stil in der Sprachkunst über-
haupt fand in den neunziger Jahren zuerst einen Mittelpunkt
und eine Förderung im Kreise der „Blätter für die Kunst".
Über das viel kritisierte „Ästhetentum" des Stefan George
und seines Anhangs ein umfassendes Werturteil zu fällen, ist

hier kein Anlass. Es genügt zu sagen, dass bei aller Beschränkt-
heit, die auch hier dem ästhetischen Dogma anhaftete, zweifellos der starke Hinweis auf das eigentliche Wesen, die sprachlichen Organe der Wortkunst ein grosses Verdienst dieses
Kreises bleibt. Hier wurde begriffen und betont, dass Stil das
Wesen der Kunst, also Sprachstil das Wesen der Poesie sei. Und
aus diesem Kreise ist denn auch der Mann hervorgegangen, der
den einen wesentlichen Beitrag zur Bildung eines neuen Dramen-
stils liefert: Hugo von Hofmannsthal.

Er hat nicht etwa das neue Drama schon geschaffen; bei
Lichte besehen hat er überhaupt noch kein Drama geschaffen.
Aber ich sagte, die eine Forderung sei, eine Formung der
Sprache zu schaffen, die die spezifischen Inhalte unserer Zeit
aufnehmen könnte. Diese eine allgemeine poetische Forderung
hat er erfüllt. Er hat diese Sprache geschaffen und – deshalb
kommt er hier für uns mehr in Betracht als die zwei oder
drei andern grossen Lyriker, denen Gleiches gelang – er hat
einen ernsthaften Versuch gemacht, diese Sprache in den Dienst
der dramatischen Form zu stellen.* Zunächst: Hofmannsthal
hat den sprachlichen Ausdruck für spezifisch moderne Lebens-
inhalte gefunden. Dem Menschen, den des neunzehnten Jahrhunderts zweite Hälfte mit ihren biologischen und soziologischen Erkenntnissen, mit ihren technischen, wirtschaftlichen, religiösen Bewegungen in ein vorher nie gekanntes Gefühl enger
Verknüpftheit mit allen Dingen, angstvoller Ungewissheit über
alles Wesenhafte, wehrloser Abhängigkeit gegenüber tausend
dunkeln Mächten gebracht hat – diesem Menschen findet Hofmannsthal Worte:

* R i c h a r d   D e h m e l , an den hier in erster Reihe noch zu denken
wäre, hat nur einen Versuch im Dramatischen gemacht, der einer
frühen Periode seines Schaffens angehört. Der szenisch sehr talent-
volle „M i t m e n s c h" ist noch allzusehr mit Einflüssen belastet,
die teils vom Berliner Naturalismus, teils von Strindberg stammen.
In mächtigen Einzelheiten aber bricht die dunkelbrodelnde Gewalt
des Sprachkünstlers Dehmel schon hervor. – Niemand kann sagen,
ob wir nicht Grosses erleben werden, wenn der reifgewordene Stil
dieses grossen Dichters und starken Menschen noch einmal mit der
dramatischen Form vermählt wird.

Dies ist ein Ding, das keiner voll aussinnt,
Und viel zu grauenvoll, als dass man klage;
Dass alles gleitet und vorüberrinnt,

Und dass mein eignes Ich, durch nichts gehemmt,
Herüberglitt aus einem kleinen Kind,
Mir wie ein Hund unheimlich stumm und fremd.

Dann: dass ich auch vor hundert Jahren war,
Und meine Ahnen, die im Totenhemd,
Mit mir verwandt sind wie mein eignes Haar.

So eins mit mir als wie mein eignes Haar.

Und jene Gegenstimme der modernen Seele, jene Kraft, die
von denselben Erfahrungen, denselben Gefühlen der engen
Verknüpftheit, der Allverwobenheit jedes Lebens gespeist wird,
jene starke Gegenkraft, die einen mystisch rauschartigen Ge-
nusswillen dem neuen Menschschlage verleiht – auch ihr findet
Hofmannsthal Worte:

Und schwindelnd überkam's mich auf einmal.
Wohl schlief die Stadt – es wacht der Rausch, die Qual,
Der Hass, der Geist, das Blut: das Leben wacht.
Das Leben, das lebendige, allmächtige –
Man kann es haben und doch sein vergessen!

Wohl gemerkt, nicht um ihres Inhaltes willen stehen diese
Zeilen hier. Soweit verschiedene Wortverbindungen überhaupt
Gleiches sagen können, haben schon viele gute Denker und
mancher schlechte Dichter das Gleiche gesagt. Neu und bedeutsam ist hier Wahl und Fügung der Worte, die einmal eine
angstvoll atmende leere Weite, das andre Mal ein zitterndes
Taumeln in unsere Nerven leiten und uns so den Sinn nicht
gedanklich, sondern künstlerisch suggestiv vermitteln.

Wodurch kann nun diese neue Sprache für den dramatischen
Stil von Bedeutung werden? Dadurch, dass sie die Möglichkeit
eines neuen Pathos erschliesst. – Wenn das Drama über die
bloss unterhaltende Illusionserweckung hinaus zur Fühlbar-
machung der grossen immanenten Lebenskräfte und ihres das
All erfüllenden Kampfes gelangen soll, so kann das natürlich
nur durch eine das „Reale" übersteigende Form der Sprache

geschehen; diese Sprachkraft allein kann uns einen Gefühlszustand suggerieren, in dem wir, vom Massstab der Alltagserfahrung losgebunden, dem Geisterkampf im stilisierten Leben des Dramas hingegeben folgen können. Die für diesen Zweck in Deutschland übliche Sprachsteigerung ging (zwar nicht für die wenig populären paar grossen Dramatiker, die das letzte Jahrhundert hervorgebracht hat, aber für das populäre Bewusstsein) bisher auf die Sprache Schillers zurück. Nun besteht das Faktum, dass das Schillersche Pathos – ich meine das meistimitierte der zweiten, jambischen Zeit – auf die Nerven der jüngeren Generation nicht mehr wirkt, nicht mehr die erdablösende Suggestion ausübt wie wohl früher. Am wenigsten tut es das, wenn es abgesondert von der Persönlichkeit und dem Stoffkreis, dem es entwuchs, auftritt, wenn es Dinge des neueren Lebens mit seinen Wortfügungen zu bewältigen strebt. Dann wirkt es fremd und kalt auf uns, schwach, äusserlich, nichtig, angelernt – „epigonenhaft" – und es muss so wirken. Um das zu erkennen brauchen wir gar nicht erst in die Kritik des spezifisch Schillerschen an dieser weiterrschenden Sprache einzutreten. Es genügt, wenn wir uns den erheblichen Teil der Schillerschen Wortkunst vergegenwärtigen, der von der Epoche des Autors historisch bedingt war, der von dem allgemeinen Zeitgeist vor 1800 geboren ist. Mit Schillers Worten spricht der Mensch der Aufklärungszeit, der Mensch mit dem Überschwang des Selbstbewusstseins, der Überfülle der Gewissheiten, der „so schön mit seinem Palmenzweige" dastand, an des Jahrhunderts Neige „in ernster stolzer Männlichkeit". Der Mensch, der sich dem Gipfel aller Erkenntnis und Tugend, wenn nicht nah, so doch näher als alle früheren Geschlechter wähnte. Der Mensch des kategorischen Imperativs, der so unumstösslich genau wusste, was gut und böse war. Wieviel kaum gefärbte Kantsche Termini in Schillers Wortschatz stecken, ist garnicht zu überschätzen! In Schillers Sprache lebt bei aller äussern Griechheit königsberger Geist, Geist harter, absoluter Gewissheit; die sprachliche Leidenschaft, sein Pathos, ist fast durchweg moralistisch, bei aller Stärke sehr arm an eigentlich sinnlichen Farben. Noch wo Schiller brutal sinnliche Wildheit malen will (der einzige Fall findet sich bekanntlich in „Maria Stuart", III 6), benutzt er Termini wie

„Lebensgott der Freuden", „Der Schönheit göttliche Gewalt",
„Finstere Todesmächte" – also Wendungen, die an sich einen
durchaus abstrakten, ja gradezu ethisch wertenden, morali-
stischen Charakter haben.

Was soll nun diese Sprache einem Geschlecht bedeuten, das
als tiefsten Wesenszug eine bis zur Gefahr der Selbstauflösung
grosse Bescheidenheit besitzt. Das mehr als eines vor ihm gelernt hat, dass es nichts wisse, das wieder mit bange fragendem
Kinderstaunen zu allen Dingen aufblickt, das im Intellek-
tuellen wie im Moralischen mit den tiefwühlendsten Zweifeln
ringt – und das dafür bisher nichts gewonnen hat als ein
innigeres Anklammern an die Dinge, ein verstärktes Gefühl
für Lebenswärme, kurz eine sehr gesteigerte Sinnlichkeit im
weitesten und reinsten Sinne dieses grossen Wortes. Auch wenn
aus diesem lyrisch gelösten, erschütterten Gefühl der Mensch
zu einem neuen dramatisierbaren Kraftbewusstsein aufsteigt –
er wird das alte Pathos mit seiner theoretischen Absolutheit
nie wieder ertragen können; auch im Ton seiner neuen Tat-
bereitschaft wird das Timbre der überstandenen Erschütterung
irgendwie nachzittern müssen – oder diese Stimme wird uns
kalt lassen. Dieser neue Geist muss in den Sprachstil des neuen
Dramas eingehen. Nicht nur, dass die staubigen, toten Gips-
abgüsse der Schillerschen Wortkunst uns natürlich nichts sagen,
auch eigenwüchsig starke Renaissance des Schillerschen Sprach-
geistes vermöchte uns nicht mehr zu helfen. (Dies ist der Fall
Wildenbruch!) Ein neues Pathos tut uns not – ein Festkleid
der Sprache, in das all unsre neuen Ängste und Zweifel, unsre
Zärtlichkeiten und Entzückungen mitverwebt sind.

Diese Sprache, so scheint mir, hat Hugo von Hofmannsthal
geschaffen – zunächst a l s L y r i k e r. Es kam nun alles
darauf an, ob es ihm gelänge, sie der dramatischen Form
dienstbar zu machen. „Einstimmig" zu sein ist das Wesen des
lyrischen Liedes: weich angeschmiegt an des Dichters Ich war
auch Hofmannsthals Sprache. Zweistimmig zu sein ist der Sinn
des Dramas: einen Schimmer objektiver Härte, selbständiger
Fremdheit muss der Dichter in die Sprache der dramatischen
Stimmführer, der Gegenredner zu legen wissen, d. h. er muss
an die Macht objektiver Gestalten glauben, um sie in sprachlicher Ergründung uns glaubhaft zu machen! So war die Frage,

ob es möglich sei, der Hofmannsthalschen Sprache Stahl in die Glieder zu giessen, sie bei Wahrung all ihrer gegenwartvollen Eigenart durch einen Einschlag harter ewiger Ruhe zu festigen.

Eine klar zielende, aber hemmungsreiche Bewegung der Hofmannsthalschen Produktion in dieser Richtung ist wahrnehmbar. Von der reinen Lyrik schreitet er zu Gedichten vor, die, wie der „Tod des Tizian", trotz der Mehrzahl der Redenden noch ohne allen Gegensatz, alle dramatische „Spannung", noch ganz einstimmig lyrisch sind. Noch „Der Tor und der Tod" ist nicht viel mehr als ein grosser Monolog, in dem die Gesichte der Redenden selbst hörbare Sprache gewinnen. Dieser Tor ist eben ganz und gar der im Zug der Impression aufgelöste Mensch, dem sich keine Gestalt ballen, kein Gegner stellen will, der nichts vom „Menschenleben" weiss und nur noch in einer grossen, lyrisch gehobenen Sekunde, im Anhauch des Todes, seine Nichtigkeit verzweifelnd empfindet.

In der „Hochzeit der Sobeide" und dem „Abenteurer und der Sängerin" (seinem annoch schönsten Gedichte!) ist er einen Schritt weiter. Der einfache Stimmungsausdruck ist nicht mehr selbständig der Sinn des Kunstwerks: hier ist bereits eine rechte „Handlung", ein Erleben objektivierter Gestalten dichterisches Symbol, Trägerin der Meinung des Künstlers. Aus dem Toren, der still steht und stirbt, ward der Abenteurer, dem alles Leben durch die Finger gleitet und der es andern überlässt, Wert, Wort, Gesang daraus zu bilden. Aber da so die Gestalten dieser Gedichte mehr Leidende als Handelnde sind, da sie nicht ein in ihrer Individualität inkarniertes Stück Welt kämpferisch gegen die Aussenwelt stellen, sondern mit staunendem Erleiden von der wunderreichen, rätselvollen Kraft der Umwelt getrieben werden, so ist auch in diesen Stücken eigentlich nur erst ein einziger „Held": der unbekannte Gott. Ihn auszudrücken strebt des Dichters Sprache noch allein. Deshalb ist sie noch immer „einstimmig", trotz einigen Ansätzen noch unverändert. Noch undramatisch: denn das Drama beginnt erst, wo der unbekannte Gott sich teilt und aus zwei sichtbaren Gestalten mit zwei hörbaren Sprachen wider sich selbst redet.

Der Weg zu diesem Drama von der Lyrik führt für Hofmannsthal wie für alle Welt über den – Balladenstil. In ihm

beginnt die Seele des Dichters die in ihr ringenden Empfindungen in sinnlichen Gestalten zu entladen. Bewegung, Geschehen, Kampf werden die Ausdrucksformen des Künstlers –
nur das Kunstmittel (wie z. B. die refrainartige Stilisierung)
den selbständigen Wert des Geschehenden doch immer wieder
unter des Dichters einheitlichen Gefühlsausdruck unterordnen.
Auf dieser Zwischenstufe steht – gleich einer Vorstudie ging
die „Madonna Dianora" vorauf – Hofmannsthals „Elektra".
Das Pathos des Dichters scheint hier einem Stahlbad entstiegen,
seine Sprache atmet Kraft und Kampf. Die verzweifelte Rach-
gier eines misshandelten, gebundenen Herrscherkindes, das mit
dämonischer Wildheit der Seligkeit der Tat zueilt und am
Ziele zusammenbricht, ist in tiefen schicksalsvollen Bedeutun-
gen gesehen und grosszügig gestaltet. Nur dass dies Balladen-
drama immer noch im letzten Sinne einstimmig ist: nicht zwei
Gegner erschlagen einander – ein Rasender zerschmettert an
ruhender Felswand sein Haupt. Und so ist auch in der Sprache
der Dichtung noch eine balladeske Monotonie, eine starr ein-
förmige Erschütterung – keine ringenden Stimmen, keine wechselnden Lichter. Ein Drama muss mit zwei Zungen reden! In
der kämpferischen Kraft aber, mit der die eine Zunge dieser
Dichtung spricht, lebt doch schon eine grosse dramatische Po-
tenz. Die „Elektra" konnte ein starker Anfang sein.

Elektra war ganz und gar nichts als ein Sehnsuchtsschrei
nach der Tat. In des Dichters nächster Arbeit, dem Trauerspiel
„D a s g e r e t t e t e V e n e d i g", ward dann ein wirklicher
Tatmensch im Kapitän Pierre, dem Haupt der Verschwörer,
gebildet – aber ihm zur Seite war Jaffier gestellt, der Bruder
des „Toren", der alte Hofmannsthalmensch, der zuviel sieht
und fühlt und bedenkt, um zu furchtloser Tat kommen zu
können; der zugrunde geht und den lebendig Handelnden mit
in seinen Fall zieht. Und ganz so ist in des Dichters letztem
Werk „Ö d i p u s u n d d i e S p h i n x", das als ein mäch-
tiges Vorspiel zur Katastrophentragödie des „König Ödipus"
gedacht ist, Kreon, die letzte stärkste Fassung des Hofmannsthalschen Toren, neben Ödipus gestellt. Freilich auch dieser
Ödipus, der dem Fluch seines Blutes entrinnen zu können
glaubt, indem er jede Heimat, jedes Band zu Vergangenem
aufgibt, um nur noch „in seinen Taten wohnen" zu dürfen –

auch er gelangt nicht zur Tat! Er tötet – dieses ist die wichtigste und tiefsinnigste Abweichung Hofmannsthals von der Überlieferung – die Sphinx n i c h t ! Vielmehr stürzt sich das Ungeheuer selbst in den Abgrund, nachdem es ihn, den Schicksalgezeichneten, erkannt und mit Namen gegrüsst hat.

> Der heisse Knabe –
> Ich weiss es, grosses Schicksal – gilt für nichts
> In diesem Spiel – der Knab' und seine Taten!
> – – – – – – – – – – – – – – – – – –
> – – – Dir ist nichts für Taten feil
> Die ganze Seele willst du, Taten lässest
> Du fallen und verfaulen auf der Erde
> Und höhnest, die mit Taten um dich buhlen!

So ruft Kreon, auch hierin der Wortführer des Dichters, in dessen Mund Hebbels bitteres Wort „Man kann sich auch mit Taten schminken!" neu auflebt. Hier erscheint das lockende Licht der Tat schon wieder stark verdüstert – es scheint, als ob in diesem Dichter, der zu tief das hundertfältige Verknüpfte aller Teile der menschlichen Wesenheit in der Natur erfahren hat, eine völlig fatalistische Weltanschauung zuletzt doch den Sieg behalten wollte. Das Misstrauen gegen den Sinn und den Wert, ja gegen die blosse Möglichkeit von Taten tritt wieder hervor. Es ist klar, dass auf dieser Basis kein eigentliches Drama geschaffen werden kann. Hofmannsthal selbst hat den Glauben an „Charaktere" den Ausgangspunkt für wirklich dramatisches Schaffen genannt – ihm aber sind immer noch die Menschen „nicht mehr als ein Taubenschlag", Durchgangspunkt fremder Kräfte in hundertfältigen Erfahrungen und Erinnerungen. Das Wesen des Dramas ist Handlung – und ihm ist die Handlung nur eine Schminke menschlichen Witzes auf den Wangen der Notwendigkeit. So können freilich nicht eigentlich dramatische Gebilde entstehen, dialogische Dichtungen von hart gestraffter, kämpferischer Kraft, Abspiegelungen der Welt im Wechselspiel widerstrebender Willensmächte, Manifestationen tatenfordernder Charaktere. Hofmannsthals Sprache, diese verweilende, gleichsam an jedem Ding festgesaugte Sprache findet einstweilen nur selten die hart zusammengeraffte Prägnanz, die den schnellen Ablauf szenischen Lebens ermöglicht.

Gewiss wäre es ungerecht, wollten wir uns lediglich durch klassifizierende Bedenken den Genuss dieser schönen und reichen Dichtungen verkümmern lassen, die – dramatisch oder nicht – uns jedenfalls mit einer Fülle eigen empfundenen und besonders geformten Lebens beschenken.

Aber um des stärkeren Lebens willen, das wir ahnen, und dessen Ausprägung die dramatische sein muss, wäre es auch Unrecht, zu verschweigen, dass wir von diesem Hofmannsthal das neue Drama kaum noch erwarten. In seinen letzten Werken * spricht aus den mit üppigen Eklektizismus überreich geschmückten Szenenbildern ein erlesener Theatersinn; die lose, langsam lässige Abwickelung dieser Szenen aber und der allzuberedte Dialog, der in der Überdeutlichkeit seiner psychologischen Analytik die eigentliche Gestaltung der Lebensprobleme in sinnlich glaubhaften bewegten Gestalten geradezu verhindert – das sind Gebrechen, die es schwer machen, an ein Werden wirklich dramatischer Formkraft bei Hofmannsthal zu glauben.

Dennoch wird ganz gewisslich das, was er uns gab: die Möglichkeit eines neuen Pathos, unserm Drama unverloren bleiben. Es wird über Deutschlands neuer dramatischer Kunst kein Haupt leuchten, das nicht mit einem Tropfen Hofmannsthalschen Öles gesalbt wäre!

---

* Nach dem Oedipus ist von Hofmannsthal noch die Komödie „Christinas Heimreise" erschienen; ein lehrreicher Fall: der Dichter beschliesst, seinen Abenteurer und seine Sängerin aus der lyrischen Musik seiner Verse zu nehmen und ihnen in einer hellen festen Prosa Eigenlebendigkeit zu leihen, shakespearesche Natur. Aber da beschliessender Verstand kein elementares Lebensgefühl am Werke ist so entstehen nur witzig feine, typisch allgemeine Figurinen. Statt Shakespeare ungefähr Goldoni, und im ganzen erhalten wir nicht mehr, sondern weniger als uns das entzückend einschmeichelnde Jugendwerk mit seiner ganz gefühlten melancholischen Lyrik gab.

RUDOLF BORCHARDT

Aus: Brief über das Drama an Hugo von Hofmannsthal

Geggiano (Siena), 23. Juli 1911

[...] Wir glaubten zu jeder verschlossenen Tür die Schlüssel in Händen zu haben, ihn in denselben Sonderkräften zu besitzen, dank deren wir die Zellen der Lyrik und der Kontemplation eröffnet hatten. Aber als wir die Tore des Theaters und der Erzählung mit ihnen zu bezwingen suchten, brachen sie uns in der Hand; die Schlösser widerstanden, und wir hatten nur die Wahl zwischen Einbruch, Hintertür, Resignation, oder dem rechten Schlüssel. Andere hatten längst gewittert, daß die Schlüssel nicht passen würden und schrieben über beide verschlossene Türen das Wort „Unrein"; hieneben baute man wohl um seinen Schlüssel ein passendes Schloß, um dies eine Tür, um diese einen törichten kleinen Schuppen und nannte das Ganze „Künstlerbühne" oder wie sonst man wollte. Es ist eine wohlbekannte Manier. Wer immer sich dem Leben grundsätzlich nicht zu stellen und durch seine Feuerproben nicht zu schreiten wagt, hat es leicht, von Sieg zu reden. Die große Feuerprobe, durch die man damals hätte gehen müssen, und durch die alle tapferen Menschen der Generation, Sie voraus, gegangen sind, war der Übergang ins Mannesalter. Unsere Jugend mußte einmal, früher oder später, ihren pathologischen Gehalt erschöpft haben; Sie und andere mit Ihnen waren von einem Jahr zum anderen kein Sonderfall mehr, sondern, was mehr und schöner ist, ein vollbürtiger und vollwachsener Mann im Besitz aller seiner Kräfte, mit soviel Gesundheit und Krankheit, als Ihnen wie irgendwem anders ins beschiedene Teil mitgegeben war, aber ohne die schöne bittersüße Krankheit Jugend, die von Jüngling zu Jüngling ein anderes Bild gibt; diese hatte sich verwachsen oder verteilt, oder einfach in einem Abgrund Ihres Innern verkapselt, aus dem nur wahrhafte Erschütterungen des ganzen Menschen sie künftig wieder können heraufbrausen machen. Wie an einem nebligen Frühsommermorgen die Entscheidung darüber, ob der Tag heiter oder wolkig sein wird, erst beginnt, wenn das über dem Nebel liegende höhere Himmelsgewölk durch den verziehenden Rauch sichtbar wird; wie gegen den bis Nachmittag während den Kampf zwischen Sonne und Haufenwolken das morgendliche Spiel von Lichtblicken, Verschleierungen, zartem Gold und zartem Grau kaum mehr als ein Präludium bedeutet, so wird auch unser Tag erst sichtbar, wenn er ein Tag, ein voller Tag zu sein beginnt, wenn der volle Bogen beschritten wird, den die Menschheit gestern und vorgestern und vor Jahrhunderten von Osten bis in den Zenith und ab nach Westen sich hat erkämpfen müssen. Im Nebel schwankte alles, im Nebel barg man sich, traf man sich, suchte und floh man sich so leicht wie gerne; geheimnisvoll schwebend, anmutig lockend, ernst verhüllt und zauberisch aufgehellt schien unser Leben und Tun gegen das harte Licht und den harten trüben Schatten der alten harten Generationen, deren Werk wir leicht beiseit gedrückt hatten; einem jeden war sein Winkel, seine Höhle, sein Busch und sein Quellplatz der seine gewesen, der eigene, und anders als jeder des Nächsten, denn jedem umzog der Duft und spaltete der Strahl die Atmosphäre anders; nun waren wir unter der Freiheit des allen gleichen und gemeinen, alltäglichen, fürchterlichen Himmels, an dem sich zu entscheiden hatte, ob das Dunkel unseres Tages Herr bleiben sollte, oder das Licht.

Nicht jeder konnte diese Entwicklung durchmachen. Am Punkt, wo man mit seiner Jugend gleichzeitig die Möglichkeit verliert, in der künstlerischen Art der Jugend zu beharren, ist es manchem verhängt, aus dieser Art eine Manier, einen lehrbaren, veräußerbaren und übertragbaren Artikel von allgemeinster Nutzbarkeit zu machen. Von wenigen kann man sagen: sie hätten „früh das strenge Wort gelesen“. Die meisten blieben „rein“, das heißt, sie starben wie die jungen Puten, wenn sie die Lappen kriegen. Die wenigsten erkannten, daß nur der Jüngling etwas Besonderes zu sein da ist: der Mann ist menschlich oder ein Teufel, bestenfalls ein armer Teufel. Die wenigsten entkleideten sich des Panzers und der Ketten, des Stachelgürtels und der Askesen ihrer Eingezogenheit, und hörten auf „mit ihrem Gram zu spielen“. Die es taten, hatten den Gram wirklich, und wirklich bis ins Mark, gelitten. Man kann nur eine Krankheit heilen, die man hat; unheilbar sind die imaginären. Die wenigsten erkannten, daß nur der Snob dazu da ist, ewig rein zu bleiben. Der Mensch ist dazu da, durch die Unreinheit, der er zugehört, ins immer Reinere zu streben; unter den vielen, die sich den Nietzscheschen Vers „Nur ein Gebot gilt dir: sei rein!" als Morgen- und Abendgebet vorgesagt hatten, schärften sich die wenigsten die Ohren für den fatal orientalischen Klang dieser Weisheit, und wenn Nietzsche über das Wort Freiheit höhnend gefragt hatte: „frei wozu?", so glaube ich, hatte außer Ihnen und mir noch niemand den Satz für sich umgedreht und gefragt: „Selbstbezwungen, wozu?" War es wirklich Askese um der Askese willen gewesen, spanischer Tritt als Schauspiel, Kargheit als Gesetz, *l'art pour l'art?* Wenn der Zwang und die unbedingte Strenge nicht das heroische Mittel war, uns in einer entfesselten Zeit der Freiheit würdig zu machen und bedienen zu lernen, so war sie eine Muckerei, wie die der X und Y. Was wir in der Arena gelernt hatten, mußte versagen, als es galt *to run for ones life.* Eines Tages schien eine neue Sonne, und die alten selbstgerechten Ideale der Impeccabilität und der Vollkommenheit als einziger Existenzberechtigung des Kunstwerkes hatten ein verblichenes und fadenscheiniges Ansehen, der Glanz über allem, was uns bisher geglänzt hatte, hatte ein steriles, undurchsichtiges Email; daß unsere alte Liebe unglücklich gewesen war, hatten wir immer gewußt – wehe dem Jüngling der glücklich liebt! – Daß sie unfruchtbar war, sahen wir nun; nur unsere unbewußte, willenlose Seele hatte empfangen und geboren; nun griff unser Wille nach der Menschheit wie nach einer Geliebten, um zu befruchten und zu erzeugen; und die Menschheit sagte: „sei zuerst ein Mensch, zu irren und dich zu wagen, zu leiden, zu weinen, zu genießen und zu freu'n dich, und der Götzen nicht zu achten, wie wir."

Nun also, durch diese herrliche und stärkende Demütigung sind Sie gegangen; daß ich denselben Weg auf meine Weise gegangen bin, haben meine Arbeiten Ihnen hin und wieder andeuten müssen, und die Zukunft wird es evident machen. Ich verstummte; Sie begannen, als bekannter Dichter, als der vergötterte Liebling der Jugend, wie der erste beste Anfänger von neuem, unbekümmert um das verlegene Schweigen Ihrer Freunde, den dreisten Spott aller Fops und Coxcombs, den Triumph Ihrer Neider und Hasser. Ihr Weg war, wie es sein mußte, der Weg des Theaters. Das Theater hatten Sie sich mit dem Schlüssel Ihrer herrlichen Poesie öffnen wollen, und es hatte widerstanden; es verlangt weniger als Poesie und mehr als Poesie: die liberalste, breiteste, nichts ausschließende Teilnahme am Menschlichsten der Menschheit, am Menschlichsten eines Volkes; Ihr Schlüssel paßte nicht, aber Sie konnten noch nicht wissen, warum, Sie versuchten ihn zu reparieren; mit der „Elektra" eröffneten Sie sich nicht das Theater, sondern seinen größten Feind und Gegensatz, das *théatre à côté*, das mit dem wirklichen Theater der Menschheit, dem Globe oder der Dionysosbühne, des Porte Royale oder der Trierer Mysterien-Estrade weniger Gemeinschaft hat als die erste beste Moritatenbude des Dorfjahrmarktes; mit dem „Geretteten Venedig" versuchten Sie noch einmal das Tor der wirklichen Schaubühne, – mit dem „Ödipus", lassen Sie es mich frei und heiter heraussagen, brach Ihr Schlüssel. Sie haben nicht getan, was alle kleinen Geister in Ihrer Lage, und selbst ein so großer wie Ben Jonson, getan haben, sich nicht in Ihre Würde gehüllt, die Bühne eine Metze gescholten (*Leave thou that strumpet stage* usw.), sind sich zu gut gewesen für das Stümpergerede von dem „Publikum, das durchfällt", von „kommenden Zeiten, die erst würdigen werden", vom „verkommenen Geschäfts- und Schauspielertheater". Sie waren allerdings das Kind einer Großstadt, ein Mann aus guter Gesellschaft, ein Österreicher und ein Wiener; also konnten Sie sich nicht wirklich verbergen, daß das Theater, sei es wie es wolle und sei es was es jetzt ist, doch in seinem „gesudeltsten Konterfei" die einzige überbliebene gewaltige und gemeingültige Institution ist, die unsere Festfreude, Schaulust, Lachlust, Lust an Rührung, Spannung, Aufregung, Durchschütterung direkt an den alten Festtrieb und Rauschtrieb des alten ewigen Menschengeschlechtes bindet; und daß dasjenige, was hinter dem aufgehenden Vorhange sich abspielt, nur echtes Theater in diesem seit Menschengedenken unerschütterlich festgelegten Sinne zu sein braucht, um alles, was das Amphitheater füllt, willenlos, zeitlos, selbstvergessen, trunken und kindisch glücklich zu machen. Sie verzichteten, wie nur ein männlicher Mensch es kann, auf das, was Ihre höchsten Avantagen schienen, steckten den Lyriker und sogar den Dichter in die Tasche und begannen mit Ihren Kindern zu spielen, vor Ihren Kindern spielen zu lassen.

Habe ich Sie also verkannt, so vergeben Sie mir, wenn ich Sie erkenne. Sie sind mir heute, da ich selber wie ein Befreiter ausgreife, ehrwürdiger in der Unscheinbarkeit von „Silvia im Stern" als in der Glorie der „Frau im Fenster". „Ob ich den Mann der Dialektkomödien heut noch der deutschen Jugend als Vorbild hinstellen wolle", fragen die dummen Buben! Die dummen Buben wissen nicht, wie ein Mann den Mann sieht und ein Freund den Freund, dem er von ganzen Herzen die Treue halten darf. Wie immer usw.

III. Dramaturgie des Expressionismus

KURT PINTHUS

Versuch eines zukünftigen Dramas

Ein junger Mensch, magern Gesichts, glühenden Auges, las vor kurzem in Berlin ein Drama ‚Der Sohn' vor, über das einiges Klärende, Proklamatorische gesagt werden muß. Zwar alle, die das Stück Walter Hasenclevers hörten, anerkannten den seelischen Furor, aus dem es sich gebar, die lyrische Beschwingtheit, die jeden Satz auf funkelnden Wolken schweben ließ, das Menschliche, das quellend zum Licht schrie. Nicht aber erkannte man das Wesentliche dieses jugendlich-lodernden Werkes. Denn ‚Der Sohn' muß als das erste Drama erachtet werden, welches auf dramatischem Gefilde zu dem von der neuesten Malerei und auch der Musik bereits erstrebten Ziel hinwill. Da man diese Bestrebungen: Seelischstes, Innerstes, Ewigstes mit Wut, Glut und Furioso herauszugestalten, mit dem allzu uniformen Wort ‚Expressionismus' bedacht hat, so wäre also hier der Versuch eines expressionistischen, exhibitiven – kühne Jünglinge werden sogar sagen: metaphysischen – Dramas nachzuweisen.

Unreif, meinten die Einen, sei das Stück, weil es die tausendfach abgehandelte Pubertätsrevolte des Sohnes gegen den harten, verständnisfernen Vater mit jünglingshafter Parteilichkeit abermals aufrolle. Undramatisch nannten es die Anderen, denn wo sei hier die aufsteigende und abfallende Handlung? Der Konflikt entwickle sich nicht, sondern sei von der ersten Szene bis zur letzten drohend vorhanden, ohne geknüpft, ohne gelöst zu werden. Auch unorganisch sei es, da die Darsteller bald realistische Menschen, bald abstrahierte Typen seien, jetzt in rasender Dialektik diskutierten, dann in lyrisierenden Monologen einherschwelgten. Gar zum Verbrechen aufreizend, deshalb verbietenswert – als Predigt und Fanfare für die Söhne, alle obstinaten Väter niederzuknallen. Und alle meinten, kein Theater könne wagen, ein Stück aufzuführen, das nichts zeige

als zwei erste Akte, worin ein durchgefallener Sohn mit dem
Hauslehrer, dem Freund, dem Fräulein, dem Vater diskutiert;
einen dritten wedekindlichen Akt, an dessen Schluß der vom
Freund zur Flucht verführte Sohn vor kuriosen Jünglingen
halbüberirdisch den Kampf gegen die Väter predigt; und einen
vierten und fünften, worin, abermals vom Freund verführt, der
zwangsweise Zurückgebrachte den Revolver gegen den Vater
schwingt. Und selbst die zwei großen Effekte enttäuschen: denn
die Rede an die Jünglinge geschieht hinter der Szene (teicho-
skopisch nur erleben wir sie mit), und der Vater wird nicht
niedergeknallt, sondern stürzt (vielleicht eine Konzession an
überempfindliche Nerven) vom Schlage getroffen in den Orkus.
    Warum also will ich über ein Stück sprechen, von dem ich
selbst sage, daß es kein Theaterstück (nach bisheriger Meinung)
ist? Ich antworte mit einer Frage: Ist es möglich, daß ein Be-
gabter wie Hasenclever überhaupt – wenn er sich vornimmt,
ein Theaterstück zu schreiben – ein so schlechtes zusammen-
brächte? Nein, Hasenclever hat hier, halb intuitiv, halb bewußt, zum ersten Mal das versucht, worauf hunderte von Jünglingen, müde des impressionistischen Realismus, des mathemati-
sierenden Neuklassizismus, der gegenwartsfremden Neuromantik,
wissend warten: er hat ein Drama versucht, das geformtes
Urgefühl ist, das von Realität überschwellend über, hinter der
Realität eine immanente Tragik entfaltet. Ein Stück, das uns
alle angeht, denn sein aus unausgesprochenen Tiefen aufge-
schleudertes Pathos, seine spielerisch grausame Dialektik wühlt
uns mehr auf als mathematisch gegeneinanderbewegte, einzeln
sorgfältig ausgeführte Figuren, die in einem getüftelten Konflikt zerrieben werden.
    Ein Einwand erhebt sich alsbald: Weshalb hierfür die dra-
matische, nicht die lyrische oder epische Form? Weil für das
Epos hier das kontinuierliche Geschehen fehlt; weil im Epos
das notwendige Pathos falsch und exaltiert wirken müßte; weil
keine lyrische Form die Intensität dieses Gefühls einspannen
könnte, sondern zersprengt werden müßte. Denn der Inhalt des
Stückes ist nicht das Handeln, sondern das Fühlen des Sohnes;
dieser Sohn ist alle Söhne unsrer Zeit (und vergangener Zeiten),
er ist der Sohn, als den wir beglückt und gequält im Traum
uns fühlen. Der Sohn ist im Stück ganz und gar das Wesent-

liche; zu ihm, nur zu ihm strahlt alles; alles, was andre tun und sprechen, geschieht mit Rücksicht auf ihn allein.

Es müssen also Ältere gewarnt werden, ein Stück schnell abzutun, weil sie es mit Augen sehen, die an andere Optik gewöhnt sind. Shakespeare rollt Panoramen ab mit Explosionen, Idyllen, Scherzos. Ibsen nah vor dem Auge seziert unter dem Mikroskop zerwühlend, ergreifend Seelen. Eulenberg, Wedekind, Sternheim, jeder auf seine Weise, schoben die Figuren schon wieder zurück in fernere Sehweite, sodaß nicht mehr das realitätsgeschulte Auge ausreicht. In Hasenclevers Stück nun ist die Perspektive durchaus vom Sohne aus genommen. So müssen wir die Personen sehen, nicht nach bisherigem Brauch, vom Dichter objektiv umrissen, sondern so, wie der Sohn sie sieht. Also dieser Vater ist kein besonderer, differenzierter, einmaliger Vater, auch kein abstrahierter Typus, sondern ein Vater, wie jeder reifende Sohn ihn grobumrissen, simpelhart-erzieherisch auf seine Macht pochend, stets das Stichwort zum Widerspruch gebend, zu sehen glaubt. Ebenso der Freund: der lockende, schnell paradox Urteile fixierende, verführende, selbst unfertige Freund, eine seelische Hebamme, ein bürgerlicher Mephisto – dergestalt gesehen, wie das wirkende Wesen des Freundes dem Sohne sich offenbart. Drittens das Gouvernanten-Fräulein: bisher ist es vom Sohn gar nicht als existent empfunden, nicht beachtet – plötzlich aber wird es Engel von fremdem Stern, das Blondbeglückende, erotisch Erlösende, beseligt Geliebte, und doch das schnell Überwundene, dann Belanglose.

Man ahnt jetzt, weshalb dies Stück trotz der Gegenwart, trotz der Realität unrealistisch, überirdisch wirkt: weil nicht die Realität abgespiegelt, nachgeformt wird, sondern das Abbild der Realität im Geiste des Sohnes. Also etwas an sich schon Geistiges. Das Grundgefühl des Sohnes, der, reifend, aus dem Zwang des Elternhauses in die Welt begehrt, ist aber ferner an sich schon so durchaus mit Tragik angefüllt, daß kein Konflikt mehr konstruiert zu werden braucht. In diesem Sohn ist alle Tragik der Welt latent vorhanden, und er explodiert, sobald er mit irgendwem, gleichviel ob Freund, Vater, Fräulein, Hure, andern Jünglingen zusammenprallt. Diese Explosion der Seele erblicken wir unmittelbar; ihre Folge zeigt uns die Evolution einer Jünglingsseele in drei Tagen vom Weltentfernten, Geleiteten, Glühenden bis zum Selbständigen, Kalten, Einsamen, den alle Himmel und Höllen des Daseins hartgebrannt haben zur Tat. Die Ursachen und Folgen dieser Evolution sind unwichtig; aber der Ausdruck der evolutionierten Seele springt, schreit, singt unmittelbar, nackt, direkt hervor (in pathetischen Monologen, dialektischen Dialogen), sodaß die rasende Abrollung dieser Evolution auf andre Jüngere wie Revolution wirken muß.

Nochmals: die Kunst eines solchen Dramas besteht nicht in der Fixierung der Handlungs-Linie, nicht in der Bewegung ausgeführter Charaktere, sondern in der eindringlichsten Formung der Expression einer tragisch geschwollenen Seele, nicht in der Intensität der Impression, sondern in der Intensität der Expression. Kein Sohn wird in Wirklichkeit so sprechen wie dieser Sohn; aber in jedes Menschensohnes Seele wird in jeglicher Situation all das mehr oder weniger unbewußt vorgehen, was dieser Sohn jedesmal, bei jedem Evenement lyrisch-pathetisch oder dialektisch ausspricht – ob er gegen den Vater aufschreit; ob er vor dem Selbstmord zurückschrickt, in der Erkenntnis: „Ich bin bei Euch – so will ich mit Euch leben"; ob er zum ersten Mal in die Welt tritt, vom Freund fast hypnotisch geleitet, sofort seinen Schmerz vor hundert Anderen exhibierend; oder ob er kalt und fest an der Seite des Vaters steht, den er nicht mehr liebt. Oft steigen dazwischen bisher ungeformte Erkenntnisse auf, sodaß selbst die erfahrene Hure, die erst über den Naiven lacht, zurückschrickt und spricht: „Aber Bubi, wer wird schon von so etwas reden – in deinem Alter!"

Der junge Schiller würde Hasenclever, dem ein gleiches Pathos aus erschütterter Seele quillt, begeistert umarmen; der Büchner des Wozzek könnte einen Feineren, Kultivierteren hier als Bruder erkennen; Aristoteles und Lessing würden Furcht und Mitleid empfinden wie vor ihren Musterstücken; und selbst Zwecksuchende in der Kunst werden wie eine Fanfare das Ethos hören: „Unsre Söhne verlangen, daß wir ihnen helfen" (so spricht der Polizeikommissar), ohne daß doch ein Tendenzstück erschiene.

All dies schreibe ich nicht hin, um über ein Drama Lobhudelndes zu sagen. Sondern einiges Klärende, Deutende, Warnende muß (aus einem größern Zusammenhange) ausgesprochen werden, weil im Versuch dieses Stückes ein tatsächliches Exempel schon entstanden ist zu dem, was seit einiger Zeit im Kopfe mancher Jüngerer programmatisch und gehofft vorhanden war. Denn wir Jüngeren wissen: durch die Technik haben wir Macht über die Wirklichkeit erhalten – jetzt gilt es, die Realität durch den Geist nochmals zu überwinden. Dies geschieht nicht dadurch, daß wir sie abmalen, sondern der Geist muß die Irdischkeit aufsaugen, auflösen, und sie in eine neue überirdische Wirklichkeit (in der der Geist leben kann) zur Kunst formen.

WALTER HASENCLEVER

Kunst und Definition

Es gibt Leute, die davon leben, daß andere dichten; das sind Kritiker. Es gibt Leute, die nichts können und trotzdem leben; das sind Literaten. Es gibt Politiker.

Ich gehöre zu keiner Kategorie. Zufällig heute geboren, werde ich im Laufe meines Lebens Stücke schreiben, von denen später die Rede ist. Ich sehe den Mangel an Zeitgenossen; die Literatur interessiert mich nicht. Das hat mir die Feindschaft der Vorstadtblätter zugezogen. Charlottenburg, Wilmersdorf und ein Kreisblatt aus der Potsdamer Straße behaupten, sie seien originaler als ich. Ich will diese Männchen nicht ernst nehmen, indem ich sie Lügen strafe. Ihre Namen sind vergessen, wie der Schund, den sie gedruckt haben. Ich erlaube ihnen ein für allemal, die Prozedur an mir vorzunehmen, die ohne Zensureingriff im „Götz" nachzulesen ist.

Immerhin bin ich schuld an der Verwirrung der Geister. Ich habe zur Aufführung meines Dramas ‚Der Sohn' ein Vorwort geschrieben, in dem das Wort „expressionistisch" steht. Es sollte die Leiter der Bühnen von ihrem Schema ablenken und darauf hinweisen, daß nicht jedes Stück, das den Menschen darstellt, zwischen Strickstrumpf und Wasserglas zu verkörpern ist. Von der Familientragödie zur Phantasie – welch ein Schritt! Vergebens.

Viele meiner Freunde und Feinde vergleichen mich mit Schiller oder Wedekind. Sie irren. Ich heiße Hasenclever. Andere verübeln mir meine Belesenheit, die meisten meine Naivität. Die Wahrheit liegt in der Mitte. Ich habe wenig Bücher gelesen und bin kein Journalist. Ich muß den Nebel zerstreuen, als sei der Tod des Vaters im Drama an sich bedeutungsvoll. Was damals Programm war, ist heute Rechtfertigung. Ich schrieb, weil ich besser Bescheid weiß als meine Leser, im September 1916:

„Dieses Stück wurde im Herbst 1913 geschrieben und hat den Zweck, die Welt zu ändern. Es ist die Darstellung des Kampfes durch die Geburt des Lebens, der Aufruhr des Geistes gegen die Wirklichkeit. Der erste Akt der menschlichen Geschichte ist Besitzergreifung; noch bedeutet Freiheit frei sein und nicht frei werden, das Wunder der Unbewußtheit zur Bewußtheit des Unendlichen. Aus diesem Wunder entspringt die Tat. Als Forderung des Willens, der durch sie von neuem die Welt erschuf, biegt sie das Willkürliche ab in die Folge eines notwendigen, von Gesetzen regierten Seins. In ihr offenbart sich die Erkenntnis der ewigen Gegensätze, um deren Mitte in gleichen Abständen der Kreis des Lebendigen rollt. Diese Mitte, begriffen als eine Kraft, liegt der Idee des Dramas zu Grunde. Von hier bewegt, löst die Einheit sich auf in eine Mehrheit des Kosmos, um, auf der Spur des Menschlichen sich ergänzend, wieder in höherem Sinne sie selber zu werden. Deshalb ist der Sinn des Lebens nicht die Tat, sondern die Frage des Sittengesetzes, und das höchste Ziel ein Zustand, wo beide, Gesetz und Tun, zusammenfallen in dem Reiche Gottes. Deshalb wächst die Handlung aus dem Zufälligen in die Gewißheit, der eine späte Erfüllung nicht mehr Schlag, sondern Opfer bedeutet.

Dieses Drama ist die Menschwerdung. Der Umweg des Geschöpfes, sein Urbild zu erreichen; das Spiel des Sohnes zum Vater, das Vorspiel des Bürgers zum Staat. Nicht die Wahrscheinlichkeit besonderer Charaktere mit der allgemeinen Rechnung ihres Typs: es ist die Welt des Zwanzigjährigen, aus der Seele des Einzigen gesehen. Der Versuch, das Gegenspiel der Figuren in demselben Darsteller zu verkörpern, würde die Einheit des Ganzen erläutern; ein Zuschauer, der, dem Parkett und der Bühne entsagend, außerhalb stände, würde erkennen, daß alles, was hier geschieht, nur verschieden ist als Ausdruck des einen gleichen Gedankens.

Wichtiger als dies Bekenntnis eines, wenn man will, expressionistischen Dramas, ist das Manifest, um dessen Willen es auf die Bühne gelangt. Ein Jahr vor dem Ausbruch des Krieges geschrieben, wird es heute zum Alarm an die Menschheit. Der Verfasser weiß, daß wir alle Söhne, daß wir mehr als Söhne: daß wir Brüder sind. Er hat in diesen Akten die Geschichte des Jünglings geschrieben, der von der Freiheit der anderen zu seiner Freiheit gelangt. Vor ihm liegt der Weg des Mannes; der Aufbruch des Gewissens in die Zeit. So darf sich der Dichter erheben in die große, noch ferne, schon politische Tragödie ...

Möge zu jenen, deren Herz dies Schauspiel ist, ein Ton in die Gräben dringen! Ein Glaube in die letzten Maße von Wahrheit, Lüge, Schicksal und Schmerz. Möge mancher, der an dieser Stelle nicht weilt, dennoch wissen: ihm wird geholfen."

Dies Vorwort war an den Regisseur gerichtet. Inzwischen mußte ich erkennen – mit einer einzigen Ausnahme: Richard Weichert am Hoftheater in Mannheim –, daß die Dummheit der Regisseure größer war als meine Frechheit. Es ist Zeit, einen Schwindel aufzuklären, auf den die Geister hereingefallen sind. Expressionismus gibt es nicht!

Dichten heißt: eine Absicht haben. Wer sie zustande bringt, hat die Richtung. Wer sie nicht hat, drückt aus, was dem andern eingefallen ist. Dieser Zustand ist expressionistisch. Es gibt wenige, denen etwas einfällt und viele Expressionisten! Der Expressionist hat den Standpunkt. Er wechselt die Farbe; es kommt auf den Druck an.

Das Drama erfindet Gesetze. Gesetz ist die Ordnung der Welt durch den Geist. „Alle Menschen müssen sterben. Cajus ist ein Mensch. Also Cajus muß sterben." Der Fundamentalsatz der Logik ist der Anfang des Dramas. Aber Cajus ist nicht das Drama!

YVAN GOLL

Die Unsterblichen. Zwei Überdramen

Vorwort

Ein schwerer Kampf ist entsponnen zum neuen Drama, zum
Überdrama. Das erste Drama war das der Griechen, in dem die
Götter sich mit den Menschen maßen. Ein Großes: daß der
Gott damals den Menschen dessen würdigte, etwas, was seither
nicht mehr geschah. Das Drama bedeutete ungeheure Steigerung der Wirklichkeit, tiefstes, dunkelstes, pythisches Versen-
ken in die maßlose Leidenschaft, in den zerfressenden Schmerz,
alles überreal koloriert.

Später kam das Drama des Menschen um des Menschen
willen. Zerwürfnis mit sich selber, Psychologie, Problematik,
Vernunft. Es wird nur gerechnet mit einer Wirklichkeit und
einem Reich, und alle Maße sind darum beschränkt. Alles dreht
sich um einen Menschen, nicht um den Menschen. Das Leben
der Gesamtheit kommt schlecht zur Entwicklung: keine Massen-
szene erreicht die Wucht des alten Chores. Und wie groß die
Lücke ist, merkt man an den mißlungenen Stücken des vorigen
Jahrhunderts, die nichts anderes mehr sein wollten als: interessant, advokatorisch herausfordernd oder einfach beschreibend,
Leben nachahmend, nicht schöpferisch.

Nun fühlt der neue Dramatiker, daß der Endkampf bevor
steht: die Auseinandersetzung des Menschen mit allem Ding-
und Tierhaften um ihn und in ihm. Es ist ein Dringen in das
Reich der Schatten, die an allem haften, hinter aller Wirklichkeit lauern. Erst nach ihrer Besiegung wird vielleicht Befreiung
möglich. Der Dichter muß wieder wissen, daß es noch ganz
andere Welten gibt als die der fünf Sinne: Überwelt. Er muß
sich mit ihr auseinandersetzen. Das wird keinesfalls ein Rück-
fall werden ins Mystische oder ins Romantische oder ins
Clowneske des Varietés, wiewohl ein Gemeinsames darin zu
finden ist, das Übersinnliche.

Zunächst wird alle äußere Form zu zerschlagen sein. Die
vernünftige Haltung, das Konventionelle, das Moralische,
unseres ganzen Lebens Formalitäten. Der Mensch und die Dinge
werden möglichst nackt gezeigt werden, und zur besseren Wirkung immer durch das Vergrößerungsglas.

Man hat ganz vergessen, daß die Bühne nichts anderes ist als ein Vergrößerungsglas. Das wußte das große Drama immer: der Grieche schritt auf Kothurnen, Shakespeare sprach mit den toten Riesengeistern. Man hat ganz vergessen, daß erstes Sinnbild des Theaters die Maske ist. Die Maske ist starr, einmalig und eindringlich. Sie ist unabänderlich, unentrinnbar, Schicksal. Jeder Mensch trägt seine Maske, was der Antike seine Schuld nannte. Die Kinder haben Angst vor ihr und sie schreien. Der Mensch, der selbstgefällige, der nüchterne, soll wieder zu schreien lernen. Dazu ist die Bühne da. Und erscheint uns nicht sehr oft größtes Kunstwerk, ein Negergott oder ein ägyptischer König, als Maske?

In der Maske liegt ein Gesetz, und dies ist das Gesetz des Dramas. Das Unwirkliche wird zur Tatsache. Es wird für einen Augenblick bewiesen, daß das Banalste unwirklich und „göttlich" sein kann, und daß gerade darin die größte Wahrheit liegt. Die Wahrheit ist nicht in der Vernunft enthalten, der Dichter findet sie, nicht der Philosoph. Das Leben, nicht das Erdachte. Und es wird ferner gezeigt, daß jeglicher Vorgang, der erschütterndste, wie das unbewußte Auf- und Zuklappen eines Augenlids, von eminenter Wichtigkeit sind für das Gesamtleben dieser Welt. Die Bühne darf nicht mit nur „realem" Leben arbeiten, und sie wird „überreal", wo sie auch von den Dingen hinter den Dingen weiß. Reiner Realismus war die größte Entgleisung aller Literaturen.

Die Kunst ist nicht dazu da, es dem fetten Bürger bequem zu machen, daß er den Kopf schüttele: Jaja, so ist es! Jetzt gehen wir zum Erfrischungsraum! Die Kunst, sofern sie erziehen, bessern oder sonst wirken will, muß den Alltagsmenschen erschlagen, ihn erschrecken, wie die Maske das Kind, wie Euripides die Athener, die nur taumelnd herausfanden. Die Kunst soll den Menschen wieder zum Kind˙machen. Das einfachste Mittel ist die Groteske, aber ohne daß sie zum Lachen reize. Die Monotonie und die Dummheit der Menschen sind so enorm, daß man ihnen nur mit Enormitäten beikommen kann. Das neue Drama sei enorm.

Das neue Drama wird darum alle technischen Mittel zu Hilfe ziehen, die heute die Wirkung der Maske auslösen. Da ist zum Beispiel das Grammophon, die Maske der Stimme, das elek-

trische Plakat, oder das Sprachrohr. Die Darsteller müssen un-
dimensionierte Gesichter-Masken tragen, in denen der Charakter grob-äußerlich schon erkennbar ist: ein zu großes Ohr, weiße
Augen, Stelzbeine. Diesen physiognomischen Übertreibungen,
die wir selbst notabene nicht als Übertreibungen auffassen, entsprechen die inneren der Handlung: die Situation möge kopf-
stehen, und oft möge, damit sie eindringlicher sei, ein Ausspruch
mit dem Gegenteil ausgedrückt werden. Genau so wird es wirken, wie wenn man lange und fest auf ein Schachbrett sieht,
und einem bald die schwarzen Felder weiß, die weißen Felder
schwarz erscheinen: es überspringen einander die Begriffe, wo
man an die Wahrheit grenzt.

Wir wollen Theater. Wir wollen unwirklichste Wahrheit. Wir
suchen nach dem Überdrama.

RUDOLF LEONHARD

Das lebendige Theater

Nirgends tritt die Zweiheit, die Zweiseitigkeit, die Zwiespältigkeit des Lebens so primitiv, so feierlich erhaben und so grauen-
haft erregend in Erscheinung wie im Theater, fühlbar in der
Tatsache des Theaters und schaubar im Theater selbst, im Raume
sogar. Man empfinde einmal zu Ende, daß die einfachsten Tatsachen beim Schauspieler in der herzgefährdenden Art des
Spiegels vertauscht sind: rechte Hand, linke Hand, alles vertauscht! Rechts und links des Schauspielers und alle Dimensionen der Bühne sind anders als Rechte und Linke und alle
Zustände und Verhältnisse des Zuschauers: sind umgekehrt,
umgedreht. Der Schauspieler mit seiner Fläche (und mit der
Oberfläche seiner Tiefe) ist dem Zuschauer zugekehrt – aber
auch gegen ihn gestellt. Die Bühne gähnt, wenn sie nicht voller
Tosen ist, den Zuschauerraum an wie ein Grab; und einer, der
vom Theaterbau was versteht, Bruno Taut, beschreibt einmal,
wie ihm der Blick in einen Zuschauerraum – und einer ist wie der
andre – wie der in einen Sarg unmutig anmutete. Man fühle,
allein in einem gänzlich leeren Theater (wenn man sich allen

Betäubungen der nervösen Erwartung aller Möglichkeiten ent-
rungen hat), wie aufreibend das platzende Schweigen dieses
Raumes ist, wie der Bühnenwürfel und der Zuschauerkasten
sich an der wesenlosen Kante des Bühnenrahmens reiben – und
gerade die Erwartung des tönenden Scheins, des vieldeutigen
Geschehns, die aus diesem Raume birst, ist die aufreizende und
dennoch wesenlose Schönheit des Theaters. Fragt die Schauspieler selbst; wie stehn sie auf der Bühne, wenn niemand etwas
oder sie erwartet, wenn nicht die Projektion der Arbeit da ist,
der Schein vor dem Publikum, sondern nur die nackte Arbeit
selbst, wie gehn sie auf der Probe umeinander: arbeitslustig
bis zur Verbissenheit und dennoch fröstelnd, vom Schauer des
Wesenlosen wird ihr nackt gelegtes Wesen angeweht. Diese bis
ins tiefste (und das ist ihr Verdienst) fragwürdige Existenz,
diese Verkehrung, diese Zwiespältigkeit erklärt alles. Wenn der
Mime eitel erscheint – er ist es kaum mehr oder gewiß nicht
unerklärlich mehr als der nur parlamentarische Politiker, als
in der heutigen Schule der Lehrer; es ist nicht Verdrehtheit, er
wappnet sich, der sonst am tiefsten Entblößte, mit dieser Eitel-
keit – wie könnte er sonst das Wagnis vollbringen, so vor
Menschen, so vor die Menschen hinzutreten! Und der Zuschauer,
hingesetzt in seine eitle Passivität, gepfercht, sein „Wesen" ist
nicht weniger „eitel" als das des Spielers, und wagt er über
vanitas vanitatum zu klagen, so ist das ein verderbter Rest
des Pflichtgefühls zur Selbstanklage. Auch heute ist das Gewicht
im Theater, wie es immer, für jede Gesellschaft und jede Zeit,
für das Kammerspielhaus wie den riesigen Zirkus der Fall ist,
balanciert; die stärkere Betonung der Bühne geschieht, um der
quantitativen Überlegenheit der Zuschauer willen; die Unterordnung der Zuschauer, die nichts heilig Freiwilliges mehr hat,
entlastet und beschämt sich in Theaterskandalen. Man braucht
nur seine Sinne zu befragen: wie materiell fällt von einer stark
erhellten Bühne (aber es gibt keine, die sich ans Licht des Tages
traut) das Licht über die unwahrscheinlich getürmten Schultern
ins Publikum!
Diese Situation des Theaters und im Theater ist tragisch zu
nennen, auch wenn man davon absieht, daß sie Ausdruck ver-
rotteter und morsch zusammenstürzender soziologischer und
wirtschaftlicher Grundlagen ist. Tragisch ist nur das Notwendige,

und zur Tragik gehört so sehr Dualität wie jeder Dualismus tragisch ist. Das Drama, das schon im Schweigen des leeren Theaterraumes anzuschwingen scheint, jedes Drama müßte tragisch sein oder ist eigentlich tragisch, und wir bejahen es wie jede Tragik (weil sie Notwendigkeit ist, und weil jede Tragik Bejahung braucht), aus den Wurzeln unsres Herzens herauf – wir, das wissen wir – aber warum, dennoch und sogar in dieser Situation, und was ist der Grund des Vergnügens an tragischen Gegenständen?

Ist eigentlich dieser ganze Bestand selbstverständlich, und wie ist dieser Vorgang denkbar: daß Hunderte von erwachsnen Menschen – oder, noch erstaunlicher sogar, von Kindern – hinsitzen und sich etwas vorspielen lassen? Erstaunlich! Erstaunlich, daß sie nicht selbst spielen; erstaunlich, daß sie geduldig sind, hinhören, nicht wegsehn, gebannt von fremden Schicksalen, die sie doch gar nichts angehn –

Oder ist das Erstaunliche dadurch einfach zu lösen, daß eben diese Schicksale die Zuschauer angehn! Von allen Versuchen, den Grund des Vergnügens an tragischen Gegenständen zu enträtseln, ist am weitesten geglückt der Theodor Lessings. Der konnte seinen für die Ästhetik und für die Psychologie gleich wichtigen Begriff in ein Wort greifen: er nennt, mit einer Genialität der fast sinnlichen Sichtbarmachung, den Vorgang „Mitahmung". Wirklich, bis ins Sinnliche hat dieser Begriff samt seinem Namen recht: der naivere Zuschauer formt, ohne es zu wissen, schwach die Grimasse nach, die vor ihn getragen wird. „Mitahmung", das braucht nicht gedeutet, sondern nur von jedem, der sie erlebte, verfolgt zu werden. Noch nicht der Grund wird erklärt und benannt; aber die Methode. Sie ist – mehr Vorgang als Handlung – ein geringerer Verwandter der Methoden indischer Fakire. Sie ist ein Prozeß der Verwandlung. Wir werden, die da handeln und leiden. Wir sind es. Unsere Sache geschieht.

Hier aber geschehn zwei Trennungen. Das „tua res agitur" ist auf dem so schwer wie rasch gangbaren Wege nur die erste Stufe. Freilich ist es schon der eigentliche Grund, die Voraussetzung, die Ermöglichung des Theaters. Denn die einfache Tatsache, daß es uns angeht, allein ermöglicht die Mitahmung. Eine Berührung muß da sein, daß eine Verbundenheit, nicht nur eine Verbindung entstehn kann. Das Spiel kann unsre Sache ganz nur werden, weil es sie zutiefst oder zuoberst schon ist.

Und hier – gewiß aber nur hier – trennen sich Tragödie und Komödie. Der Grund des Vergnügens an komischen Gegenständen (abgesehn davon, daß es psychologisch anders basiert ist) liegt in der Erreichbarkeit der dargestellten Verwicklungen und Lösungen. Wir sind ja auch der Geizige und auch der Prahler, und wie dem unschuldig Verdächtigten und dem Harlekin ist es uns schon ergangen. Das tragische Vergnügen liegt in der irrealen Erreichung unerreichbarer Zustände. Wir sind zwar auch der König und auch der Gefolterte und auch der Narr – aber wir können nur eines Todes sterben (die aber, die schon alle Tode gestorben sind, die sind die besten und gefährlichsten Hörer der Tragödie), unser Leben ist zu kurz und unser Schicksal zu eng.

Um nun der voreiligen und plumpen Weise, durch eine bloße Vertauschung von Haus und Bühne, durch bloße Öffnung der vierten Wand, durch Auslüftung des schlechten Geruches bürgerlicher Betten unsre Sache verhandelt zu sehn, zu entgehn, flüchtet grade die einfache Seele in eine Verschärfung der Zwiespältigkeit. Sie will sehn, was ihr in der äußeren Erscheinung so fremd und fern wie möglich ist; der Proletarier den Reichtum, der Bürger den Ritter oder Abenteurer, der Europäer den Exoten – es entsteht, der Erweiterung des Schicksals in alle Schicksale und der Eroberung fremder Welten zuliebe, das romantische Drama. Es ist das eigentliche Werk der bürgerlichen Theater (denn auch der sozialliberale Naturalismus war Flucht aus der Verantwortung, Flucht in fremde Existenz so gut wie Müller- oder Jägerlieder), der Hof- und der Vorstadttheater. Falsch betont und eifrig und eifersüchtig aufrechterhalten wird der Dualismus in diesen Dramen des andern, des vagen Ichs, der Gespaltenheit statt der Selbstentzweiung, der romantischen (das heißt unberechtigt und scheinbar gelingenden, der untragischen) Flucht. Hier geschieht, vielleicht neben Hingerissenheit, aber nicht in ihr, Hinweggerissenheit.

Als ihr Ergebnis aber finden wir – uns selbst. Nur uns selbst, wieder uns selbst, immer wieder uns selbst, müssen wir sagen. Wir können fluchen, aber wir sind ja nur der Verfluchung des Spiegels unterlegen. Der Spiegel ist eine grade in ihrer Nüchternheit dämonische Erscheinung der Romantik. Was können wir in ihm andres finden, wie dürfen wir andres erwarten als uns selbst! Uns selbst — mit einer leichten Verwischung der Konturen, mit einer verwirrenden und im Grunde wenig geheimnisvollen Verdrehung und Vertauschung der Seiten. Das romantische Theater, das eine Erfüllung der unerfüllten Potenzen (aber es werden grade die schwächeren sein) des Ichs verheißt, muß ergebnislos sein, muß eigentlich mißlingen, und es ist nur unglücklich statt tragisch, weil ihm die Bejahung fehlt, das heißt: der verzweifelte Wille zur Welt.

Dieser verzweifelte Wille zur Welt nämlich, die Abkehr von der Resignation, der ganz eigentlich tragische „heroische Optimismus" (dieses Wort für einen Bestandteil unser aller fand Leo Matthias), ist die Wendung nach der Abkehr vom Leben; es ist auf der Spirale, welche die Bahn unsrer aufsteigenden Seele bezeichnet, der dem bürgerlichen Alltagsvertrauen in unsrer Sphäre homologe Punkt. Es ist das Leben nach dem Überstehn der Gefahr des Selbstmordes.

Das romantische Theater hat die zweite Stufe, die nach dem tua res agitur, nicht erstiegen; es ist auf sie hingestürzt, auf ihr zerschmettert worden. Die Formel dieser zweiten Stufe heißt „tat twam asi". Das bist Du. Nicht nur unsre Sache wird verhandelt, geschehend verhandelt sich der Prozeß unsrer Seele. Aus Zuschauer und Spieler, in Verschmelzung statt in Verwandlung, mit tagesweisser Magie erfolgt aus Ich und Du die Geburt des Wir. Und in den hohen Zeiten, in denen sie im Lande rings geschieht oder in denen das Wir schon lebt, ist das Theater ihr stärkster Ausdruck, stärkster Hall — nicht Widerhall — dichterischer Verdichtung. Das dreiteilige Theater ist zur Bühne des Alls geworden. Unterwelt und Überwelt sind verschlungen, die Bretter bedeuten die Welt.

Von den Brettern werden wir nicht loskommen, die „Naturbühne" ist ein Irrtum, da sie der Natur Gelegenheit gibt, mit einer Wolke Regen oder eines Vogels unangebrachtem Ruf oder Wurf die menschliche Erfindung Lügen zu strafen. Aber warum sollten wir uns des Menschenwerks schämen?

Aber dieses Theater ist nicht an den Raum gebunden; es sei überall; auf Plätzen und in Sälen, einfach, wesentlich, flugbereit. Denn überall ist der Boden für diese wahre Magie.

Gespielt wird überall – es kann gar nicht genug gespielt werden. Irrtum ist es, „Festspiele" zu veranstalten; Irrsinn ist es, den Schauspieler etwa aus der Welt zu ziehn, in Siedlungen zu bannen, aus denen er nach Sammlung und langer geheimer Vorbereitung für festliche Momente in die seiner wartende Welt entlassen werden soll. Die Gemeinsamkeit der Schauspieler darf nicht mit ihrer Abschließung von der allgemeinen Gemeinschaft verkauft werden. Er bereite sich nicht immer, unser Schauspieler, sondern er sei bereitet, immer bereit! Er gehört in die Welt, die immer seiner wartet. Er, gerade er gehört in den Alltag – nicht in den des Geschäftstheaters, aber in den lebendigen der Tätigkeit. Nur eine unheilvoll gespaltne Welt, in der die Nichtarbeitenden den Fronenden den Trost von Feiertagen gönnen müssen, kann diese Unterschiede kennen. Wir wollen sie aufheben – zugunsten der Feiertage. Wir wollen keine, weil jeder Tag ein Feiertag sein soll, nicht mit der hilflosen abgespannten Langeweile der rot umränderten Kalendertage, nicht feierlich, sondern voll des gesteigerten Lebens, das wir alltäglich wollen. Und in den Tag – nicht Alltag und nicht Feiertag – gehört das Theater. Wir wollen keine Festspiele, wir wollen Spiele.

Gespielt wird, was uns angeht. Und was gespielt wird, geht uns an, denn uns geht alles an. Segnend und segensreich erfüllt sich die Genialität der Direktheit. Nicht daß unsere privaten Konflikte gelöst, unsres Standes besondre Mürbheiten warnend gezeigt und unsre Sorgen verkündet werden, was kommt es auf Händel und Handel und Handlungen an: aber das Herzwunder geschieht, daß wundersam unser Herz auf der Bühne klingt, aus meinem unversehrten Leibe und aus Deinem, meines Platznachbarn Leibe, hell ins Licht, auf die Bühne gerissen, und klingt. Denn ich bin Du, und der Schauspieler ist wir. Was die schwere Sorge tüftelnder Dramatiker war, daß der Zuschauer wissen muß, was denen auf der Bühne lastendes, im letzten Akte zu enträtselndes Geheimnis war – die Magie des Theaters ist, daß Stück und Spieler so um uns weiß, wie wir, Wort für Wort, Sinn und Geheimnis des Spieles wissen.

Sinn und Geheimnis grade aller Spiele ist, real zu sein. Während heute das Theater, Staub und Pappe, prunkendes Wunder außerhalb der Welt steht, wird es eines erfüllten

Tages reale Selbstverständlichkeit sein. Wir wundern uns, wir über alles bewunderungsvoll und wundervoll Erstaunte, dann nicht mehr, wenn wir vom Wunder gegessen haben und voll des süßen Wunders sind. Der Schauspieler, heute eines Berufes Mann, darf wieder ein Berufner sein; in einer Übergangszeit Funktionär, dann Exponent der Masse. Es deuten sich schon Möglichkeiten an, daß mit den Schaupielern die Zuschauer spielen werden. Wenn wir ein Volk sein werden, wird in den riesigen und massenhaften Dramen der Zukunft das Volk spielen. Das magische Licht des Theaters fällt auf den Tag zurück. Die Erde wird voll spielenden Volkes sein.

FRANZ WERFEL

Aus: Theater

[...] Wirken wollen ohne vergewaltigen zu müssen, ist das Recht des Künstlers, es zu können seine Gnade.

Blasphemisch allen Keuschlingen ins Ohr gesagt: Der Effekt ist die Moral des Dramatikers[*].

Das Theater ist das Haus des Komödianten und nicht das Haus des Dichters. Muß der Mund des Mimen allzu Ewiges und Schmerzliches verraten, die Schminke seiner Wangen, die Ahnungslosigkeit seines Geistes, das befangen eitle Vordrängen seines Leibs stellt das Gleichgewicht der Ironie wieder her. Noch die deutschen Klassiker konnten in Komödie (Burgtheaterspiel) aufgelöst werden, zu ihrem Glück. Schillers Theaterwirkung war nicht so sehr seine szenische Routine, sein Raffinement in der Architektur, als sein geheimnisvolles E n t - g e g e n k o m m e n a n d e n s c h a u s p i e l e r i s c h e n I n - s t i n k t im Sprachrhythmus, in der Hystrionik seiner Jamben. Er war, was jeder geborene Dramatiker auch sein muß, der Librettist seiner Schauspieler.

Nietzsche behauptet, das Wagnersche Drama sei das „Heraufkommen des Schauspielers". Im gesellschaftlichen Sinn ist

---

[*] Wirkung ohne Ursache! Wie herrlich! Das Wunder!
„Milch geben, ohne geboren zu haben."
(Goethe.)

dieser Satz richtig, im künstlerischen falsch. Der Weg zum Geheimrat steht dem Schauspieler frei, weil Wagner in seinem grandiosen Wirkungsegoismus und in einem unbewußten Haß gegen sich selbst, ohne es zu wollen, den G a u k l e r in ihm vernichtet hat. Indem er es verpriestert, hat Wagner das Theater getötet. Der arrivierte Spießer des Privatlebens hüllt sich am Abend in eine verlogene Wolke von Weihe und „zelebriert", anstatt zu singen und zu spielen.

Wehe den Auguren, wenn sie, einander begegnend, nicht mehr lächeln.

Das Heraufkommen des schauspielernden Edelmenschen, der Untergang des Gauklers – war auch zugleich der Untergang des Theaters überhaupt. Die Genres schnellten auseinander. Während Schiller noch auf alle Schichten durch das Medium des Histrionen zu wirken vermochte, wurde das nachwagnersche höhere Drama zu einer arroganten Angelegenheit von Eingeweihten und Snobs, und das lebendige Theater versank in der bürgerlichen Lethargie der Operette.

Die Niedergangsstationen genau zu analysieren, sei uns erlassen! Von Ibsens Wissenschaftlichkeit über Strindbergs Theosophenexperiment geht es zur Kondensierungswut der Neuesten, um endgültig im Meer des Kinos zu landen, das mit offenen Armen das dünne Flüßchen des Wortdramas aufnimmt.

Das Kino aber ist das gigantische Zeichen der gänzlich „gefesselten Phantasie" . . . und Ironie.

Als ich daran ging, ein Theaterstück zu schreiben, fragte ich mich vorerst, welche Wirkungen dem Theater und einzig allein dem Theater angehören.

Ich forschte in meinen frühen Theatererlebnissen nach und rief zurück das kindliche Grauen, vor einem bemalten Vorhang zu sitzen in einem wispernden Haus, das ein staubiges Licht und ein staubiger Duft mit seltsamer Narkose durchwallt. Bebend süße Nervosität spendet das stimmende Orchester, stumpfe Fleischfarbe lastet in schweren Flecken ringsumher, kleine, grelle Blitze durchstoßen die Knabenbetäubung, die ein gleichmäßiges Rascheln wie von Seide und Papier einwiegt. Der Vorhang schließt die Welt auf. Antonia träumt am Klavier. Das Zimmer schon voll Dämmerung. Hoffmann verläßt wehmütig den Raum, der noch von seiner Stimme erfüllt ist.

Ein Vater, der deutlich ein unseliges Geheimnis mit sich
schleppt, beschwört mit aufgehobenen Händen die Sängerin.
Plötzlich wächst der Rücken des Dirigenten ins Ungeheure,
dann wird er wieder klein. – Auf der Bühne steht jetzt ein
Mann, den zu sehen man immer wieder glücklich ist, – der
stotternde Diener. Er singt etwas durchaus Abgerissenes. Und
nun! Eine Verwirrung, gar nicht deutlich zu unterscheiden, da
es sehr finster ist. Trotz aller Abwehr steht D o k t o r M i -
r a k e l da. Das aber ist kaum zu ertragen. Tiefe Verbeugung,
höhnische Bosheit, überlegener Anstand. Und in der Musik
immer wieder diese täppisch-mystische Figur. Mit hypnotischen
Händen schreitet er mächtig gegen Tür und Wand, er hält der
Musik den Puls, der wie das Herz eines gefangenen Tieres
schlägt. Die Stimme der unsichtbaren Patientin zerfällt in einer
chromatischen Kadenz zu Asche. – Und schon ist diese ungeheure Szene da. Mirakel schüttelt die schellenden Fläschchen
mit satanischem Herdengeläute. Antonias Vater drängt ihn zur
Tür hinaus. Immer wieder aus Versenkung, aus Kasten und
Wand, den Flaschenbund schüttelnd, erscheint der Verjagte . . .
Halt!

Was sind die Wirkungen dieses Theaters? Im äußerlichen:
Ausnutzung zauberhafter Bühnenmöglichkeiten, als da sind
Versenkungen, praktikable Wände und Möbel usw.

Sind solche Wirkungen dem Film auch gemäß? Nein! – Die
photographische Realität ist antiphantastisch, unironisch. Bei
einem magischen Vorgang wissen wir doch sogleich, wie es gemacht wird, ohne jenes prickelnde Bewußtsein zu haben: „das
ist Theater", also träumend zu wissen, wir träumen!

Forschen wir nach den weiteren sublimeren Wirkungen der
oben geschilderten Szene aus „Hoffmanns Erzählungen"! –
Die Figur des Doktor Mirakel. – Wenn auf dem Theater im
Ablauf einer Handlung ein und derselbe Mensch immer wieder zu einem anderen sich verwandelt und durch diese aktiv
oder passiv dämonische Haltung, unerkannt, als Schicksal das
Spiel bestimmt, so wissen wir als Zuschauer mehr als die Personen der Bühne, stellen also ein höheres, allwissenderes Bewußtsein der szenischen Welt (unserem Traum) gegenüber dar
und werden dadurch, als Träumer diesseits und jenseits des
Traums, von dem spezifischen Vergnügen der Ironie erfüllt. –

Die höchste Forderung einer Theaterdichtung: die Bewußtseinsstufe der szenischen Welt darf nicht identisch sein mit der Bewußtseinsstufe der Zuschauerwelt. – Wir müssen immer etwas mehr und weniger wissen oder ahnen, sonst langweilen wir uns.

Nicht nur des theatralischen, des Wortkunstwerks stärkstes Wirkungsmittel ist das G e h e i m n i s , das wir entweder mit dem Autor allein teilen oder das dem Autor und seinen Figuren allein eignet, ohne daß wir einbezogen sind. Auf der letzten Stufe der Vollendung allerdings gibt es ein Geheimnis, das dem Autor, seinen Figuren und uns, den Miterlebenden, ungelöst bleibt. Ich erinnere zur Verdeutlichung dieses Gedankens an die Technik der „Brüder Karamasow". Ohne Geheimnis, das heißt ohne mystische Beziehung zur Unerklärlichkeit des Lebens ist ein Werk, selbst das kleinste Gedicht, nur schildernd und daher flach.

Das konsequent naturalistische Drama konnte, schon wegen seiner szenischen Armut, nur eine kurze Lebensdauer haben. Wer erträgt es auch, wenn es doch so viele Theaterzaubereien gibt, drei Akte lang die faszinierenden Klubsessel in Noras Salon anzustarren? – Der späte Ibsen flickte wieder das Geheimnis ein und rettete dadurch sein Leben aus der psychomoralischen Wüste. Strindberg war dann der erste, der den dem Varieté abgelauschten Sketch vertiefte. Mühlräder gehen plötzlich, Vorhänge wehen, Schaukelstühle geraten unangerührt ins Rasen. Ist das nicht ein leiser Rückzugsversuch zum alten produktiven t h e a t r a l i s c h e n Theater? Allerdings mit Heilsarmeegebärden ohne Tanz und Ironie, eine Anknüpfung an Raupach.

Neuerdings werden diese Mittel (doch ohne Geheimnis) forciert. Man begnügt sich mit dem Sketch.

Der dritte, wichtigste und komplizierteste Grad des Effekts, der sich aus jener Opernszene ableiten läßt, ist all das, was unter den Begriff des R h y t h m u s fällt.

Das Wesen jeglicher Rhythmuswirkung ist der K o n t r a s t , ja Rhythmus ist geradezu nur durch den Kontrast erlebbar.

Wieder ist es die Technik der alten italienischen Oper, die am besten das Gesagte verdeutlichen kann. Sie ist (soweit sie aus dem „stilo concitato", dem erregten Stil, von Peri, Monteverde bis Verdi herstammt) rein auf Kontrast gestellt und bleibt dadurch auch heute noch das rhythmische Wunder, ᵛdas seine unüberwindlich elektrischen Schläge austeilt.

Man vergegenwärtige sich irgendeinen Opernakt!

Der Entréechor führt uns wie eine dichte Freude ein, das schnellfüßig und klare Rezitativ trägt mit angenehmer Nonchalance durch die Verwicklung, wir ruhen und laben uns an einer Romanze, die den Wundern der Stimme alles erlaubt. Das Duett bietet den ersten Becher Schwärmerei, Terzett, Quartett reißt mit neuen Ausweitungen, Figuren atemlosen Überschwangs und süßen Rückgängen hin. Eine punktierte Verschwörung jagt uns auf, bis endlich das Ensemblefinale durch den Rausch seiner großartigen Polyphonie unser Ich vernichtet, das überirdisch auf den Bogen der Sopranmelodie zum Himmel steigen kann. – Kein Augenblick Öde, Doktrinarismus, Intellekt, sinfonische Vordringlichkeit, Langeweile! – Nie setzt die dynamische Hetze aus! Nicht selten bezeichnet zum Beispiel Verdi einen Takt mit ppppp und den nächsten mit ebenso vielen f.

Zusammenfassend!

Der Bühnenautor, dem es nicht darum zu tun ist, die Ausgewitztheit von Literaten zu bluffen, sondern der ein Publikum sich erschaffen und – unterhalten (ja unterhalten!) will, wird sich unter die Gesetze des theatralischen Organismus beugen müssen.

Welche Gesetze? Folgende drei vor allen anderen:

    I. das der vielfachen und reichen Situation,

    II. das der hinreißenden schauspielerischen Aufgabe,

    III. das der moussierenden Theatergeste und Sprache.

ERWIN PISCATOR

Aus: Das politische Theater

[...] Die Aufführung, in der zum erstenmal das politische Dokument textlich und szenisch die alleinige Grundlage bildet, ist „Trotz alledem!" (Großes Schauspielhaus, 12. Juli 1925).

Das Stück entstand aus einer historischen Mammutrevue, die ich im Frühjahr dieses Jahres für das Arbeiter-Kultur-Kartell in den Gosener Bergen zur Sonnenwendfeier inszenieren sollte. Diese Revue, zu der ich Gasbarra mit der Herstellung des Manuskripts beauftragte, sollte in verkürzter Form die revolutionären Höhepunkte der menschlichen Geschichte vom Spartakusaufstand bis zur russischen Revolution umfassen, und zugleich in Lehrbildern einen Abriß des gesamten historischen Materialismus geben. Wir planten diese Aufführung in riesigen Ausmaßen. 2000 Mitwirkende waren vorgesehen, zwanzig große Scheinwerfer sollten den arenaartigen Talkessel erhellen, und zur Charakterisierung bestimmter Komplexe waren große, symbolisch übersteigerte Attribute (so zur Charakterisierung des englischen Imperialismus ein zwanzig Meter langer Panzerkreuzer) in Aussicht genommen. [...]

Die Aufführung entstand kollektiv: Die einzelnen Arbeitsprozesse von Verfasser, Regisseur, Musiker, Bühnenmaler und Schauspieler griffen unaufhörlich ineinander. Mit dem Manuskript zugleich entstanden die szenischen Aufbauten und die Musik, mit der Regie gemeinsam entstand wiederum das Manuskript. Szenen wurden arrangiert, an vielen Stellen des Theaters gleichzeitig, noch ehe der Text dazu feststand. Zum erstenmal sollte der Film organisch mit den Bühnenvorgängen verbunden werden. (In „Fahnen" beabsichtigt, aber nicht ausgeführt.)

Die Verbindung zweier scheinbar entgegengesetzter Kunstformen hat in den Diskussionen meiner Kritiker und in der Beurteilung durch die Öffentlichkeit einen übermäßig breiten Raum eingenommen. Ich selbst halte dieses Moment gar nicht für so wichtig. Zum Teil schroff abgelehnt, zum Teil überschwenglich gefeiert, ist dieser Punkt nur selten richtig gewertet worden. Die Verwendung des Films lag auf derselben Linie, wie die Verwendung der Projektion bei „Fahnen". (Abgesehen davon, daß ich ja schon in Königsberg die szenische Umformung durch den Film in großen Umrissen konzipiert hatte, wenn auch noch unter starker Beschränkung auf das Dekorative.) Es war nur eine Erweiterung und Verfeinerung des Mittels, aber der Zweck blieb derselbe.

Später ist oft behauptet worden, ich hätte diese Idee von den Russen übernommen. In Wirklichkeit waren mir damals die Verhältnisse des sowjetrussischen Theaters fast unbekannt – die

Nachrichten über Aufführungen usw. drangen immer noch sehr spärlich zu uns. Mir ist aber auch nachträglich nicht bekannt geworden, daß die Russen jemals den Film funktionell so verwendet hätten wie ich. Im übrigen ist die Frage der Priorität völlig belanglos. Damit wäre nur bewiesen, daß es sich nicht um eine technische Spielerei handelte, sondern um eine Form des Theaters, die im Entstehen begriffen war, und die auf der uns gemeinsamen historisch-materialistischen Weltanschauung basiert. Worauf kommt es mir denn bei meiner ganzen Arbeit an? Nicht auf die bloße Propagierung einer Weltanschauung durch Klischeeformen und Plakatthesen, sondern auf die Führung des Beweises, daß diese Weltanschauung und alles, was sich aus ihr ableitet, für unsere Zeit die alleingültige ist. Behaupten kann man vieles; nicht einmal durch Wiederholung wird eine Behauptung wahrer oder wirksamer. Der überzeugende Beweis kann sich nur auf eine wissenschaftliche Durchdringung des Stoffes aufbauen. Das kann ich nur, wenn ich, in die Sprache der Bühne übersetzt, den privaten Szenenausschnitt, das Nur-Individuelle der Personen, den zufälligen Charakter des Schicksals überwinde. Und zwar durch die Schaffung einer Verbindung zwischen der Bühnenhandlung und den großen historisch wirksamen Kräften. Nicht zufällig wird bei jedem Stück der Stoff zur Hauptsache. Aus ihm ergibt sich die Zwangsläufigkeit, die Gesetzmäßigkeit des Lebens, aus der das private Schicksal erst seinen höheren Sinn erhält. Dazu brauche ich Mittel, die die Wechselwirkung zwischen den großen menschlich-übermenschlichen Faktoren und dem Individuum oder der Klasse zeigen. Eins dieser Mittel war der Film. Aber nichts anderes als ein Mittel, das morgen schon abgelöst sein kann durch ein besseres.

Der Film war bei „Trotz alledem!" Dokument. Aus dem Material des Reichsarchivs, das uns von befreundeter Seite zur Verfügung gestellt wurde, benutzten wir vor allem authentische Aufnahmen aus dem Krieg, aus der Demobilmachung und eine Parade sämtlicher Herrscherhäuser Europas usw. Die Aufnahmen zeigten brutal das Grauen des Krieges: Angriffe mit Flammenwerfern, zerfetzte Menschenhaufen, brennende Städte; die „Mode" der Kriegsfilme hatte noch nicht eingesetzt. Auf die proletarischen Massen mußten diese Bilder aufrüttelnder wirken als hundert Referate. Ich verteilte den Film über das ganze Stück, wo er nicht ausreichte, nahm ich Projektionen zu Hilfe.

Als Grundform des Bühnenbildes ließ ich ein sogenanntes Praktikabel bauen, einen terrassenförmigen, unregelmäßig gegliederten Aufbau, der an einer Seite eine flache Schräge, auf der anderen Seite Treppen und Podeste besaß. Dieses Spielgerüst stand auf einer Drehscheibe. In Terrassen, Nischen und Korridore baute ich die einzelnen Spielflächen ein. Dadurch wurde eine Einheit des szenischen Aufbaues erreicht, eine pausenlose Abwicklung des Stückes, gleich einem einzigen fortreißenden Strom.

Hier war die Abkehr vom Dekorativen des Bühnenbildes noch größer als in „Fahnen". Das Prinzip des reinen zweckhaften Spielgerüstes dominierte, um das Spiel selbst zu unterstützen, zu verdeutlichen und auszudrücken. Die Selbständigkeit des Gerüstes, das auf einer Drehscheibe eine eigene Welt in sich ist, hebt den Guckkasten der bürgerlichen Bühne auf. Es könnte auch im freien Raum stehen. Der viereckige Bühnenausschnitt ist nur noch eine störende Beschränkung.

Die ganze Aufführung war eine einzige Montage von authentischen Reden, Aufsätzen, Zeitungsausschnitten, Aufrufen, Flugblättern, Fotografien und Filmen des Krieges und der Revolution, von historischen Personen und Szenen. Und das im Großen Schauspielhaus, das einst Max Reinhardt gebaut hatte, um das bürgerliche (klassische) Drama zu inszenieren. Er spürte wohl auch, daß man zu den Massen kommen müsse – aber er kam zu ihnen vom anderen Ufer mit fremder Ware. „Lysistrata", „Hamlet", aber auch „Florian Geyer" und „Dantons Tod" blieben Manegestücke, die ins Große und Grobe verzeichnet waren. Erreicht wurde nichts als eine Inflation der Form. Das Mitspielen der Masse aus dem Zuschauerraum war nicht in der programmatischen Haltung begründet und fand infolgedessen kein Echo, das über den „guten Regieeinfall" hinausging.

Auch Karlheinz Martins Bewegungsexpressionismus gelang dies nicht: weder im klassischen Drama noch in „Die Maschinenstürmer" – nur in den „Webern". Hier wurden Arena und Zuschauerraum identisch. Allerdings war dabei noch entscheidend: in diesem Sommer wurden von Beye die Gewerkschaften

zum Besuch organisiert. Nun saßen klassenbewußte Arbeiter da;
der Sturm brach los. Stets hatte auch ich das Unausgefüllte des
Hauses empfunden, mir Gedanken gemacht, mit welchen Mitteln
dieses wirkliche Massentheater zu beherrschen wäre. Nun hatte
ich sie – und noch heute sehe ich dort die in Berlin einzige
Möglichkeit für das Massentheater.

Zum erstenmal waren wir konfrontiert mit der absoluten,
von uns selbst erlebten Wirklichkeit. Und sie hatte genau solche
Spannungsmomente und dramatischen Höhepunkte wie das ge-
dichtete Drama, und von ihr gingen genauso starke Erschütterungen aus. Allerdings unter der einen Voraussetzung, daß es
eine politische (im Grundsinne von „alle angehende") Wirklichkeit ist. [. . .]

Tausende füllten am Abend der Aufführung das Große
Schauspielhaus. Jeder verfügbare Platz war besetzt, alle Treppen, Korridore, Zugänge zum Bersten voll. Eine Begeisterung
des Zuschauenkönnens beherrschte von vornherein diese lebendige Masse, eine unerhörte Bereitschaft dem Theater gegenüber
war spürbar, wie sie nur im Proletariat zu finden ist.

Aber schon sehr bald steigerte sich diese innere Bereitschaft
zu wirklicher Aktivität: die Masse übernahm die Regie. Sie, die
das Haus füllten, hatten alle zum großen Teil diese Epoche
aktiv miterlebt, es war wahrhaft ihr Schicksal, ihre eigene Tragödie, die sich vor ihren Augen abspielte. Das Theater war für
sie zur Wirklichkeit geworden und sehr bald war es nicht mehr:
Bühne gegen Zuschauerraum, sondern ein einziger großer Ver-
sammlungssaal, ein einziges großes Schlachtfeld, eine einzige
große Demonstration. Diese Einheit war es, die an dem Abend
endgültig den Beweis erbrachte für die Agitationskraft des
politischen Theaters.

Die durchschlagende Wirkung, die die Verwendung des Films
hatte, zeigte, daß sie jenseits aller theoretischen Erörterungen
nicht nur richtig war, wenn es sich um die Sichtbarmachung
politischer und gesellschaftlicher Zusammenhänge handelte, also
in bezug auf den Inhalt, sondern richtig, in höherem Sinne,
auch in bezug auf die Form. Hier wiederholte sich die Erfahrung von „Fahnen". Das Überraschungsmoment, das sich aus
dem Wechsel von Film und Spielszene ergab, war sehr wir-
kungsvoll. Aber noch stärker war die dramatische Spannung,

die Film und Spielszene voneinander bezogen. Wechselwirkend steigerten sie sich, und so wurde in gewissen Abständen ein Furioso der Aktion erreicht, wie ich es im Theater nur selten erlebt hatte. Wenn beispielsweise auf die Abstimmung der Sozialdemokraten über die Kriegskredite (Spielszene) der Film folgte, der einen Sturmangriff und die ersten Toten zeigte, so war damit nicht nur der politische Charakter des Vorgangs gekennzeichnet, sondern es wurde zugleich eine menschliche Erschütterung bewirkt, also Kunst geschaffen. Es ergab sich, daß die stärkste politisch-propagandistische Wirkung auf der Linie der stärksten künstlerischen Gestaltung lag. [...]

IV. Die Dramaturgie der Dichter

GEORG KAISER

Formung von Drama

An allem Anfang war Energie. Sie wird sich auch ins unend-
liche Ende durchsetzen.

Träger von Energie ist Mensch. Von ihr aufgewühlt, durchwühlt er sich selbst. Die sonderbarste Verquickung besteht hier:
Effekt macht Substanz mobil – und die Bewegtheit rollt aus
sich selbst. Andere Deutungen – Zuspruch von außen, Inspira-
tion von jenseits – sind abgetan, wie schon vorher tausend
Stadien überschritten.

Darstellung von Energie ist dem Menschen aufgegeben – mit
dem natürlichen Gebot seiner Vitalität. Die befiehlt allein und
einzig. So gelingt endlich die Sichtung von Zweck des Seins, der
von düstern Mutmaßungen noch mannigfach umschwärmt und
geschwärzt. Zweck ist Energie – von Ursprung bis in die Vollendung. Energie um der Energie willen – da fällt Tun und
Sein des Tuns ineins; die Ergebnisse sind nebensächlich.

Suche nach äußerster Darstellung von Energie ist Weg des
Menschen. Aufgerichtet und umgeworfen schon zahllose Mög-
lichkeiten. Alles ist Durchgang zur mächtigeren Darstellung.
Nicht um des Knalleffektes – um der Darstellung willen. Mit
Ziel – mit Zweck des Endes sänke der Mensch zusammen zur
affigen Ungeburt. Er lebt, pocht Atem um der Auferstehung
willen. Die ist immer das Heute – das Nun – die pralle
Sekunde.

Herrlich Mensch, der in Sackgassen irrt.

Großartig der unermüdliche Verbrauch von Mensch. Prun-
kend seine unerschöpfliche Wiederkehr – die Zwang ist aus der
Vitalität, die sich in Energie ballt und entladet – entladet und
ballt, gelöst von Ziel, da Sein schon Zweck ohne Rest ist.

Was ist Drama? Eine Möglichkeit zu Stauung und Auswurf
von Energie. Vielleicht jetzt die kräftigste Möglichkeit.

Was ist Dramadichter? Bestimmt heute die kräftigste Art Mensch. Der heute vollendbarste Typus Mensch. Formung von Drama stellt den unerhörtesten Vorgang von Ballung und Energie dar. Gegenwärtig ganz unvergleichlich.

Dramadichter – der verdichtendste Träger von Energie, die zur Entladung drängt. (Nicht in seinen Zwischenzuständen ist er als Dichter anzusprechen und die Geste der Ermüdung zwischen den Stücken bleibt zu übersehen. Die Interpunktion gibt nicht den Satz. Der Dichter ist nicht lebensfremd. Wie er ist, erklären die Orientierungen vorher.) Hart ist Energie – nicht in Daunen von Sentiment gekringelt. Solcher Zustand gehört bereits der Vergangenheit an. Anemonen sind lustig – aber den Weltturm baue ich lieber. Stets stürzt der Babelbau wieder über seine Fundamente – ist der Turm Zweck? – Das Bauen ist es. Die Bemühungen um eine Ästhetik von Sprech-, Ton-, Baukunst werden erfolgreicher. Zu Scherz vertirilierten die bisherigen. Der Schöpfer schafft des Schaffens wegen – nicht um der Schöpfung willen. Mit seinem Tod ist er ganz tot – die überholte Nachwelt kramt in Exkrementen. Kein Werk gilt – der Schöpfer gilt um seiner selbst willen sich. Nicht nach andern lugt sein Blick. (Ich kolportiere nicht von Mitmachern; Zeilenlaichern.)

Wie ist die Wirkung von Drama? Es sollte *Furcht und Mitleid* erregen. Man ventilierte diese These ernsthaft. Schopenhauer und Nietzsche (von dem nur das Sprachwerk – nicht sein Denkwerk bleibt) dünnten den breiigen Nebel nicht. Wirkung schießt nur auf aus Wundern von Darstellung von Energie. Der *Held* tut eine Leistung von Energie (und vergeht selbstverständlich mit seinem Rekord) – das überwältigt, das demoliert den Zuschauer. Diese Sichtbarmachung vom Zweck des Seins, der ist: Energie sichtbar zu machen. Vollkommen erfüllt diesen Vorsatz das Drama. Der schöpferische Mensch – kann zusehen und zuhören und im Gleichnis des *Helden* den Dichter – und sich selbst am stärksten erleben. Das Vorbild: sich zu gebrauchen – wird unverwickelt gegeben. Man geht aus dem Theater – und weiß mehr von der Möglichkeit des Menschen – von Energie.

Sei es zusammengezogen in eine Formel, die sich rasch einstellt: nicht darauf kommt es an, daß der Mensch was kann (Leistung nach Ziel und endliches Erreichen eines Himmels oder

einer Paradieslandschaft) – sondern daß er gekonnt ist. Der
gekonnte Mensch ist die Forderung.
Der gekonnte Mensch!

Der Mensch im Tunnel

Das Drama schreiben ist: einen Gedanken zu Ende denken.
(Wer sich ausgedacht hat, macht sich an seine verflossenen
Schauspiele wieder heran und assistiert ihren theatralischen
Exekutionen: Genesis des erlauchten Meisters.) Idee ohne Figur
bleibt Nonsens: Platon schreibt die aufregendsten Szenen und
entfaltet sein Denkwerk so. Sonstige philosophische Wälzer
distanzieren mit jeder Pagina mehr vom Titel (und auch der
Titel ist neblig).
Man soll sich der gewaltigen Arbeit unterziehen – will man
schon nachdenken – sein Drama zu formulieren. Was ich dem
Nächsten nicht mit knappem Dialog versetzen kann, ent-
schwebt ins Stupide. Der Mensch sagt, um zu denken – denkt,
um zu sagen. Die besten Münder haben sich seit Urzeit dem
genus humanum eingepredigt – hört doch hin! Es kann doch
unterwärts nicht immer mit Rohrstöcken gefuchtelt werden, um
oben zu erhellen. Die Menschheit hat sich in ihren Dramen-
denkern ungeheure Dinge vorgenommen; machen sie euch das
Leben jetzt schwer – in euren Enkeln triumphiert das Resultat:
das Individuum denkt formend – formt denkend.
Was gilt dem Dichter sein Drama zuletzt? Er ist mit ihm
fertig. Schon übermäßig quälerisch die lange Beschäftigung mit
einem Gedanken. Inzwischen schossen zehn frische auf. Aber
heldisch behält der Dramatiker den Strang im Griff, bis er sich
an den Schluß vortastete. Da ist der Gedanke zu Ende gebracht. Sofort geschieht Aufbruch in neuen Bezirk – es heißt
die Frist nützen, die Hirn und Blut hierorts haben. (Dabei
taucht das Afterbild des Dramatikers auf: des zu seinen Werken zurückkehrenden. Er spricht von ihnen, er verweist mit
Laternenpfählen auf sie, er sieht sich in markanten Logen vor
Aufführungen, er stopft sich den Bettsack mit altem Lorbeer –
ruhmknisternd nachts unter seiner schnarchenden Breitseite.)
Wer die Vielheit ungedachter Ideen begriff, hat kaum Zeit

zur Liebe. (Das klingt trostlos – aber ich ziehe gleich die
schönste Sommersonne an meinem Himmel auf.) Doch keinem
Kopf ist ein unerträgliches Quantum an Nachdenklichkeit ein-
gesenkt. Die Totalität Mensch ist vortrefflich balanciert. Nur
wird diese äußerste Klugheit verlangt: ein Ende zu machen,
wenn man das Ende sieht. Wer sich verschleppt, bringt sich ums
Leben. Aufs Leben kommt es an. Das ist der Sinn des Daseins.
Sein erschöpfendes Erlebnis. Alle Straßen führen dahin – aber
alle Straßen müssen marschiert werden. *Ein* Weg führt durch
den Kopf. Er verlangt für seine Erledigung das schärfste Trai-
ning: denken können. Formung des Dramas ist das Mittel – nie
das Ziel. (Wer das verwechselt – siehe vorher: erlauchter
Meister. Ich nenne hier nicht negative Namen, um nicht die
nächsten Seiten mit dem Index der Literaturgeschichte zu füllen
– sondern den positiven Rimbaud, wie er als Kaufmann in
Ägypten seinen Pariser Gedichtruhm verlachte.) Einen ausge-
zeichneten Menschen auf *eine* seiner Fähigkeiten festlegen
wollen, ist schurkenhaft – wer die Verstümmelung akzeptiert,
lächerlich. Es ist beinahe eine Frage der Moral: Dichter zu
bleiben.

Ziel des Seins ist der Rekord. Rekord auf allen Gebieten.
Der Mensch der Höchstleistungen ist der Typ der Zeit, die
morgen anfängt und nie aufhört. Der indisch Untätig-alltätige
wird in unseren Zonen überholt: der Alltätige hier schwingt in
jenem Tempo, das die Bewegung unsichtbar macht.

Das Drama ist ein Durchgang – aber das Sprungbett direkt
ins Komplette. Nach dieser Schulung ist der Mensch vorzüglich
ausgestattet, sich in der Welt einzurichten. Er haßt die Dummheit – aber er nutzt sie nicht mehr aus. (Nur der Idiot will
übervorteilen – geschäftlich und geistig. Es wird sehr viel über-
vorteilt – siehe: Literaturgeschichte.)

Es ist Pflicht für den Schöpfer: von jedem Werke sich abzu-
wenden und in die Wüste zu gehen; taucht er wieder auf, muß
er sehr viel mitbringen – aber sich im Schatten seiner Syko-
moren eine Villa mit Garage bauen: das geht nicht. Das heißt
die Schamlosigkeit etwas weit treiben und den schlechtgestellten
Kokotten infame Konkurrenz machen.

Alles ist Durchgang: sich in Durchgängen (Tunnel) aufhalten
– wohl dem, der diese abgehärtete Nase hat – – und wehe ihm!

Bericht vom Drama

Die Idee ist ihre Form. Jeder Gedanke drängt nach der Prägnanz seines Ausdrucks. Die letzte Form der Darstellung von Denken ist seine Überleitung in die Figur. Das Drama entsteht. Platon schreibt sein reines Ideenwerk als Dialoge nieder. Personen sagen und treten auf. Heftigere Dramen als Symposion und Phaidon sind schwer zu finden. Für den Dramatiker ist hier deutlichster Hinweis gegeben: Gestalt und Wort propagieren allein überzeugend den Gedanken.

Unerschöpflich ist Denken. Dieses Gebiet hat unerschlossene Provinzen, die sich ins Endlose fortsetzen. Die Aufgabe des Menschen ist hier großartig.

Das geschriebene Drama wird immer neuer Aufbruch in anderes Drama – in Gestaltung vordringender Denkenergie. Wie steht der Dramatiker zum vollendeten Werk? Er verläßt es mit dem letzten Wort, das er schrieb – und unterzieht sich mit Zwang und Entschluß der Formung von neuem Drama, zu dem er wie über Stufen einer unendlichen Treppe vorwärts drängt. Diesem Zwang unabweisbar gehorchen zu müssen, ist Begabung. Begabung ist Gehorsam – Unterordnung – Demut, die werktätig sich darbietet. Stillstand bei einem Drama – Rückblick mit Genugtuung – Rast am Wege: sind Ungehorsam im Geiste, der mit tödlichem Fluch belädt. Sich zeitlich einstellen – das Dauerndunendliche mit dem Popanz seiner Person verbauen – sich selbst als ein erreichtes Ziel setzen: sind Kennzeichen und Makel von Mißwuchs. Ins pausenlose Gleiten von Werden geschickt – eine Welle des Stroms kurz festhalten: ist alles, was menschlich erreichbar ist. Diese Feststellung einer Sekunde im All leistet der Dramatiker. Mehr nicht, alles darin.

CARL STERNHEIM

Gedanken über das Wesen des Dramas

Über dem Werk des Dichters, über dem des Dramatikers, da er sich seiner größten Stoßkraft bewußt ist, insbesondere, steht Verantwortung. Da sein Urteil aus seiner Sichtbarkeit von der

Szene unmittelbar und weithin wirkt, muß es, in hundert Gewissen gewogen, alle Eigenschaften eines göttlichen, für das Wohl der Menschheit gewollten Machtspruchs haben.

Der Dichter folgt keiner Neigung. Sucht ihn der Held, die liebenswürdigste Heldin seines Spiels zu irgendeinem Schritt zu überreden, hört er von ihren Lockungen fort auf den Ruf der Stimme, die, nicht immer leicht hörbar, ihm die himmlischen Ratschlüsse mitteilt. Mit der Erkenntnis des Schaffenden, an irgendeiner Stelle irdischer Werteordnung ist ein Schaden sichtbar klaffend geworden, setzt mit empörter und eifernder Liebe die Arbeit ein, hierhin die allgemeine Aufmerksamkeit zu rufen und aus den in der Dichtung gegebenen Aufschlüssen im Sinne neuer Erkenntnis Heilung zu schaffen.

Der dramatische Dichter ist der Arzt am Leibe seiner Zeit. Alle Eigenschaften des idealen Menschen blank und strahlend zu erhalten, ist ihm unabweisbar Pflicht.

Zur Erreichung seines hohen Ziels bedient er sich, wie der medizinische Helfer der allopathischen oder homöopathischen Methode. Er kann den Finger auf die kranke Stelle des Menschtums legen und den erkennenden Helden eine dagegen mit Einsetzung seines Lebens eifernde Kampfstellung einnehmen lassen (Wesen der Tragödie), oder er kann die moribunde Eigenschaft in den Helden selbst senken und ihn mit fanatischer Eigenschaft von ihr besessen sein lassen (Wesen der Komödie). In der Tragödie wird die Welt um den Helden, als das Übel verkennend, tragisch wirken, in der Komödie aus gleichem Grund der Held selbst. Der Eindruck auf den Zuschauer ist in beiden Fällen der gleiche: Hinabschauend in den Abgrund, sah er das verzweifelte Ringen zwischen dem Göttlichen und dem sich der Erkenntnis verschließenden Menschen und bleibt erschüttert und erleuchtet.

Der deutschen Schaubühne Zukunft

Die Frage nach des deutschen Theaters Zukunft kann nur die Frage nach der Art seiner Beteiligung an der Volkserziehung sein, solange dem Deutschen die Forderung, mit Kirche und Schule sei die Schaubühne moralische Anstalt, eine zu unbedingte ist, als daß auf eine Unterhaltung darüber, ob das Theater nicht vielmehr den Zwecken reiner künstlerischer Freude dienen müsse, er sich ernstlich einließe.

Akzeptiert man aber die Meinung, des Theaters Zweck sei ein volkserzieherischer, ist nicht einzusehen, warum den Staat und seine kontrollierende Behörde, die Zensur, man verhindern möchte, in gleicher Weise ausschließlich seinen Tendenzen auch auf der Bühne Geltung zu verschaffen, wie im Kirchen- und Schulunterricht es von jeher geschehen ist. Selbstverständlich scheint es doch, daß in Anstalten, die staatsbürgerlicher Bildung dienen, Obrigkeit nicht antimoralische und unsoziale Ziele duldet, zumal ihr Auftreten in einem unbedingt moralisch orientierten Haus ja Palastrevolution bedeuten würde, und unter allen Umständen und von vornherein nicht nur taktisch falsch, sondern auch geschmacklos wäre.

Wir werden also, meine ich auch fernerhin, trotz moderner Schlagworte auf dem deutschen Theater nur des vollkommen Guten Sieg und Bestrafung des Bösewichts im bürgerlichen Sinn erleben, wenn auch bei geschmackvolleren Autoren mit allerhand Umschreibung und Einschränkung, weil aus dem Haufen man natürlich irgendwie herausragen will. Im Königsmantel aber und im Gehrock wird, eine Schuld (am Nächsten) zu sühnen, der Held auch in Zukunft in verschmitzten psychologischen Mono- und Dialogen wie der Prinz von Homburg oder Michael Kramer sich umständlich vernehmen lassen, sofern er es nicht vorzieht, sich vor den Schädel zu schießen, weil eine menschlich bürgerliche Rücksicht er leider außer acht gelassen hat.

Wem wie mir solche moralische Absichten fernliegen, und wer sich lieber einen herzlosen Zyniker nennen läßt, als daß die abgeleierten Punschlieder er mitsänge, wer seinen Geschöpfen unter allen Umständen mehr Lust an sich selbst als am Nächsten verleiht, wer sie, unbekümmert um des Nachbarn Los, nur von ihrer eigenen, sozial wertlosen Winzigkeit besessen zeigt, dem wird man, findet keine andere Form er als das Theaterstück, seinem Schöpfungsdrang zu genügen, auch fernerhin die Stücke verbieten, wie man mir bisher diejenigen untersagte, die meine dichterischen Absichten am reinsten zeigten, und in denen Rücksichtslosigkeit gegen andere und Stolz auf eigene Person Triumphe feiert wie „Die Kassette", den „Kandidaten", „1913" und „Tabula Rasa", die im Verlag Kurt Wolff ein verlegenes Dasein führen. Natürlich ist es, daß unter den dargelegten Umständen solange mich nichts reizt, ferner für die Bühne zu arbeiten, bis meine Überzeugung, wie alle Kunst habe auch das Theater gar keine Beziehung zu moralischen Fragen, nicht mehr meine und weniger Auffassung ist, sondern vielleicht eine neue Generation durch die Schaubühne aus logischen und mechanisch kausalen Zwängen in eine künstlerische Freiheit herausgehoben sein will, die jenseits von Gut und Böse ist.

Das sprach auch mein in diesem Buch gedruckter Aufruf „Kampf der Metapher" aus. Die mit mir eines Glaubens sind, warnte ich, alle junge Dichtung schon darum für neu und aussichtsreich zu halten, weil sie sich rebellisch gebärdet, während hinter künstlichen Gewittern doch noch immer Weserlied, irgendwie Sehnsucht nach Übereinstimmung mit geübten Riten lebt. Ich sagte: nicht nur aller Dichtung Inhalt müsse aus alten Zwangsvorstellungen sich völlig lösen, sondern Wort sogar müsse erst im alten Sinn ausgespieen sein, ehe es neue, mögliche Deutung bekäme.

Die Kunst, ein heiteres Theaterwerk, das den Zeitaugenblick
überdauert, zu schreiben

Schon um 1888 vor den Schülern des Friedrich-Werderschen Gymnasiums in Berlin behauptete der schwindsüchtige, von uns Knaben verhimmelte Dr. Schneider, die deutsche Dichtkunst seit Jahrhunderten besitze zu einer etwas größeren Zahl ernster Dramen nur zwei wirkliche Lustspiele – von Kleist den „Zerbrochenen Krug" und Lessings „Minna von Barnhelm". Also hatten die Jungen Respekt vor der Bedeutung eines so seltenen Kunstwerks, und wirklich habe auch ich eine so ausgeglichene Lustigkeit, aus der Feinkomik der handelnden Charaktere gespeiste Komödie, die das Zeitalter, in dem sie spielt und seine Menschen unsterblich lustig macht, wie Minna später weder auf deutschen Bühnen, und außer spärlichem Shakespeare, Molière auch anderswo nicht gesehen. Für den „Zerbrochenen Krug" nicht einmal konnte ich mich persönlich entschließen und ließ, wo man ferner ein deutsches Lustspiel verkündete, es mich höchstens nicht verdrießen.

Aus heutigen deutschen Zuständen ist ohne weiteres klar, daß Anlaß, ein Monument der Heiterkeit aus ihnen zu errichten, nicht besteht, zumal, da eine gewisse Schwermut, die seit einigen Jahrzehnten besonders auf Europa lastet, sich verdichtete, eine heutige Jugend, die nichts vom heiteren Springinsfeld hat, sich in melancholisch schnöden Anmerkungen zu allem Vorhandenen, der Liebe nicht nur, zum Dasein der Eltern und älteren Generationen begrifflich vernehmen läßt, Diskussion, ob das Leben mieß oder launig ist, überhaupt nicht zuläßt, fälschlich überall Minderwertigkeit mit einem Schuß Blödsinn behauptet und wittert.

Ich aber hatte schon in der Plüsch- und Jugendstilzeit nicht verzagt. Mochten im alten Berliner Westen, im Hansaviertel, später am Kurfürstendamm geschweifte Sammetsessel und Sofas, Puffärmel der Damen in „Durchgangszimmern" zum allgemeinen Selbstmord reizen, Gouvernanten, Lehrer auf Hochschulen zumal den Zeitgreueln gegenüber die Massen bedenklich machen, ich überwand aus Laune und höherem Aspekt nach Windelbands, Rickerts, Schelers und Husserls Rezepten soviel lausige Mannigfaltigkeit an ihnen, daß – da staunt der Laie! Lust und Freude an deutschen Dingen als letzter Gegenstand der Erkenntnis übrigblieb.

Phänomenales zeitgenössisches Vergnügen sei es, sich über eine auf offener Straße verlorene Frauenhose einer kleinen Beamtengattin, das Testament einer ranzigen alten Tante, Schippels nächtlich pikanten picassoblauen Aufstieg über eine Leiter ins Bett eines rang- und standesgemäß übergeordneten Frauenzimmers totzulachen, vorausgesetzt diese Handlung fände geradeso statt, wie es hundert Jahre vorher Julien Sorel mit Mathilde de la Mole vergleichsweise fabelhaft gemacht hatte. Aber auch Maskes riesenhafter Lebenshunger bis zum saftigen satten Katholischwerden dieser Dynastie erregte im Zuschauer immer ein verständnisinniges Schmunzeln, oft lautes Lachen sogar, das sich in zwanzig Jahren noch immer gesteigert hat, wozu Franz Blei erklärt: „In hundert Jahren wird man Sternheims Stücke die spirituellsten Komödien unserer Zeit nennen!"

Und versuchte ich, zu meinen eigenen zwanzig Theaterwer-
ken Flauberts Bühnenskizze von 1874 „Der Kandidat" unter
den heutigen ganz unbeschreiblich verworrenen Schaubühnen-
verhältnissen dennoch dem deutschen Spielplan zu gewinnen,
geschah es, um in einem dürren, trüben Zeitalter das Charakter-
lustige, wo immer es sich zeigt, aufzuweisen!

GERHART HAUPTMANN

Das Drama im geistigen Leben der Völker

Rede, bestimmt für die vierte Volta-Tagung der Königlichen Akademie zu Rom im Oktober 1934

Die Volta-Tagung der hohen Königlichen Akademie zu Rom
und ihre ehrenvolle Einladung gibt mir Gelegenheit, über „Das
Drama im geistigen Leben der Völker" zu sprechen. Der erste
Blick auf das mit dieser Frage berührte Gebiet zeigt seine Weite,
der zweite seine Unendlichkeit.

Das wenige, was ich und irgendein Mensch darüber zu sagen
vermag, kann höchstens da und dort scheinwerferartig hinein-
leuchten.

Das Drama ist eine der vielen Bemühungen des Menschen-
geistes, aus dem Chaos den Kosmos zu bilden. Dieses Bestreben
fängt schon im Kinde an und setzt sich fort durch das ganze
Leben. Die Bühne im Menschenhaupt wächst Jahr um Jahr,
und die Schauspielgesellschaft wird größer und größer. Ihr
Direktor, der Intellekt, überblickt sie sehr bald nicht mehr, da
die Akteure zu unzählbarer Menge anwachsen.

Die frühesten Mitglieder des großen-kleinen Welttheaters im
Kindskopf sind Mutter, Vater, Geschwister, Anverwandte und
was sonst an Menschen in den Kreis der Sinnenerfahrung tritt.
Im kindlichen Spiel beginnt dieses Drama schauspielerisch nach
außen zu schlagen: es ahmt die Mutter, den Vater und ihr Verhältnis zu den Kindern nach. Und weiter und weiter erstreckt
sich dieser Nachahmungstrieb, womit das Kind seine drama-

tische Welt aufbaut und fundiert. Diese Welt hat durchaus universellen Charakter. Es werden in ihr kleine Analogien zum Größten der Kunst im Ganzen gefunden, da sie sich immer zugleich äußerlich darzustellen sucht. Nicht nur die dramatischen Spiele auf den Brettern, die die Welt bedeuten, gehen auf sie zurück, sondern ebenso der „Olympische Zeus" des Pheidias, der „Moses", die „Pietà" und die „Höllenstürze" des Michelangelo.

Das, woraus jedes Gebilde der Kunst seinen Ursprung nimmt und was im Haupte des Menschen wirkt, solange er lebt, nenne ich: das Urdrama! Davon findet man bei Aristoteles nichts, und doch stand sein Geist mitten darin. Wenn es sich ins Gebiet der Kunst erhebt, so materialisiert es intuitiv, aber seine Intuitionen haben sich sublimiert in allen Religionen und allen Himmeln. Unnütz zu sagen, daß auch die Hölle aus ihm hervorgegangen ist.

So gesehen, wäre das Drama im geistigen Leben des Menschen überhaupt sein geistiger Lebensprozeß, und es würde sich fragen, ob auch im geistigen Leben der Völker. Daß es auch hier der Fall ist, glaube ich. Wie die besonderen, gehen auch die allgemeinen Anliegen darauf zurück. Im ganzen Gebiet des Denkens wirkt es sich aus: in der Kunst, in der Wissenschaft, der Philosophie und Religion und in der Tat, nicht zu vergessen; also wäre das Drama im Geiste der Völker gewissermaßen an sich ihr Geist.

Da ich als Dramatiker gelte, haben Sie wahrscheinlich, als Sie von mir etwas über „Das Drama im geistigen Leben der Völker" hören wollten, nur an eine seiner Kunstformen, die des Theaters, gedacht. Aber das Mehr oder Weniger, das Stärkere oder Schwächere, das Leise oder Lärmende seines Daseins und seiner Volksverbundenheit ist eine allzu schwankende Größe. Das Urdrama, immer und überall gegenwärtig, drückt sich bald zart, bald gewaltig, je nachdem durch das Wort, durch Musik oder durch Kanonendonner aus – und große Dichter sind nur göttliche Zufälle.

Wenn wir die Absicht haben, uns auf die Kunst des Theaters zu beschränken, so kompliziert sich auch hier schon bei flüchtigem Hinblick die Aufgabe. Zeitlich, also historisch genommen, gibt es das indische, griechische, römische, italienische, franzö-

sische, spanische, englische und deutsche Theater. Ihre Gipfe-
lungen könnte man etwa mit folgenden Namen bezeichnen:
Kalidasa, Aischylos, Plautus, Goldoni, Molière, Calderon,
Shakespeare, Goethe und Richard Wagner. Aber es würde sich
hierbei nur um einige Glücksfälle handeln, wie gesagt, Ein-
maligkeiten, in denen große Dichter das Theater veredeln und
seinen Beruf ins Göttliche steigern, wobei sowohl die menschliche Tragödie als die menschliche Komödie ihren höchsten Ausdruck hat. Im übrigen aber ist das aus dem Sensationsbedürfnis
der Menge geborene Theater überaus vielfältig. Das Altertum
anlangend, weise ich nur auf das römische Colosseum hin. Von
dem Karren des Thespis bis herüber zu ihm – welch ungeheure Spannweite! Innerhalb des modernen Theaters läßt sich
eine ähnliche Spannweite feststellen: von Verdi und Richard
Wagner etwa zum Puppentheater, von der kleinen Wander-
bühne zur Reinhardtschen Ausstattungsfreudigkeit in Drama
und Pantomime und von da bis zu Barnum und Bailey und
ihrer universalen Zirkuswelt.

In der Befriedigung des menschlichen Schaubedürfnisses leistet
das Höchste, und zwar durch das Kino, die neue Zeit. Es beherrscht in unzähligen Theatern alle fünf Erdteile. Millionen
von Menschen aller Rassen drängen sich täglich vor ihren Ein-
gängen. Wen sollte nicht Schwindel ergreifen gegenüber diesem
ganzen und allgemeinen theatralischen Phänomene, wenn er sich
über seine Bedeutung im Geiste der Völker und im Einzelnen
des Volkes klarzuwerden hätte? Bliebe noch übrig die Befriedigung der allgemeinen großen Weltliebe zum Potpourri, der das
Radio universell entgegenkommt, indem es durch Millionen und
aber Millionen unsichtbarer Kanäle alles, was gesprochen, gesungen, gegeigt und trompetet wird, in Paläste und Bürger-
häuser, ja in die verschneite Hütte des armen Bergbewohners
leitet.

Wir wagen uns also nicht an dieses ebenso riesenhafte als
chaotische Phänomen, das allerdings seine gemeinsame Wurzel
hat im Urdrama und so gewissermaßen, wie ich schon sagte, an
sich der wirkende Geist der Völker ist. Konstruieren wir in
ihm ein Exoterium und ein Esoterium, und wenden wir uns
allein zu diesem. Dann würde mein Thema „Das Drama im
geistigen Leben der Völker" sich auf die Werke von Kalidasa

über Calderon, Shakespeare bis zu Verdi und Richard Wagner und den übrigen hohen Olymp großer Künstler beziehen, die ein Esoterium darstellen. Diese Kunst darf nicht zum Volke herab-, sondern das Volk muß zu ihr hinaufsteigen.

Gleichwie ein guter Wein, ja der seltenste, allerköstlichste als höchstes Produkt eines Bodens zu bewerten ist, so ist auch der große Dichter und Dichter-Musiker als das höchste Produkt eines Volkstums zu achten. Mit unzähligen Wurzeln nahm er seine Kraft aus ihm, und das Volkstum trieb ihn empor, um sich durch ihn seiner selbst und des Reichtums seines Urdramas bewußt zu werden. Kann sein, daß ein solcher Baum, unten immer mehr um sich greifend, nach Höhe und Breite immer mehr ausladend, diesem und jenem schwächeren Raum und Nahrung nimmt. Aber für die Gesamtheit des Volksgeistes und Volksbewußtseins bleibt er eine Lebensnotwendigkeit.

Und wenn in heiligen Büchern von Beschattung durch den Geist gesprochen wird, so ist zu sagen, daß auch der Schatten des Genies allenthalben befruchtend wirkt. Und nur durch ihn, den freientwickelten Baum des Genies, durch einen Dante, Leonardo, Bach oder Beethoven, erhebt sich das Haupt eines Volkes bis in die Sterne.

In diesem Sinne vom Drama im Geiste der Völker reden, heißt: vom Genie im Geiste der Völker reden. Wenn aber das Genie auch wesentlich esoterisch ist, so zeigen Gestalten wie Leonardo und Goethe, daß es auch im Exoterischen weit und breit um sich greift. Nichts würde verkehrter sein, als Abseitigkeit zu einer Eigenschaft des Genies zu stempeln. Ist es abseitig, so ist es auch einseitig. Es ist aber vielseitig, wenn es, wie bei Leonardo und Goethe, voll entwickelt ist. Seiner eigenen Vielseitigkeit hat Goethe, selbst bis in allerlei Schwächen, willig nachgegeben. In einer Unmenge kleiner Reimeleien bewegt er sich, in der primitiven Art des Schusters Hans Sachs, in allerlei dramatischen Szenen auf dem Gebiet des Puppentheaters mit seinen Hanswurstiaden in derbster Volkskomik. Als ein Erzieher zu ihr ein Meister, als ihr Schüler ein Dilettant, verband er sich mit der bildenden Kunst. Er war Minister und danach Theaterleiter. Dies alles und auch sein wissenschaftliches Wirken ist bekannt. Also sei wiederholt: das esoterische Wesen des Genies ist in seinen Früchten keinesfalls beschränkt auf dies Esoterium. Es würde andererseits auch nicht weiter zu wachsen vermögen, wenn es nicht immer wieder Luftwurzeln in den Volksboden absenkte.

Ich habe am 21. Juli 1928 bei den Festspielen zu Heidelberg eine kleine Rede, wie diese, gehalten. Man nannte sie später „Der Baum von Gallowayshire". Auf den Mauerruinen von New Abbey in Gallowayshire befindet sich eine Art Ahorn. Von Mangel an Raum und Nahrung gedrängt, schickte er eine starke Wurzel, welche sich in den Boden unten festsetzte und in einen Stamm verwandelt wurde. Und nachdem er die übrigen Wurzeln von der Höhe der Mauer losgemacht hatte, wurde der ganze Baum, von der Mauer abstehend, unabhängig. Der Baum ging auf diese Weise von seinem ursprünglichen Platze. Er suchte die Kraft des Mutterbodens auf und durchdrang ihn mit allen Wurzeln.

Das deutsche Drama hat seit etwas über anderthalb Jahrhunderten diesen Prozeß durchgemacht. Vollständig hat es erst in neuerer Zeit deutschen Wurzelboden wieder erreicht. So habe ich bäurische Zustände der Heimatscholle in „Vor Sonnenaufgang", in „Fuhrmann Henschel", in „Rose Bernd", den Jammer kleiner Gebirgsweber, den Lebenskampf einer Waschfrau, das Leiden eines Bettelkindes in „Hanneles Himmelfahrt", zweier Armenhäusler „Schluck und Jau" im Drama behandelt, in „Die Ratten" eine unterirdische Welt des Leidens, der Laster und Verbrechen.

Ich habe dann, mit „Florian Geyer", mein Drama in die Leidenshistorie unseres Volkes hinein verbreitert. Aber ich werde nicht weiter von mir reden, es mußte, um der Wahrheit die Ehre zu geben, geschehen: weil ich als eine der Wurzeln des Baumes von Gallowayshire zu werten bin.

Der einzelne wird in das urdramatische Sein seines Volkes hineingeboren, dessen mehr oder weniger klarer, mehr oder weniger umfassender natürlicher Spiegel er ist. Das Genie aber ist ein göttlich-magischer Spiegel und so, wie Shakespeare sagt, im lebendigen Drama der Spiegel des Zeitalters.

Man hat das Theater eine Teufelskirche genannt, die der böse Geist neben die Kirche gestellt habe. Darum stand es auch lange, samt Dichtern und Schauspielern, im kirchlichen Bann. Den Höhepunkt der Verfolgung erlitt es durch Calvin und seine Anhänger, während Luther, wohl mit durch Melanchthon bewogen, es gebilligt, ja verteidigt hat. Wenn es aber im Geiste des Volkes noch immer, das Theater und also das Drama betreffend, sogar ein Für und Wider gibt, ein Wider, das seine Berechtigung überhaupt in Frage stellt, so darf ich auf meine, am Anfang des kleinen Vortrags stehenden Sätze hinweisen: der erste Blick auf mein Thema zeige seine Weite, der zweite seine Unendlichkeit.

Kampf ist der Vater aller Dinge und das Drama eine der vielen Formen, diesen Kampf in seiner Tragik, seiner Komik oder in seiner Tragikomik darzustellen. Ein Drama steht umso höher, je parteiloser es ist. So sagt Goethe von Shakespeare, daß man meist derjenigen seiner Gestalten recht gebe, die zuletzt gesprochen habe. Ein Zwang zum Kampf ist vorauszusetzen, und der schlechte Kampf wird mitunter den Guten wie den Schlechten unentrinnbar aufgedrängt. Eine Art Sieg über das Leben soll am Schlusse des Dramas, tragisch oder komisch, erreicht werden. Vertretung von Dogmen als wesentlicher Zweck macht ein Drama zweitrangig. Beweise zu führen ist es nicht bestimmt, und wenn es dazu mißbraucht wird, so ist es als Kunstform vernichtet.

Eines der edelsten menschlichen Kulturvermögen ist die Festivitas. Sie gehört in den Geist eines Volkes hinein. Ihre Verwirklichung, seit es Menschen gibt, ist auf unendlich viele Arten, auch die furchtbarsten, erreicht worden. Diese furchtbaren und blutigen Arten gibt es nicht mehr. Die Religion erreicht Festivitas mit Hilfe der Kunst. Die Kathedralen Italiens, Frankreichs und Deutschlands sind die Zeugen. Die Plastik und Malerei Griechenlands und Italiens ebenfalls. Am reinsten und höchsten ist sie für den mit dem göttlichen Musiksinn Begabten durch Musik erreicht worden. So ist das Drama und die dramatische Dichtung im Geiste des Volkes auch dessen Festivitas.

Die Prosa eines kurzen Vortrags ist kein Medium, um in die Tiefe der dramatischen Dichtung hinabzudringen. Es geht nicht anders, man muß es festhalten, daß die Tiefe echter Kunst voller Wunder ist. Ein Mysterium aufzulösen: davon kann hier ebensowenig als in religiösen Dingen die Rede sein, die sich aufs engste damit berühren. Im Gegenteil: wir respektieren in Ehrfurcht das tiefe Mysterium. Und so habe ich nichts mehr hinzuzusetzen.

Mit dem Wunsche, der Festivitas dieser Stunde auf dem heiligen Boden des ewigen Rom wenigstens der Absicht nach gerecht geworden zu sein, sei diese kurze Erörterung abgeschlossen.

Aus: Dramaturgie

Sucht euch die Elemente der Dramaturgie in der menschlichen Psyche zusammen! Dort stecken sie.

Du sollst nicht mit der Galle dichten!
Du sollst deine Gestalten lieben – keine unter ihnen hassen!
Soll Leben sein in deinen Gestalten, so mußt du ihnen dein Leben geben. Deine Gestalten sind deine Kinder.

Das Drama ist doch wohl die größte Dichtungsform. Schließlich werden alle Gedanken dramatisch gedacht, wird alles Leben dramatisch gelebt.

Drama ist Kampf. Das größte Epos wurzelt in dem Ehebruchsdrama: Helena, Menelaos, Paris und den Kämpfen um Troja. Es hat sich zum Teil dann wieder in Dramen aufgelöst.

Man muß, um wahrhaft produktiv zu sein, den dramatischen Stoff, also Menschen und ihre inneren und äußeren Beziehungen und Kämpfe, ganz unabhängig davon sehen, daß die Menschen Menschen, Männer, Weiber, Aristokraten, Bürger, Arbeiter oder regierende Fürsten, daß sie alt, jung, arm oder reich sind. Man muß sie sehen, als wüßte man nicht, wie sie atmen, was sie essen, trinken, wie sie leben müssen, um zu leben, daß sie sprechen, singen, schreiben, wachen, schlafen und Notdürftiges verrichten – nicht, was sie tun noch in Künsten und Wissenschaften erreicht haben. Man muß sie sehen, als wüßte man gar nichts von ihnen und erführe alles zum erstenmal. Dieses vollkommen Fremde muß dem Beschauer in seiner kleinsten Funktion das ganze Mysterium in seiner vollen Wunderbarkeit und Unbegreiflichkeit ausdrücken.

Ein Drama muß sich selbst bewegen, nicht vom Dichter bewegt werden. Der Ursprung seiner Bewegung muß, wie der Ursprung des Lebens, allen verborgen sein.

Man muß unterscheiden: den Gedanken, welcher denkt, und
den, der gedacht ist. Es ist ein Gedanke, daß gedachte Gedanken im Drama selten oder nie formuliert werden dürfen.
Der denkende Gedanke soll laut werden. Höchstens der Gedanke in seiner Geburt, oder kaum erst geboren, ungebadet
und mit noch unzerrissener Nabelschnur. Vielleicht auch ein
blindgeborener Gedanke, der die Augen zum erstenmal hell
aufschlägt. Solcher Gedanken gibt es viele in meinen Dramen,
aber sie werden nicht immer erkannt in ihrem Zustand, vielleicht auch ihrer Ungewöhnlichkeit wegen, und sind nicht zu
gebrauchen für den Zitatenschatz.

Armeleutekunst? Man sollte endlich damit aufhören, die
Kunst der Klassiker durch einen solchen Ausdruck zur Reiche-
leutekunst zu degradieren. Volk und Kunst gehören zusammen,
wie Boden, Baum, Frucht und Gärtner.

Wo du auch immer dem begegnest, was dramaturgische
Schädlinge immer vermissen, immer suchen und niemals erkennen, wo es vorhanden ist, eben das, was sie auch mit dem
Namen „Handlung" bezeichnen – nimm, was du findest, wenn
dir die „Handlung" begegnen sollte, Axt, Knüppel oder den
ersten besten Stein, der dir gerade zur Hand ist, und schlage
sie tot!

Das Bereich dessen, was man gesund und normal nennt,
wird im Affekt verlassen. Ein Drama ohne Affekt ist undenk-
bar, daher es immer einigermaßen ins Pathologische übergreifen
muß.

Was man der Handlung gibt, nimmt man den Charakteren.

ARTHUR SCHNITZLER

Der Held im Drama

Das zweite Dogma ist dasjenige vom *Heldentum*. Es wird als
feststehend angenommen, daß die Berechtigung, im Mittelpunkt
eines Dramas zu stehen, nur derjenigen Figur zukommt, die
nach bürgerlichen Begriffen ein Held ist. Zu den Kriterien des

Heldentums gehört nach dieser Auffassung Todesverachtung, eiserne Konsequenz und eine unbeugsame Willenskraft. Wieso diese Meinung allmählich entstanden ist und sich beinahe in der gesamten Kritik unserer Tage entweder direkt ausgesprochen findet oder doch durchleuchtet, ist umso weniger einzusehen, als sich durch eine nur oberflächliche Betrachtung des gesamten klassischen Repertoires nachweisen läßt, daß die großen Dichter aller Zeiten solche Helden nur in den seltensten Fällen gezeichnet haben. Man kann wohl sagen, daß die Konsequenz, d. h. die Eigenschaft, sich weder durch die Gewalt der Umstände noch durch Vernunftgründe, noch aber durch die geheimnisvollen Vorgänge innerer Entwicklung von einem ursprünglich gefaßten Plan oder Entschluß abbringen zu lassen, im ganzen eine höchst subalterne Eigenschaft darstellt und daß jeder Mensch nur eigentlich erst dann interessant zu werden beginnt, wenn wir ihn auf einer Inkonsequenz ertappen. Ebenso klar ist, daß die Todesverachtung an sich durchaus keine rühmenswerte Eigenschaft vorstellt. Sie tritt bekanntlich am häufigsten dort auf, wo eine große Menge von Individuen zweiten und dritten Ranges unter der Herrschaft eines äußeren Zwanges, unter Mitwirkung des Nachahmungs- und Herdentriebs und überdies zu Gunsten einer Idee, die sie mißverstehen oder gar nicht begreifen, von einem Führer, der, ohne selbst unter der Herrschaft dieser Idee stehen zu müssen, die Vorteile ihrer Realisierung genösse, der Vernichtung entgegengetrieben wird. Es kommt noch dazu, daß diese Todesverachtung eine ultima ratio zu sein pflegt, d. h. daß der Tod diesen Todesverächtern in jedem Falle sicher wäre, so daß ganz natürlicherweise und wenn nun einmal nur diese Wahl offen steht, der „schöne" Tod lieber gewählt wird als der erbärmliche. Aber ohne paradox erscheinen zu wollen, darf man die Behauptung wagen, daß nur solche Leute mutig genannt werden dürfen, die den Tod nicht verachten, ihn sogar fürchten, für die es noch eine Wahl zwischen Tod und Leben gibt und die aus wohlerwogenen Gründen trotz allen Grauens vor der Vernichtung den Tod wählen. Das schönste Beispiel für diese Art von Gestalten ist der Prinz von Homburg, und es ist sehr charakteristisch für die unbewußte Verlogenheit des Publikums und der Kritik, daß sie lange Zeit hindurch die Szene, in

der der Prinz, sein eigenes Grab erblickend, vor dem Tode
schauert, als unvereinbar mit dem Begriff des Heldentums und
gewissermaßen verletzend für ihre heroischen Parkettgefühle
empfunden hat. (Mir selbst ist es noch vor wenigen Jahren
passiert, daß sich eine Dame, die gewiß vor dem Besuch eines
Zahnarztes eine schlaflose Nacht verbracht hätte, beim Souper
über diese Feigheit des Prinzen von Homburg sehr abfällig ge-
äußert hat.)

Die interessantesten Mittelpunktsfiguren der klassischen
Tragödie, Hamlet, Macbeth, Tasso, Wallenstein, Faust vor
allem, Clavigo und viele andere, sind alle das, was die Kritik,
insbesondere, wenn es sich um ähnliche Figuren moderner Autoren handelt, als inkonsequent, schwächlich, haltlos, gelegentlich auch als erbärmlich bezeichnet. Ja, wenn man die Referate
gewisser Kritiker liest, möchte man immer glauben, daß in
ihnen allen eine Unmasse von Kraft, Konsequenz und Treue
steckt, daß es ihnen niemals passieren kann, eine Meinung zu
wechseln, zwischen zwei Frauen zu schwanken, einen Freund
oder eine Geliebte zu hintergehen oder gar vor dem Tod zu
zittern, und man muß immer wieder die Kühnheit bewundern,
mit der diese Reporter, statt sich über die ästhetischen Werte
eines Kunstwerks zu äußern, sich in Angriffen und Verurtei-
lung überheblicher Art gegenüber den Gestalten ergehen, die
der Dichter zu schaffen für gut fand. Sie ahnen wohl selbst
nicht, daß in ihnen allen etwas von der naiv-brutalen Seele
jenes Theaterbesuchers steckt, der dem Franz Moor am Bühnen-
türl auflauert, um ihn durchzuprügeln. Diese törichte Ver-
mischung ethischer und ästhetischer Werte, nicht immer so gut-
gläubig als sie sich gibt, bringt es mit sich, daß dasjenige Werk
a priori auf eine höhere Stufe gestellt zu werden scheint, dessen
Held das ist, was jene Leute Helden zu nennen pflegen; und
daß man ein Produkt gern herabzusetzen trachtet, indem man
sich in Beschimpfungen der die Handlung tragenden Figur er-
geht, wenn diese inneren Schwankungen, einer Verwirrung des
Gefühls oder anderen seelischen Zuständen unterworfen ist, die
für die heroischen Reporter eine immer neue Quelle des Ver-
wunderns und der Verachtung zu sein scheint.

HUGO VON HOFMANNSTHAL

Aus: Über Charaktere im Roman und im Drama

Gespräch zwischen Balzac und Hammer-Purgstall in einem Döblinger Garten im Jahre 1842

[...] BALZAC: O ja, ich liebe das Theater. Das Theater, wie ich es verstehe. Das Theater, auf dem alles vorkommt, alles. Alle Laster, alle Lächerlichkeiten, alle Sprechweisen! Wie armselig, wie symmetrisch ist dagegen das Theater Victor Hugos. Meines, das, welches ich träume, ist die Welt, das Chaos. Und es hat einmal existiert, mein Theater, es hat existiert. Lear auf der Heide, und der Narr neben ihm, und Edgar und Kent und die Stimme des Donners in ihre Stimmen verschlungen! Volpone, der sein Gold anbetet, und seine Diener, der Zwerg, der Eunuch, der Hermaphrodit und der Schurke! und die Erbschleicher, die ihm ihre Frauen und ihre Töchter anbieten, die ihre Frauen und Töchter bei den Haaren in sein Bett ziehen! Und die dämonische Stimme der schönen Dinge, der verlockenden Besitztümer, der goldenen Gefäße, der geschnittenen Steine, der wundervollen Leuchter, so vermengt mit den Menschenstimmen, wie dort der Donner. Ja, es hat einmal ein Theater gegeben.

HAMMER: Sie meinen das englische um Fünfzehnhundertneunzig?

BALZAC: Ja, die haben es gehabt. Auch später noch. Es gibt nachzuckende Blitze. Kennen Sie das „Gerettete Venedig" von Otway?

HAMMER: Ich glaube, es in Weimar gesehen zu haben.

BALZAC: Mein Vautrin hält es für das schönste aller Theaterstücke. Ich gebe viel auf das Urteil eines solchen Menschen.

HAMMER: Ihre Lebhaftigkeit bei diesem Thema ist mir äußerst erfreulich. Wir werden, nun weiß ich es, eine comédie humaine auf der Bühne haben! Wir werden die Perücke von Vautrins Kopf fliegen und den entsetzlichen Schädel des Sträflings sich enthüllen sehen. Wir werden Goriot belauschen, wie er einsam in eiskalter Kammer die Vision seiner schönen Töchter sich heraufbeschwört. Was schütteln Sie den Kopf, mein Herr? Nichts kann nunmehr im Wege sein.

BALZAC: Nichts, scheinbar gar nichts. Auch in meinem Willen nichts, scheinbar. Auch fehlt es mir nicht an dramatischen Mitarbeitern. Sie können nicht von der Oper bis zum Palais Royal gehen, ohne deren einem oder zweien zu begegnen. Denn ich habe mir Mitarbeiter erschaffen wollen. Ich wollte in einen andern hineinkriechen. Aber ich hatte unrecht. Man kann sich nicht in die Haut eines Esels verstecken. Ich wollte etwas finden, was ich nicht in mir trug. Ich wollte eine Unehrlichkeit begehen, eine der versteckten großen Unehrlichkeiten. Es liegt im Wesen der meisten Schriftsteller, dergleichen Unehrlichkeiten in Masse zu begehen, und ganz straflos. Sie gleichen dem Reiter in der deutschen Ballade, der, ohne es zu wissen, über den gefrorenen Bodensee reitet. Aber sie erfahren es auch nachher nicht und fallen daher nicht tot um, wie dieser Reiter. Eine Kunstform gebrauchen, und ihr gerecht werden: welch ein Abgrund liegt dazwischen! Je größer man ist, desto klarer sieht man in diesen Dingen. Mögen andere die Formen vergewaltigen, ich für mein Teil, ich weiß, daß ich kein Dramatiker bin, ebensowenig wie –

(Hier nannte Herr von Balzac die Namen aller seiner Landsleute, welche im vorhergehenden Jahrzehnt einen großen, zum Teil einen europäischen Ruf eben durch ihre dramatischen Produkte erlangt hatten, und fuhr fort:)

Den Grund davon? Den innersten Grund? Ich glaube vielleicht nicht, daß es Charaktere gibt. Shakespeare hat das geglaubt. Er war ein Dramatiker.

HAMMER: Sie glauben nicht, daß es Menschen gibt? Das ist gut! Sie haben deren etwa sechs- oder siebenhundert geschaffen; sie auf die Beine gestellt, da! und seither existieren sie.

BALZAC: Ich weiß nicht, ob das Menschen sind, die in einem Drama leben könnten. Ist Ihnen gegenwärtig, was man in der mineralogischen Wissenschaft eine Allotropie nennt? Derselbe Stoff erscheint zweimal im Reich der Dinge, in ganz verschiedener Kristallisationsform, ganz unerwartetem Gepräge. Der dramatische Charakter ist eine Allotropie des entsprechenden wirklichen. Ich habe im Goriot das Ereignis „Lear", ich habe den chemischen Vorgang „Lear", ich bin himmelweit entfernt von der Kristallisationsform „Lear". – Sie sind, Baron, wie alle Österreicher, ein geborener Musiker. Sie sind zudem ein gelehrter Musiker. Lassen Sie mich Ihnen sagen, daß die Charaktere im Drama nichts anderes sind als kontrapunktische Notwendigkeiten. Der dramatische Charakter ist eine Verengerung des wirklichen. Was mich an dem wirklichen bezaubert, ist gerade seine Breite. Seine Breite, welche die Basis seines Schicksals ist. Ich habe es gesagt, ich sehe nicht den Menschen, ich sehe Schicksale. Und Schicksale darf man nicht mit Katastrophen verwechseln. Die Katastrophe als symphonischer Aufbau, das ist die Sache des Dramatikers, der mit dem Musiker so nahe verwandt ist. Das Schicksal des Menschen, das ist etwas, dessen Reflex vielleicht nirgends existierte, bevor ich meine Romane geschrieben hatte. Meine Menschen sind nichts als das Lackmuspapier, das rot oder blau reagiert. Das Lebende, das Große, das Wirkliche sind die Säuren: die Mächte, die Schicksale.

HAMMER: Sie meinen die Leidenschaften?

BALZAC: Nehmen Sie dieses Wort, wenn Sie es vorziehn, aber Sie müssen es in einer noch nie dagewesenen Weite nehmen und dann wieder es so verengen, so ins Besondere ziehen, wie es noch nie gebraucht worden ist. Ich sagte: „die Mächte". Die Macht des Erotischen für den, welcher der Sklave der Liebe ist. Die Macht der Schwäche für den Schwachen. Die Macht des Ruhmes über den Ehrgeizigen. Nein, nicht *der* Liebe, *der* Schwäche, *des* Ruhmes: seiner ihn umstrickenden Liebe, seiner individuellen Schwäche, seines besonderen Ruhmes. Das, was ich meine, nannte Napoleon seinen Stern: das war es, was ihn zwang, nach Rußland zu gehen; was ihn zwang, dem Begriff „Europa" eine solche Wichtigkeit beizulegen, daß er nicht ruhen konnte, bis er „Europa" zu seinen Füßen liegen hatte. Das, was ich meine, nennen Unglückliche, die ihr Leben in einem Blitz überschauen, ihr Verhängnis. Für Goriot ist es in seinen Töchtern inkarniert. Für Vautrin in der menschlichen Gesellschaft, deren Fundamente er in die Luft sprengen will. Für den Künstler in seiner Arbeit.

HAMMER: Und nicht in seinen Erlebnissen?

BALZAC: Es gibt keine Erlebnisse, als das Erlebnis des eigenen Wesens. Das ist der Schlüssel, der jedem seine einsame Kerkerzelle aufsperrt, deren undurchdringlich dichte Wände freilich wie mit bunten Teppichen mit der Phantasmagorie des

Universums behangen sind. Es kann keiner aus seiner Welt heraus. Haben Sie eine größere Reise auf einem Dampfschiffe gemacht? Entsinnen Sie sich da einer sonderbaren, beinahe Mitleid erregenden Gestalt, die gegen Abend aus einer Lücke des Maschinenraumes auftauchte und sich für eine Viertelstunde oben aufhielt, um Luft zu schöpfen? Der Mann war halbnackt, er hatte ein geschwärztes Gesicht und rote, entzündete Augen. Man hat Ihnen gesagt, daß es der Heizer der Maschine ist. Sooft er heraufkam, taumelte er; er trank gierig einen großen Krug Wasser leer, er legte sich auf einen Haufen Werg und spielte mit dem Schiffshund, er warf ein paar scheue, fast schwachsinnige Blicke auf die schönen und fröhlichen Passagiere der Ersten Kajüte, die auf Deck waren, sich an den Sternen des südlichen Himmels zu entzücken; er atmete, dieser Mensch, mit Gier, so wie er getrunken hatte, die Luft, welche durchfeuchtet war von einer in Tau vergehenden Nachtwolke und dem Duft von unberührten Palmeninseln, der über das Meer heranschwebte; und er verschwand wieder im Bauch des Schiffes, ohne die Sterne und den Duft der geheimnisvollen Inseln auch nur bemerkt zu haben. Das sind die Aufenthalte des Künstlers unter den Menschen, wenn er taumelnd und mit blöden Augen aus dem feurigen Bauch seiner Arbeit hervorkriecht. Aber dieses Geschöpf ist nicht ärmer als die droben auf dem Deck. Und wenn unter diesen Glücklichen droben, unter diesen Auserwählten des Lebens, zwei Liebende wären, die, mit verschlungenen Fingern, aneinandergelehnt, bedrückt von der Fülle ihres Inneren, das Hinstürzen unermeßlich ferner Sterne, wie sie der südliche Himmel in Garben, in Schwärmen, in Katarakten aus dem Bodenlosen ins Bodenlose fallen läßt, nur wie den stärksten, bis an den Rand des Daseins fortgepflanzten Pulsschlag ihrer Seligkeit empfänden – auch an diesen gemessen, wäre er nicht der Ärmere. Der Künstler ist nicht ärmer als irgend einer unter den Lebenden, nicht ärmer als Timur der Eroberer, nicht ärmer als Lucullus der Prasser, nicht ärmer als Casanova der Verführer, nicht ärmer als Mirabeau, der Mann des Schicksals. Aber sein Schicksal ist nirgends als in seiner Arbeit. Er soll sich nirgends anders seine Abgründe und seine Gipfel suchen wollen: sonst wird er einen erbärmlichen Sandhügel für einen Montblanc nehmen, ihn keuchend erklim-

men, mit verschränkten Armen droben stehen und das Ge-
lächter aller sein, die zwanzig Jahre später leben. In seiner
Arbeit hat er alles: er hat die namenlose Wollust der Emp-
fängnis, den entzückenden Ätherrausch des Einfalls, und er hat
die unerschöpfliche Qual der Ausführung. Da hat er Erlebnisse,
für welche die Sprache kein Wort und die finstersten Träume
kein Gleichnis haben. Wie der Geist aus der Flasche Sindbads
des Seefahrers, wird er sich ausbreiten wie ein Rauch, wie eine
Wolke und wird Länder und Meere beschatten. Und die
nächste Stunde wird ihn zusammenpressen in seine Flasche,
und, tausend Tode leidend, ein eingefangener Qualm, der sich
selber erstickt, wird er seine Grenzen, die unerbittlichen, ihm
gesetzten Grenzen, spüren, ein verzweifelnder Dämon in einem
engen gläsernen Gefängnis, durch dessen unüberwindliche
Wände er mit grinsender Qual die Welt draußen liegen sieht,
die ganze Welt, über der er vor einer Stunde brütend schwebte,
eine Wolke, ein ungeheurer Adler, ein Gott. [. . .]

Schiller

Das Große feiert sich selber. Wenn man es nennt, so ist es,
als nennt man den Namen erhabener Berge und gewaltiger,
über dem Meer getürmter Städte vor denen, die dort waren,
und eines mehreren bedarf es nicht. König Philipp und der
Großinquisitor. Das Hinausgehen Maria Stuarts zum Tode, an
Leicesters Arm. Die Reden der Bauern, die sich gegen Habs-
burg verschwören, auf der Höhe ihrer Berge, über den Län-
dern, über dem Qualm der Städte. Franz Moors Verzweiflung.
Der Präsident im Hause des Musikus. Wallensteins Schlafengehen.
Demetrius vor dem Reichstag. Groß. Wie das Herankommen
und Zerschäumen einer großen Woge. Und alles, was vorher
kommt, vor diesen ganz großen Momenten, von gleicher Art:
wie starke Wellenschwünge. Das Nie-Auslassen einer sehr großen Kraft, ein ungeheures, rastloses Vorwärtsgehen, wie das
Meer gegen den Strand. Und die gleichen Wellenschwünge
überall: auch in jenen frühesten Gedichten, über die man zu
lächeln pflegt, auch dort jenes, das Ehrfurcht gebietet: der arme
Militärzögling, öd, dumpf, von Gott und der Welt verlassen,

dürftig gehalten wie nicht der Lehrling im Handwerk, nicht der Hirte hinterm Vieh: und ruft in seiner Brust das Weltall herauf, die ewigen Mächte . . . „Acheronta movebo!"

Ein Anwalt und ein Konquistador. Vielleicht war den Deutschen seinerzeit der große Anwalt näher, vielleicht ist den Deutschen dieser Zeit der große erobernde Abenteurer näher. Der Anwalt nahm die Partei der Freiheit vor Königsthronen, die Partei eines Königs vor dem Thron der Freiheit. Es klingt wie herausgerissen aus dem Leben eines gefährlichen Sophisten: er aber durfte es tun, denn er war ein Mann. Der Abenteurer – ich nehme das Wort in seinem großen Sinn, und er war der größte, den die Geschichte des Geistes kennt – durchstürmte die Weltanschauungen und richtete sich in ihnen ein, wie in unterjochten Provinzen. Die Welt Kants, die Welt der Alten, die Welt des Katholizismus: er wohnte in jeder von ihnen, wie Napoleon in jeder Hauptstadt Europas residiert hat: fremd und doch gebietend. Seine Heimat war immer woanders, sein Dasein Fortschreiten. Wenn man in ihm ist, ist man im Freien: im gewaltigen Feld, wo geistige Ströme sich kreuzen. Mit Goethe ist man zuweilen im Herzen der Dinge. Goethe und er stehen zueinander wie der Gärtner und der Schiffer. Aber in großen Nächten reckte der stille Gärtner seine Hand zu den Sternen empor und war mit ihnen vertraut wie mit den Blumen seines Gartens, und der Schiffer hatte nichts als sein mutvolles Herz und sein Schiff, mit dem die Winde spielten.

Der Bildner der Jugend. Ich weiß nicht. Es wäre denkbar, daß Männer – Männer von anderem Stoff als die Ankläger des Sokrates – ihn in ihrem Herzen den Verführer der Jugend nannten. Es heißt ein altes Wort: Que philosopher c'est apprendre à mourir. Nun, Max Piccolomini, der des Kaisers bestes Regiment in den Tod hineinreitet, weil er an der Welt irre geworden ist, er ist kein Lehrer dafür, wie man zu sterben hat. Mercutio ist schon ein besserer, Brutus noch ein besserer. (Es geht eine Linie von diesem Sterben des Mercutio zu dem, wie Gordon in Khartum starb.) Max ist auch kein Lehrer dafür, wie man zu leben hat. Und auch Mortimer nicht, auch Karl Moor nicht, auch Wallenstein nicht, wahrhaftig. Da ist Götz schon ein besserer (auch er lehnt sich auf) und der schlichte Franz Lerse und Georg, der Reiterjunge. Auch Friedrich Prinz von Homburg, trotz allem. Und Julia Capulet und unsere Hero, und Gretchen und das Käthchen von Heilbronn bessere als jene Verwirrerinnen der Gefühle: Thekla, Johanna, Berta. Und dennoch: aber man muß die Unreife haben, die Gestalten noch nicht zu sehen, nur ihren Schwung zu fühlen, oder man muß die Reife haben, die Gestalten nicht mehr zu sehen, nur das, was hinter ihnen ist, dann fühlt man ein Etwas, dem sich junge Herzen geben müssen wie die Segel dem Wind (dem Morgenwind, der sie hinaustreibt ins offene Meer und von keinem Ziel noch weiß): unbedingte Größe. Sich groß zu fassen wissen, und wäre es auf dem Schafott, wäre es im Augenblick, da man so unüberlegt und unmoralisch als möglich handelt, dies ist etwas, dies ist viel, unendlich viel. Wissen, daß man ein großer Herr ist, weil man ein Mensch ist, nichts als das, dies lehrt doch vielleicht zu leben und zu sterben. Nicht die Gestalten also, aber etwas, das in ihnen ist: mehr ihre Allüren als ihre Handlungen, die nicht immer ganz aus ihnen fließen, mehr ihr Ton als ihre Argumente. Das Fürstliche, das ihnen aufgeprägt ist und sie zu Brüdern und Schwestern macht: Könige auf ihrer Scholle diese freien Bauern, ein Heeresfürst dieser Wallenstein, ein Fürst der Ruchlosen Franz Moor, Maria eine Königin der Tränen, fürstlich auch das Hirtenmädchen, alle von königlichem Blut. Also dennoch ein Bildner des menschlichen Fühlens, nicht wie jene, die eine Welt gaben, Homer, Shakespeare, Michelangelo, Rembrandt, auch nicht wie jener, der eine Welt und sich in uns verknüpfte, Goethe, sondern indem er sich selbst hergab, nicht in den Gestalten, sondern durch die Gestalten hindurch, hinter den Gestalten: „Das Leben selber wendend an dieses Bild des Lebens." Ein Bildner der Jugend also dennoch, ein atheniensischer, kein spartanischer: der große Schüler des Rousseau und des Euripides.

Der große Schüler des Rousseau und des Euripides, nicht geringer als einer von ihnen. Ein Geist, der in großer Weise sich Resultate aneignete. Der die Sittlichkeit Kants, die Hingerissenheit und Fülle des Katholizismus, die Gebundenheit der Antike in sein Bauwerk hineinnahm, wie die normännischen Seekönige ihre Burgen aus antikem und sarazenischem Getrümmer aufrichteten. Der mit seinem Adlerblick nirgends Schranken sah, nicht der Zeiten, nicht der Länder. Niemand hatte weniger Ehrfurcht als er vor diesen wesenlosen Grenzen, über die unsere Seele kaum hinzufliegen wagt. Als der Tod ihn umwarf, lagen da die Entwürfe zu zehn Stücken: in einem war Rußland aufgebaut – uns das unzugänglichste, wesenhafteste aller Länder, von betäubendem Duft der Eigenart erfüllt, gleich jenem verschlossenen Garten des Hohenliedes –, in einem lebte der Malteserorden, eines war ein Gemälde des unterirdischen Paris, gezogen aus dem Pitaval, ein Gewebe aus Verbrechen, Familie, Polizei, ein antizipierter Balzac. Er meinte zu verstehen, was immer in einer Menschenbrust vorgegangen war. Und so meinte er, verstanden zu werden. Er, den alles Gewordene faszinierte. Er, von dem Goethe – und Goethe kannte ihn etwas – sagte: „Es ist ein Glück, daß Calderon erst nach seinem Tod in allgemeine Aufnahme gekommen ist. Ihm wäre er gefährlich geworden." Ihn nennt jetzt da und dort eine Stimme „den deutschesten der Dichter". Da und dort wird den Nationen mitgeteilt, daß er ihnen ein Fremder ist und sie ihm ewig Fremde. Er, der aus dem Herzen ihrer Geschichte seine Stoffe nahm: das Mädchen von Orléans, Maria Stuart, Demetrius. Er, der diese Schranken so verachtete, daß er eines fremden Volkes König vor eines fremden Volkes Tribunal verteidigen wollte. Er, der einzige esprit envahisseur, den die Deutschen geboren haben, und von dessen Tiraden die Seele der unterdrückten Italiener lebte, der Ungarn, der Polen, er, den sie alle verstanden, Puschkin, Mickiewicz, Petöfi, Carlyle, er, der dem Heraufdröhnen von Napoleons Heeren so viel verdankt wie Balzac ihrem Hinabdröhnen, er, durch dessen Schaffen eine schnurgerade Linie geht von Corneille zu Victor Hugo, zu Sardou und zu Scribe (jawohl, zu Scribe), ihn gerade absperren? Gerade ihn mit Schranken umgeben? Ich weiß nicht, was ich aus solcher Politik machen soll. Jedenfalls ist es Politik des Augenblicks.

Alles in allem sind wir das einzige Volk in Europa, das ein Theater hat. Nichts, was sich mit dem der Griechen vergleichen ließe – wer ist so wenig bei Sinnen, dies anzunehmen –, auch nichts von der Lebendigkeit, der Echtheit, der Wirklichkeit des Elisabethinischen Theaters, immerhin aber etwas, das nicht ganz ohne große Linie ist, von einer gewissen Distanz gesehen. Von einer gewissen Distanz gesehen, war für Dezennien das deutsche Theater erfüllt von dem Werk Schillers. Und dann, nach einer Ohnmacht, die nicht der Tod war, sondern innere Umbildung, war es für Dezennien (die nicht vorüber sind) erfüllt von dem Werk Wagners. Man muß diese Dinge so sehen, daß sie ihre Größe zeigen und nicht ihre Niedrigkeit: sonst müßte man ersticken. Und in Größe gesehen, haben die Deutschen dort, wo jahrzehntelang Karl Moors Trotz und Maria Stuarts große Fassung ihre Wahrheit – oder die Wahrheit ihrer Seele – war, nun eine andere Wahrheit ihrer Seele: Siegfried, der sich aus den Stücken von seines Vaters Schwert singend Schwert und Schicksal schmiedet. Haben statt jenes Dranges diese Töne, statt jenes Greifens nach den Sternen dieses Wühlen in den Tiefen. Haben für Großes Größeres: denn zwischen beiden Welten liegt großes Geheimnis, liegt Schopenhauer, liegt ein Hereinlassen des Todes in die Welt, ein Nacktwerden und Großwerden der Seele, liegt jene Trunkenheit, um derentwillen die Romantiker ihr Selbst und ihre Kunst wie Perlen im Wein des Lebens zergehen ließen. Abseits aber – ich vergesse ihn nicht – steht Friedrich Hebbel. Steht und dauert, von tiefer Einsamkeit umflossen, wie eine Felseninsel, deren innerer Kern ein glühender Fruchtgarten ist: hier spricht die Blume und es spricht das Gestein, ja, der tiefste Schmerz trägt hier Früchte wie ein großer, in Nacht wurzelnder Baum. Hier landen nicht die Vielen der Deutschen, aber die Besten erreichen schwimmend diesen Strand, von Geschlecht zu Geschlecht, und es pflücken doch immer Hände diese Früchte, deren Saft die Pulse stocken und fliegen macht, und sehen doch immer Augen diese Blumen, über deren Schönheit und Seltenheit manchmal die Sinne erstarren.

Komödie

Das Theater ist von den weltlichen Institutionen die einzig überbliebene gewaltige und gemeingültige, die unsere Festfreude, Schaulust, Lachlust, Lust an Rührung, Spannung, Aufregung, Durchschütterung geradhin an den alten Festtrieb des alten ewigen Menschengeschlechtes bindet. Es hat seine Wurzeln tief und weit in den Unterbau getrieben, auf dem vor Jahrtausenden das Gebäude unserer Kultur errichtet ist; wer sich ihm ergibt, ist über manches, das die anderen begrenzt und bindet, hinweggehoben.

Das Theater postuliert jeden, der sich mit ihm einläßt, als gesellige Person, aber es achtet nur gering auf die Unterschiede der Zeiten und Sitten, die dem Historiker des zwanzigsten Jahrhunderts so ungemein scheinen, indes der Dichter wie der naive Mensch sie niedrig schätzt.

Auf der Nilbarke, die von Dorf zu Dorf glitt, erhob sich zu Pharaonenzeiten der Tisch mimender Gaukler; ihm aufs Haar glich das Gerüst, auf dem dreitausend Jahre später Pulcinella und Tabarin hervortraten. Zu Ende des siebzehnten Jahrhunderts kommen die italienischen „Masken" über die Alpen, Harlekin ihr Anführer. Nirgends wird ihnen so wohl wie in Wien. Hier wurzeln sie sich ein, und Harlekin aus Bergamo wird Hanswurst aus Salzburg. Aus Gozzis Hand empfing Raimund die burleske Masken- und Märchenwelt und setzte ihr ein wienerisches Herz ein. Unter Nestroys Fingern verändert sie sich; der Märchenhauch geht weg, aber die Gestalten, ob auch ein ätzendes Etwas ihre treuherzigen Mienen verschärft, es sind um so erkennbarer die ewigen Figuren des Mimus, es sind die Tröpfe und die Spötter, die Stupidi und die Derisores der antiken Komödie, es sind die Handwerker wie in Philistions und Theokrits uralten Possen: Knieriem, Leim und Zwirn, und Kilian der Färber, Knöpfel der Pfaidler, Weinberl der Kommis, und Christopherl der Lehrbub, – gewaltige Ahnenreihe, ewiges Leben!

Hier oder nirgends hat ein volkstümliches Theater geblüht, und Maran und Blasel, über die wir noch gestern gelacht haben, sind e i n e r Wurzel mit Tabarin und Sganarell, mit Philistion, dem Archimimen, mit Shakespeares Narren und Calderons Gracioso – tausend Namen für ein Ding: der wahre Komödienspieler, der Mann mit dem geschorenen Kopf, dem Hahnenkamm und der Pritsche, mit den gelenkigen Gliedern, dem Gesicht, das sich in Falten zieht wie ein Vorhang, und dem Mund und den Augen, die aus diesem Vorhang hervortreten, unverschämt, dummdreist, verschlagen oder wehmütig.

Alles, was sich aufs Theater – das wahrhafte, nicht das der Literatur – bezieht, ist lebendig, gemeingültig, menschenhaft. Je näher man dem Eigentümlichen des Theaterwesens kommt, desto mehr tritt man aus dem Bann der eigenen Zeit heraus. Theatralisches Gerät und Gerüst, sei es was es sei – nicht mit Bildungssinn, nur mit Lebenssinn können wir es ansehen. Der Vorhang, vor den die Jongleurs der mittelalterlichen Fürstenhöfe heraustraten, er ist der gleiche, vor dem wir schon als Kinder pochenden Herzens saßen und auf dem der Fügersche Apollo oder etwa eine feiste Mannsfigur mit den Zügen des Wenzel Scholz gemalt war. Nichts ist demnach weniger h i s t o r i s c h als eine Ausstellung aufs Theater bezüglicher Gegenstände. Alles soll hier – und wäre es fünftausend Jahre alt – in seiner augenblicklichen Anwendbarkeit auf ein noch Daseiendes erkannt und gewertet werden. Viel eher muß die Schaustellung einem Arsenal bei noch während der Schlacht als einem toten Museum gleichen.

Denn was wäre wahrhaft theatralisches Element, das nicht etwa noch einmal zum Leben erwachen könnte – und gar hier in Wien, wo die Oper sich vom Schauspiel niemals ganz abgetrennt hat, wo Kasperl und Hanswurst niemals ganz von der Bühne weichen mußten, sondern nur bis in die Leopoldstadt, wo das Improvisatorische der Commedia dell' arte in einem herrlichen Komödianten wie Girardi bis an unsere Tage heran gelebt hat, wo das theatralische Wesen allezeit vom Sinnfälligen aus zu empfänglichen, sinnlich begabten Menschen sprach und stets der Schauspieler, der Sänger, der Mime der Träger des theatralischen Ganzen war, das nur durch ihn, und anders nicht, als ein Ganzes kann genossen werden.

Wien allein durfte darum die deutschen Sammler und Körperschaften gerade zu einer solchen Schaustellung einladen, welche bezeigen will: das Theater sei ein ewiges Institut, auf Sinnenfreude und den schöpferischen wie empfänglichen mimischen Kräften aufgebaut, ungeistig, weil anders geartet und wohl etwa geheimnisvoller als was man gemeinhin „geistig" nennt, unliterarisch durchaus, weil es mehr als Poesie und weniger als Poesie verlangt, durchaus eine Welt für sich, und von den großen geselligen Institutionen, die in einer verwirrten und vereinsamten Welt noch in Kraft stehen, die älteste, die ehrwürdigste und die lebensvollste.

ROBERT MUSIL

Das neue Drama und das neue Theater

In der Entwicklung des europäischen Geistes und Gefühls spielt
das Theater seit den Tagen der deutschen Klassik keine Rolle
mehr. Man kann davon diese oder jene Ausnahme zulassen:
aber man braucht nur den einen Namen Nietzsche zu nennen
oder die große glänzende über ganz Europa verzweigte Kette
von Namen, die zwischen Stendhal und Hamsun keine Unterbrechung erleidet, um zu wissen, daß auf die neue oder wer-
dende „Bildung" des Menschen Roman und Essay, ja auch die
Lyrik einen weit mächtigeren und ursprünglicheren Einfluß aus-
übten als das Theater.

Der Grund dürfte darin liegen, daß keine Kunstform außer
der fast abgestorbenen des geversten Epos dem Geist so wenig
Bewegungsfreiheit läßt wie das Drama und sich so schlecht
unserer Art des Denkens und der Moral anpassen läßt, die
man aus jedem Lehrbuch der Physik besser lernen kann als aus
der dramatischen Ernte von zehn zeitgenössischen Jahren. Das
Theater ist ein ebenso großartiger wie schwerfälliger Apparat,
mit den widersprechendsten daran hängenden Interessen und
einem einschüchternden wirtschaftlichen Risiko; daraus folgt,
daß es bis zur Erstarrung konservativ ist. Man kann ruhig
behaupten, daß neun Zehntel der Gesichtspunkte, welche von
Theaterdirektoren, Theaterschriftstellern, Theaterkritikern und
Schauspielern pompös als „Gesetze der Bühnenwirkung" aus-
gegeben werden, nichts sind als eine Dramaturgie des Zuschnei-
derns geistiger Stoffe zu konfektionsmäßiger Absatzfähigkeit.

Viele unserer Zeitgenossen haben sich gegen diese Geist-
losigkeit der Bühne aufgelehnt; die Folge war ungefähr, daß
man alle Teile einer Bühnenaufführung entdeckte und der
Reihe nach zur Hauptsache machte. Das Theater des Schauspielers, das Theater des Regisseurs, das Theater der akusti-
schen Form und das des optischen Rhythmus, das Theater des
vitalisierten Bühnenraums und viele andere sind uns, wenn
auch oft nur in der Theorie, geschenkt worden. Gewöhnlich
meint man diese Bestrebungen, wenn man vom neuen Theater
spricht. Sie haben manches Wertvolle gelehrt, aber ungefähr so

einseitig, wie es die Behauptung ist, daß man einen Schnupfenkranken ins Feuer werfen soll, der ja auch ein richtiger Gedanke zugrunde liegt.

Die Erlebnisse unserer Sinne sind nämlich beinahe ebenso konservativ wie die Theaterdirektoren. Was auf den Blick und Klang (selbst wenn es nicht der erste Blick ist) verstanden werden soll, darf sich vom bereits Bekannten nicht zu weit entfernen. So unvergleichlich sich das Unsagbare zuweilen in einer Gebärde, einer Konfiguration, einem Gefühlsbild oder einem Geschehnis ausdrücken kann, so geschieht das doch immer nur in der unmittelbaren Nachbarschaft des Worts, gleichsam als etwas Schwebendes um dessen festen Sinn, der das eigentliche Element der Menschlichkeit ist. Darum sind allzu radikale Reformversuche nicht nur wegen ihrer „Kühnheit" zum Scheitern verurteilt, sondern leider auch mit ziemlich viel innerer Banalität behaftet.

Ähnliches gilt auch von der „unmittelbaren Sprache" der Gefühle, Leidenschaften und Geschehnisse auf dem Theater. Ein hartnäckiges Vorurteil will, daß sich der Geist und das Denken der Menschen auf der Bühne in ihnen spiegle, aber nicht unmittelbar ausgedrückt werden dürfe. Glücklicherweise hat der Film in der Phase, wo er die Sprechbühne nachahmte, ein solches Phrasendreschen mit Ausdrucksgebärden hervorgebracht, daß die Meinung, Leidenschaften und Geschehnisse sprächen für sich selbst und man brauche sie nur auf den Draht zu binden, davon unterhöhlt wurde. Sie sprechen wohl, aber sie sagen wenig. Auch im persönlichen Leben ist das äußere Verhalten des Gemüts nicht mehr als eine vorläufige und ausdrucksarme Übersetzung des inneren, und das Wesen des Menschen liegt nicht in seinen Erlebnissen und Gefühlen, sondern in der zähen, stillen Auseinander- und Ineinssetzung mit ihnen.

Der Geist hat allerdings die unangenehme Eigenschaft, daß er nicht für das Theater auf die Welt gekommen ist, sondern auch für andere Aufgaben. Er hat seine eigenen Ereignisse. Manchmal aber läßt sich eines mit den Mitteln des Theaters oder gar nur mit ihnen ausdrücken: dann entsteht ein „neues Drama". Gewiß ist damit nicht behauptet, daß das Theater nur für den Geist da sei; trotzdem wird man nicht übersehen, daß durch seine so rigorose Forderung der Theaterbetrieb, die Dra-

matik als konzessioniertes Gewerbe gestört würde. Ich könnte
darauf antworten, daß auch die Kirche nicht aus lauter Heiligen besteht; aber welche sonderbare Eigenschaft von ihr wäre
es, wenn sie die Heiligen nur als unangenehme Überraschungen
betrachtete?

BERTOLT BRECHT

Aus: Über experimentelles Theater

[...] Der radikalste Versuch, dem Theater einen belehrenden
Charakter zu verleihen, wurde von Piscator unternommen. Ich
habe an allen seinen Experimenten teilgenommen, und es
wurde kein einziges gemacht, das nicht den Zweck gehabt hätte,
den Lehrwert der Bühne zu erhöhen. Es handelte sich direkt
darum, die großen, zeitgenössischen Stoffkomplexe auf der
Bühne zu bewältigen, die Kämpfe um das Petroleum, den
Krieg, die Revolution, die Justiz, das Rassenproblem und so
weiter. Es stellte sich als notwendig heraus, die Bühne vollständig umzubauen. Es ist unmöglich, hier alle Erfindungen
und Neuerungen aufzuzählen, die Piscator zusammen mit beinahe allen neueren technischen Errungenschaften benutzte, um
die großen modernen Stoffe auf die Bühne zu bringen. Sie
wissen wahrscheinlich von einigen wie der Verwendung des
Films, die aus dem starren Prospekt einen neuen Mitspieler,
ähnlich dem griechischen Chor, machte, und dem laufenden
Band, das den Bühnenboden beweglich machte, so daß epische
Vorgänge abrollen können wie der Marsch des braven Soldaten
Schwejk in den Krieg. Diese Erfindungen sind vom internatio-
nalen Theater bisher nicht aufgenommen worden, diese Elektri-
fizierung der Bühne ist heute beinahe vergessen, die ganz inge-
niöse Maschinerie verrostet, und Gras wächst darüber.
Woher kommt das?
Es ist nötig, für den Abbruch dieses eminent politischen
Theaters politische Ursachen namhaft zu machen. Die Steigerung des politischen Lehrwerts stieß zusammen mit der herauf-
ziehenden politischen Reaktion. Wir wollen uns jedoch heute
darauf beschränken, die Entwicklung der Krise des Theaters
im Bezirk der Ästhetik zu verfolgen.

Die Piscatorschen Experimente richteten auf dem Theater zunächst ein vollkommenes Chaos an. Verwandelten sie die Bühne in eine Maschinenhalle, so den Zuschauerraum in einen Versammlungsraum. Für Piscator war das Theater ein Parlament, das Publikum eine gesetzgebende Körperschaft. Diesem Parlament wurden die großen, Entscheidung heischenden, öffentlichen Angelegenheiten plastisch vorgeführt. Anstelle der Rede eines Abgeordneten über gewisse unhaltbare soziale Zustände trat eine künstlerische Kopie dieser Zustände. Die Bühne hatte den Ehrgeiz, ihr Parlament, das Publikum, instand zu setzen, auf Grund ihrer Abbildungen, Statistiken, Parolen politische Entschlüsse zu fassen. Die Bühne Piscators verzichtete nicht auf Beifall, wünschte aber noch mehr eine Diskussion. Sie wollte ihrem Zuschauer nicht nur ein Erlebnis verschaffen, sondern ihm noch dazu einen praktischen Entschluß abringen, in das Leben tätig einzugreifen. Dies zu erreichen, war ihr jedes Mittel recht. Die Bühnentechnik komplizierte sich ungemein. Der Bühnenmeister Piscators hatte ein Buch vor sich liegen, das sich von dem Buch des Bühnenmeisters Reinhardts so unterschied wie die Partitur einer Strawinski-Oper von der Notenvorlage eines Lautensängers. Die Maschinerie auf der Bühne war so schwer, daß man den Bühnenboden des Nollendorftheaters mit Eisen und Zementstrebern unterbauen mußte, in der Kuppel wurde so viel Maschinerie aufgehängt, daß sie sich einmal senkte. Ästhetische Gesichtspunkte waren den politischen ganz und gar untergeordnet. Weg mit den gemalten Dekorationen, wenn man einen Film zeigen konnte, der an Ort und Stelle aufgenommen war und dokumentarischen, beglaubigten Wert hatte. Her mit gemalten Cartoons, wenn der Künstler, zum Beispiel George Grosz, dem Publikumsparlament etwas zu sagen hatte. Piscator war sogar bereit, mehr oder weniger auf Schauspieler zu verzichten. Als der deutsche Kaiser durch fünf Anwälte einen Protest einlegen ließ, daß Piscator ihn auf seiner Bühne durch einen Schauspieler verkörpern lassen wollte, fragte er nur, ob der Kaiser nicht selber bei ihm auftreten wolle, er bot ihm sozusagen ein Engagement an. Kurz: der Zweck war ein so wichtiger und großer, daß eben alle Mittel recht schienen. Der Herstellung der Aufführung entsprach übrigens die Herstellung der Stücke. Es arbeitete ein ganzer Stab von Dramatikern zusammen an einem Stück, und ihre Arbeit wurde unterstützt und kontrolliert von einem Stab von Sachverständigen, Historikern, Ökonomen, Statistikern.

Die Piscatorschen Experimente sprengten nahezu alle Konventionen. Sie griffen ändernd ein in die Schaffensweise der Dramatiker, in den Darstellungsstil der Schauspieler, in das Werk des Bühnenbauers. *Sie erstrebten eine völlig neue gesellschaftliche Funktion des Theaters überhaupt.*

Die revolutionäre bürgerliche Ästhetik, begründet von den großen Aufklärern *Diderot* und *Lessing,* definiert das Theater als eine Stätte der Unterhaltung und der Belehrung. Das Zeitalter der Aufklärung, welches einen gewaltigen Aufschwung des europäischen Theaters einleitete, kannte keinen Gegensatz zwischen Unterhaltung und Belehrung. Reines Amüsement, selbst an tragischen Gegenständen, schien den Diderots und Lessings ganz leer und unwürdig, wenn es dem Wissen der Zuschauer nichts hinzufügte, und belehrende Elemente, natürlich in künstlerischer Form, schienen ihnen das Amüsement keineswegs zu stören; nach ihnen vertieften sie das Amüsement.

Wenn wir nun das Theater unserer Zeit betrachten, so werden wir finden, daß die beiden konstituierenden Elemente des Dramas und des Theaters, Unterhaltung und Belehrung, mehr und mehr in einen scharfen Konflikt geraten sind. Es *besteht* heute da ein Gegensatz.

Schon der Naturalismus hatte mit seiner „Verwissenschaftlichung der Kunst", die ihm sozialen Einfluß verschaffte, zweifellos wesentliche künstlerische Kräfte lahmgelegt, besonders die Phantasie, den Spieltrieb und das eigentlich Poetische. Die lehrhaften Elemente schädigten deutlich die künstlerischen Elemente.

Der Expressionismus der Nachkriegsepoche hatte die Welt als Wille und Vorstellung dargestellt und einen eigentümlichen Solipsismus gebracht. Er war die Antwort des Theaters auf die große gesellschaftliche Krise, wie der philosophische Machismus – die Antwort der Philosophie auf sie war. Er war eine Revolte der Kunst gegen das Leben, und die Welt existierte bei ihm nur als Vision, seltsam zerstört, eine Ausgeburt geängsteter Gemüter. Der Expressionismus, der die Ausdrucksmittel des

Theaters sehr bereicherte und eine bisher unausgenutzte ästhetische Ausbeute brachte, zeigte sich ganz außerstande, die Welt als Objekt menschlicher Praxis zu erklären. Der Lehrwert des Theaters schrumpfte zusammen.

Die belehrenden Elemente in einer Piscator- oder einer „Dreigroschenoper"-Aufführung waren sozusagen *einmontiert;* sie ergaben sich nicht organisch aus dem Ganzen, sie standen in einem Gegensatz zum Ganzen; sie unterbrachen den Fluß des Spieles und der Begebenheiten, sie vereitelten die Einfühlung, sie waren kalte Güsse für den Mitfühlenden. Ich hoffe, daß die moralisierenden Partien der „Dreigroschenoper" und die lehrhaften Songs einigermaßen unterhaltend sind, aber es besteht doch kein Zweifel, daß diese Unterhaltung eine andere ist als diejenige, die man von den Spielszenen erfährt. Der Charakter dieses Stückes ist zwiespältig, Belehrung und Unterhaltung stehen auf einem Kriegsfuß miteinander. Bei Piscator standen der Schauspieler und die Maschinerie auf dem Kriegsfuß miteinander.

Wir sehen hier ab von dem Faktum, daß das Publikum durch die Darbietungen in zumindest zwei einander feindliche soziale Gruppen aufgespalten wurde, so daß das gemeinsame Kunsterlebnis in die Brüche ging; es ist ein politisches Faktum. Das Vergnügen am Lernen ist abhängig von der Klassenlage. Der Kunstgenuß ist abhängig von der politischen Haltung, so daß diese provoziert wird und eingenommen werden kann. Aber selbst wenn wir nur den einen Teil des Publikums ins Auge fassen, der politisch mitging, sehen wir, wie sich der Konflikt zwischen Unterhaltungskraft und Lehrwert zuspitzt. Es ist eine ganz bestimmte neue Art des Lernens, die sich nicht mehr mit einer bestimmten alten Art des Sichunterhaltens verträgt. In einer (späteren) Phase der Experimente führte jede neue Steigerung des Lehrwerts zu einer sofortigen Schwächung des Unterhaltungswerts. („Das ist nicht mehr Theater, das ist Volkshochschule.") Umgekehrt bedrohten die Nervenwirkungen, die von emotionellem Spiel ausgingen, immerzu den Lehrwert der Aufführung. (Schlechte Schauspieler waren oft im Interesse der Lehrwirkung guten vorzuziehen.) Mit anderen Worten: Je mehr das Publikum nervenmäßig gepackt war, desto weniger war es imstande zu lernen. Das heißt: Je mehr wir das Publikum zum Mitgehen, Miterleben, Mitfühlen brachten, desto weniger sah es die Zusammenhänge, desto weniger lernte es, und je mehr es zu lernen gab, desto weniger kam Kunstgenuß zustande.

Dies war die Krise: Die Experimente eines halben Jahrhunderts, veranstaltet in beinahe allen Kulturländern, hatten dem Theater ganz neue Stoffgebiete und Problemkreise erobert und es zu einem Faktor von eminenter sozialer Bedeutung gemacht. Aber sie hatten das Theater in eine Lage gebracht, wo ein weiterer Ausbau des erkenntnismäßigen, sozialen (politischen) Erlebnisses das künstlerische Erlebnis ruinieren mußte. Andererseits kam das künstlerische Erlebnis immer weniger zustande ohne den weiteren Ausbau des erkenntnismäßigen. Es war ein technischer Apparat und ein Darstellungsstil ausgebaut worden, der eher Illusionen als Erfahrungen, eher Räusche als Erhebungen, eher Täuschung als Aufklärung erzeugen konnte.

Was hatte eine konstruktivistische Bühne genützt, wenn sie nicht sozial konstruktiv war, was nützten die schönsten Lichtanlagen, wenn sie nur schiefe und kindische Darstellungen der Welt beleuchteten, was nützte eine suggestive Schauspielkunst, wenn sie nur dazu diente, uns ein X für ein U vorzumachen? Was half die ganze Zauberkiste, wenn sie nur künstlichen Ersatz für wirkliche Erlebnisse bieten konnte? Wozu dieses ständige Beleuchten von Problemen, die immer ungelöst blieben? Dieses Kitzeln nicht nur der Nerven, sondern auch des Verstandes? Hier konnte man nicht haltmachen.

Die Entwicklung drängte auf eine Verschmelzung der beiden Funktionen Unterhaltung und Belehrung.

Wenn die Bemühungen einen sozialen Sinn bekommen sollten, so mußten sie das Theater am Schluß instand setzen, mit künstlerischen Mitteln ein Weltbild zu entwerfen, Modelle des Zusammenlebens der Menschen, die es dem Zuschauer ermöglichen konnten, seine soziale Umwelt zu verstehen und sie verstandesmäßig und gefühlsmäßig zu beherrschen. [...]

Die Einfühlung ist das große Kunstmittel einer Epoche, in der der Mensch die Variable, seine Umwelt die Konstante ist. Einfühlen kann man sich nur in den Menschen, der seines Schicksals Sterne in der eigenen Brust trägt, ungleich uns.

Es ist nicht schwer, einzusehen, daß das Aufgeben der Einfühlung für das Theater eine riesige Entscheidung, vielleicht das größte aller denkbaren Experimente bedeuten würde.

Die Menschen gehen ins Theater, um mitgerissen, gebannt, beeindruckt, erhoben, entsetzt, ergriffen, gespannt, befreit, zerstreut, erlöst, in Schwung gebracht, aus ihrer eigenen Zeit entführt, mit Illusionen versehen zu werden. All dies ist so selbstverständlich, daß die Kunst geradezu damit definiert wird, daß sie befreit, mitreißt, erhebt und so weiter. Sie ist gar keine Kunst, wenn sie das nicht tut.

Die Frage lautete also: Ist Kunstgenuß überhaupt möglich ohne Einfühlung oder jedenfalls auf einer andern Basis als der Einfühlung?

Was konnte eine solche neue Basis abgeben?

Was konnte an die Stelle von *Furcht* und *Mitleid* gesetzt werden, des klassischen Zwiegespanns zur Herbeiführung der aristotelischen Katharsis? Wenn man auf die Hypnose verzichtete, an was konnte man appellieren? Welche Haltung sollte der Zuhörer einnehmen in den neuen Theatern, wenn ihm die traumbefangene, passive, in das Schicksal ergebene Haltung verwehrt wurde? Er sollte nicht mehr aus seiner Welt in die Welt der Kunst entführt, nicht mehr gekidnappt werden; im Gegenteil sollte er in seine reale Welt eingeführt werden, mit wachen Sinnen. War es möglich, etwa anstelle der Furcht vor dem Schicksal die Wissensbegierde zu setzen, anstelle des Mitleids die Hilfsbereitschaft? Konnte man damit einen neuen Kontakt schaffen zwischen Bühne und Zuschauer, konnte das eine neue Basis für den Kunstgenuß abgeben?

Ich kann die neue Technik des Dramenbaus, des Bühnenbaus und der Schauspielweise, mit der wir Versuche anstellten, hier nicht beschreiben. Das Prinzip besteht darin, anstelle der Einfühlung die *Verfremdung* herbeizuführen.

Was ist Verfremdung?

Einen Vorgang oder einen Charakter verfremden heißt zunächst einfach, dem Vorgang oder dem Charakter das Selbstverständliche, Bekannte, Einleuchtende zu nehmen und über ihn Staunen und Neugierde zu erzeugen. Nehmen wir wieder den Zorn des Lear über die Undankbarkeit seiner Töchter. Vermittels der Einfühlungstechnik kann der Schauspieler diesen Zorn so darstellen, daß der Zuschauer ihn für die natürlichste

Sache der Welt ansieht, daß er sich gar nicht vorstellen kann, wie Lear nicht zornig werden könnte, daß er mit Lear völlig solidarisch ist, ganz und gar mit ihm mitfühlt, selber in Zorn verfällt. Vermittels der Verfremdungstechnik hingegen stellt der Schauspieler diesen Learschen Zorn so dar, daß der Zuschauer über ihn staunen kann, daß er sich noch andere Reaktionen des Lear vorstellen kann als gerade die des Zornes. Die Haltung des Lear wird verfremdet, das heißt, sie wird als eigentümlich, auffallend, bemerkenswert dargestellt, als gesellschaftliches Phänomen, das nicht selbstverständlich ist. Dieser Zorn ist menschlich, aber nicht allgemein menschlich, es gibt Menschen, die ihn nicht empfänden. Nicht bei allen Menschen und nicht zu allen Zeiten müssen die Erfahrungen, die Lear macht, Zorn auslösen. Zorn mag eine ewig mögliche Reaktion der Menschen sein, aber dieser Zorn, der Zorn, der sich so äußert und eine solche Ursache hat, ist zeitgebunden. Verfremden heißt also Historisieren, heißt Vorgänge und Personen als historisch, also als vergänglich darstellen. Dasselbe kann natürlich auch mit Zeitgenossen geschehen, auch ihre Haltungen können als zeitgebunden, historisch, vergänglich dargestellt werden.

Was ist damit gewonnen? Damit ist gewonnen, daß der Zuschauer die Menschen auf der Bühne nicht mehr als ganz unänderbare, unbeeinflußbare, ihrem Schicksal hilflos ausgelieferte dargestellt sieht. Er sieht: dieser Mensch ist so und so, weil die Verhältnisse so und so sind. Und die Verhältnisse sind so und so, weil der Mensch so und so ist. Er ist aber nicht nur so vorstellbar, wie er ist, sondern auch anders, so wie er sein könnte, und auch die Verhältnisse sind anders vorstellbar, als sie sind. Damit ist gewonnen, daß der Zuschauer im Theater eine neue Haltung bekommt. Er bekommt den Abbildern der Menschenwelt auf der Bühne gegenüber jetzt dieselbe Haltung, die er als Mensch dieses Jahrhunderts der Natur gegenüber hat. Er wird auch im Theater empfangen als der große Änderer, der in die Naturprozesse und die gesellschaftlichen Prozesse einzugreifen vermag, der die Welt nicht mehr nur hinnimmt, sondern sie meistert. Das Theater versucht nicht mehr, ihn besoffen zu machen, ihn mit Illusionen auszustatten, ihn die Welt vergessen zu machen, ihn mit seinem Schicksal auszusöhnen. Das Theater legt ihm nunmehr die Welt vor zum Zugriff.

Die Verfremdungstechnik wurde in Deutschland in einer neuen Kette von Experimenten ausgebaut. Am Schiffbauerdammtheater in Berlin wurde versucht, einen neuen Darstellungsstil auszubilden. Die Begabtesten der jüngeren Schauspielergeneration arbeiteten mit. Es handelte sich um die Weigel, um Peter Lorre, Oskar Homolka, die Neher und Busch. Die Versuche konnten nicht so methodisch durchgeführt werden wie die (andersgearteten) der Stanislawski-, Meyerhold- und Wachtangowgruppe (es gab keine staatliche Unterstützung), aber sie wurden dafür auf breiterem Feld, nicht nur im professionellen Theater, ausgeführt. Die Künstler beteiligten sich an Versuchen von Schulen, Arbeiterchören, Amateurgruppen und so weiter. Von Anfang an wurden Amateure mit ausgebildet. Die Versuche führten zu einer großen Vereinfachung in Apparat, Darstellungsstil und Thematik.

Es handelte sich durchaus um eine Fortführung der früheren Experimente, besonders der des Piscatortheaters. Schon in Piscators letzten Versuchen hatte der konsequente Ausbau des technischen Apparats schließlich dazu geführt, daß die nunmehr beherrschte Maschinerie eine schöne Einfachheit des Spiels gestattete. Der sogenannte *epische* Darstellungsstil, den wir am Schiffbauerdammtheater ausbildeten, zeigte verhältnismäßig schnell seine artistischen Qualitäten, und die *nichtaristotelische Dramatik* ging daran, die großen sozialen Gegenstände groß zu behandeln. Es eröffneten sich Möglichkeiten, die tänzerischen und gruppenkompositorischen Elemente der Meyerholdschule aus künstlichen in künstlerische zu verwandeln, die naturalistischen der Stanislawskischule in realistische. Die Sprechkunst wurde mit der Gestik verknüpft, Alltagssprache und Versrezitation durch das sogenannte *gestische Prinzip* ausgeformt. Vollständig revolutioniert wurde der Bühnenbau. Die Piscatorschen Prinzipien gestatteten, frei gehandhabt, den Aufbau einer sowohl instruktiven als auch schönen Bühne. Symbolismus und Illusionismus konnten gleichermaßen liquidiert werden, und das *Nehersche* Prinzip des Aufbaus der Dekoration nach den auf den Schauspielerproben festgelegten Bedürfnissen erlaubte es dem Bühnenbauer, aus dem Spiel der Schauspieler Gewinn zu ziehen und dieses Spiel zu beeinflussen. Der Stückeschreiber vermochte seine Versuche in ununterbrochener Zusammenarbeit mit dem Schauspieler und dem Bühnenbauer vorzunehmen, beeinflußt und beeinflussend. Zugleich gewannen Maler und Musiker ihre Selbständigkeit zurück und konnten zum Thema sich vermittels ihrer eigenen Kunstmittel äußern: Das Gesamtkunstwerk trat in getrennten Elementen vor den Zuschauer. [. . .]

FRIEDRICH DÜRRENMATT

Aus: Theaterprobleme

[. . .] Lässt sich die heutige Welt etwa, um konkret zu fragen, mit der Dramatik Schillers gestalten, wie einige Schriftsteller behaupten, da ja Schiller das Publikum immer noch packe? Gewiss, in der Kunst ist alles möglich, wenn sie stimmt, die Frage ist nur, ob eine Kunst, die einmal stimmte, auch heute noch möglich ist. Die Kunst ist nie wiederholbar, wäre sie es, wäre es töricht, nun nicht einfach mit den Regeln Schillers zu schreiben.

Schiller schrieb so, wie er schrieb, weil die Welt, in der er lebte, sich noch in der Welt, die er schrieb, die er sich als Historiker erschuf, spiegeln konnte. Gerade noch. War doch Napoleon vielleicht der letzte Held im alten Sinne. Die heutige Welt, wie sie uns erscheint, lässt sich dagegen schwerlich in der Form des geschichtlichen Dramas Schillers bewältigen, allein aus dem Grunde, weil wir keine tragischen Helden, sondern nur Tragödien vorfinden, die von Weltmetzgern inszeniert und von Hackmaschinen ausgeführt werden. Aus Hitler und Stalin lassen sich keine Wallensteine mehr machen. Ihre Macht ist so riesenhaft, dass sie selber nur noch zufällige, äussere Ausdrucksformen dieser Macht sind, beliebig zu ersetzen, und das Unglück, das man besonders mit dem ersten und ziemlich mit dem zweiten verbindet, ist zu weitverzweigt, zu verworren, zu grausam, zu mechanisch geworden und oft einfach auch allzu sinnlos. Die Macht Wallensteins ist eine noch sichtbare Macht, die heutige Macht ist nur zum kleinsten Teil sichtbar, wie bei einem Eisberg ist der grösste Teil im Gesichtslosen, Abstrakten versunken. Das Drama Schillers setzt eine sichtbare Welt voraus, die echte Staatsaktion, wie ja auch die griechische Tragödie. Sichtbar in der Kunst ist das Überschaubare. Der heutige Staat ist jedoch unüberschaubar, anonym, bürokratisch geworden, und dies nicht etwa nur in Moskau oder Washington, sondern auch schon in Bern, und die heutigen Staatsaktionen sind nachträgliche Satyrspiele, die den im Verschwiegenen vollzogenen Tragödien folgen. Die echten Repräsentanten fehlen und die tragischen Helden sind ohne Namen. Mit einem kleinen Schieber, mit einem Kanzlisten, mit einem Polizisten lässt sich die heutige Welt besser wiedergeben als mit einem Bundesrat, als mit einem Bundeskanzler. Die Kunst dringt nur noch bis zu den Opfern vor, dringt sie überhaupt zu Menschen, die Mächtigen erreicht sie nicht mehr. Kreons Sekretäre erledigen den Fall Antigone. Der Staat hat seine Gestalt verloren, und wie die Physik die Welt nur noch in mathematischen Formeln wiederzugeben vermag, so ist er nur noch statistisch darzustellen. Sichtbar, Gestalt wird die heutige Macht nur etwa da, wo sie explodiert, in der Atombombe, in diesem wundervollen Pilz, der da aufsteigt und sich ausbreitet, makellos wie die Sonne, bei dem Massenmord und Schönheit eins werden. Die Atombombe kann man nicht mehr darstellen, seit man sie herstellen kann. Vor ihr versagt jede Kunst als eine Schöpfung des Menschen, weil sie selbst eine Schöpfung des Menschen ist. Zwei Spiegel, die sich ineinander spiegeln, bleiben leer.

Doch die Aufgabe der Kunst, soweit sie überhaupt eine Aufgabe haben kann, und somit die Aufgabe der heutigen Dramatik ist, Gestalt, Konkretes zu schaffen. Dies vermag vor allem die Komödie. Die Tragödie, als die gestrengste Kunstgattung, setzt eine gestaltete Welt voraus. Die Komödie – sofern sie nicht Gesellschaftskomödie ist wie bei Molière –, eine ungestaltete, im Werden, im Umsturz begriffene, eine Welt, die am Zusammenpacken ist wie die unsrige. Die Tragödie überwindet die Distanz. Die in grauer Vorzeit liegenden Mythen macht sie den Athenern zur Gegenwart. Die Komödie schafft Distanz, den Versuch der Athener, in Sizilien Fuss zu fassen, verwandelt sie in das Unternehmen der Vögel, ihr Reich zu errichten, vor dem Götter und Menschen kapitulieren müssen. Wie die Komödie vorgeht, sehen wir schon in der primitivsten Form des Witzes, in der Zote, in diesem gewiss bedenk-

lichen Gegenstand, den ich nur darum zur Sprache bringe, weil
er am deutlichsten illustriert, was ich Distanz schaffen nenne.
Die Zote hat zum Gegenstand das rein Geschlechtliche, das
darum, weil es das rein Geschlechtliche ist, auch gestaltlos,
distanzlos ist, und, will es Gestalt werden, eben Zote wird.
Die Zote ist darum eine Urkomödie, ein Transponieren des
Geschlechtlichen auf die Ebene des Komischen, die einzige Möglichkeit, die es heute gibt, anständig darüber zu reden, seit die
Van-der-Veldes hochgekommen sind. In der Zote wird deutlich, dass das Komische darin besteht, das Gestaltlose zu gestalten, das Chaotische zu formen.

Das Mittel nun, mit der die Komödie Distanz schafft, ist der
Einfall. Die Tragödie ist ohne Einfall. Darum gibt es auch
wenige Tragödien, deren Stoff erfunden ist. Ich will damit
nicht sagen, die Tragödienschreiber der Antike hätten keine
Einfälle gehabt, wie dies heute etwa vorkommt, doch ihre unerhörte Kunst bestand darin, keine nötig zu haben. Das ist
ein Unterschied. Aristophanes dagegen lebt vom Einfall. Seine
Stoffe sind nicht Mythen, sondern erfundene Handlungen, die
sich nicht in der Vergangenheit, sondern in der Gegenwart ab-
spielen. Sie fallen in die Welt wie Geschosse, die, indem sie
einen Trichter aufwerfen, die Gegenwart ins Komische, aber
dadurch auch ins Sichtbare verwandeln. Das heisst nun nicht,
dass ein heutiges Drama nur komisch sein könne. Die Tragödie und die Komödie sind Formbegriffe, dramaturgische
Verhaltensweisen, fingierte Figuren der Ästhetik, die Gleiches
zu umschreiben vermögen. Nur die Bedingungen sind anders,
unter denen sie entstehen, und diese Bedingungen liegen nur
zum kleineren Teil in der Kunst.

Die Tragödie setzt Schuld, Not, Mass, Übersicht, Verantwortung voraus. In der Wurstelei unseres Jahrhunderts, in
diesem Kehraus der weissen Rasse, gibt es keine Schuldigen und
auch keine Verantwortlichen mehr. Alle können nichts dafür
und haben es nicht gewollt. Es geht wirklich ohne jeden. Alles
wird mitgerissen und bleibt in irgendeinem Rechen hängen.
Wir sind zu kollektiv schuldig, zu kollektiv gebettet in die
Sünden unserer Väter und Vorväter. Wir sind nur noch Kindes-
kinder. Das ist unser Pech, nicht unsere Schuld: Schuld gibt es
nur noch als persönliche Leistung, als religiöse Tat. Uns kommt

nur noch die Komödie bei. Unsere Welt hat ebenso zur Groteske geführt wie zur Atombombe, wie ja die apokalyptischen Bilder des Hieronymus Bosch auch grotesk sind. Doch das Groteske ist nur ein sinnlicher Ausdruck, ein sinnliches Paradox, die Gestalt nämlich einer Ungestalt, das Gesicht einer gesichtslosen Welt, und genau so wie unser Denken ohne den Begriff des Paradoxen nicht mehr auszukommen scheint, so auch die Kunst, unsere Welt, die nur noch ist, weil die Atombombe existiert: aus Furcht vor ihr.

Doch ist das Tragische immer noch möglich, auch wenn die reine Tragödie nicht mehr möglich ist. Wir können das Tragische aus der Komödie heraus erzielen, hervorbringen als einen schrecklichen Moment, als einen sich öffnenden Abgrund, so sind ja schon viele Tragödien Shakespeares Komödien, aus denen heraus das Tragische aufsteigt.

Nun liegt der Schluss nahe, die Komödie sei der Ausdruck der Verzweiflung, doch ist dieser Schluss nicht zwingend. Gewiss, wer das Sinnlose, das Hoffnungslose dieser Welt sieht, kann verzweifeln, doch ist diese Verzweiflung nicht eine Folge dieser Welt, sondern eine Antwort, die er auf diese Welt gibt, und eine andere Antwort wäre sein Nichtverzweifeln, sein Entschluss etwa, die Welt zu bestehen, in der wir oft leben wie Gulliver unter den Riesen. Auch der nimmt Distanz, auch der tritt einen Schritt zurück, der seinen Gegner einschätzen will, der sich bereit macht, mit ihm zu kämpfen oder ihm zu entgehen. Es ist immer noch möglich, den mutigen Menschen zu zeigen.

Dies ist denn auch eines meiner Hauptanliegen. Der Blinde, Romulus, Übelohe, Akki sind mutige Menschen. Die verlorene Weltordnung wird in ihrer Brust wieder hergestellt, das Allgemeine entgeht meinem Zugriff. Ich lehne es ab, das Allgemeine in einer Doktrin zu finden, ich nehme es als Chaos hin. Die Welt (die Bühne somit, die diese Welt bedeutet) steht für mich als ein Ungeheures da, als ein Rätsel an Unheil, das hingenommen werden muss, vor dem es jedoch kein Kapitulieren geben darf. Die Welt ist grösser denn der Mensch, zwangsläufig nimmt sie so bedrohliche Züge an, die von einem Punkt ausserhalb nicht bedrohlich wären, doch habe ich kein Recht und keine Fähigkeit, mich ausserhalb zu stellen. Trost in der

Dichtung ist oft nur allzubillig, ehrlicher ist es wohl, den menschlichen Blickwinkel beizubehalten. Die Brechtsche These, die er in seiner Strassenszene entwickelt, die Welt als Unfall hinzustellen und nun zu zeigen, wie es zu diesem Unfall gekommen sei, mag grossartiges Theater geben, was ja Brecht bewiesen hat, doch muss das Meiste bei der Beweisführung unterschlagen werden: Brecht denkt unerbittlich, weil er an vieles unerbittlich nicht denkt.

Endlich: Durch den Einfall, durch die Komödie wird das anonyme Publikum als Publikum erst möglich, eine Wirklichkeit, mit der zu rechnen, aber die auch zu berechnen ist. Der Einfall verwandelt die Menge der Theaterbesucher besonders leicht in eine Masse, die nun angegriffen, verführt, überlistet werden kann, sich Dinge anzuhören, die sie sich sonst nicht so leicht anhören würde. Die Komödie ist eine Mausefalle, in die das Publikum immer wieder gerät und immer noch geraten wird. Die Tragödie dagegen setzt eine Gemeinschaft voraus, die heute nicht immer ohne Peinlichkeit als vorhanden fingiert werden kann: Es gibt nichts Komischeres etwa, als in den Mysterienspielen der Anthroposophen als Unbeteiligter zu sitzen. [...]

MAX FRISCH

Aus: Der Autor und das Theater

[...] unterhalten wir uns über die Frage, ob die heutige Welt denn auf dem Theater noch abbildbar sei; es war Dürrenmatt, der diese Frage formulierte, und Sie kennen die ebenso bekannte Antwort von Brecht, daß die heutige Welt auch auf dem Theater wiedergegeben werden könne, aber nur wenn sie als veränderbar aufgefaßt werde. Die Frage ist bestürzender als die Antwort, bestürzend durch die Unterstellung, daß die Welt einmal abbildbar gewesen sei. Wann? Was Aischylos und Sophokles auf die Bühne brachten, war nicht Abbildung der griechischen Gesellschaft, sondern ein mythologischer Entwurf. Bei Aristophanes könnte man schon eher von einer Abbildung der vorhandenen Welt sprechen; auch er kann es nur machen, indem er sie spiegelt in einer entworfenen Welt, von der Gro-

teske her; sie hebt die Menschen aus der vorhandenen Welt in
eine erdichtete, und sei's auch, um sie fallen ‚zu lassen, um die
Fallhöhe zu zeigen. Abbildung? Man möchte es doch anders
benennen. Calderon? Ich vermute, daß das Theater niemals die
vorhandene Welt abgebildet hat; es hat sie immer verändert.
Shakespeare? Sein Werk ist universal; aber ist es eine Abbildung der vorhandenen Welt seiner Zeit? Schon sie, könnte ich
mir denken, war pluralistischer, als irgendeines seiner Stücke
sie zeigt; seine Stücke sind uns geblieben, nicht die vorhandene
Welt seiner Zeit, und daß wir die Stücke nachträglich für eine
Abbildung dessen halten, was nicht mehr vorhanden ist, das
ist eine Täuschung, die naheliegt, aber eine Täuschung. Schiller?
Kleist? Büchner? Tschechow? Strindberg? Je näher wir der
Gegenwart kommen, je mehr wir die vorhandene Welt kennen,
desto deutlicher wird uns, wie unabbildbar sie ist, die kom-
plexe Realität; ein Stück, selbst ein großes, ist immer nur ein
Stück: eine Engführung, eben dadurch eine Erlösung für Stun-
den. Wie immer das Theater sich gibt, ist es Kunst: Spiel als
Antwort auf die Unabbildbarkeit der Welt. Was abbildbar
wird, ist Poesie. Auch Brecht zeigt nicht die vorhandene Welt.
Zwar tut sein Theater, als zeige es, und Brecht hat immer neue
Mittel gefunden, um zu zeigen, daß es zeigt. Aber außer der
Gebärde des Zeigens: was wird gezeigt? Sehr viel, aber nicht
die vorhandene Welt, sondern Modelle der brecht-marxistischen
These, die Wünschbarkeit einer anderen und nichtvorhandenen
Welt: Poesie. Es ist kein Zufall, daß seine Stücke, ausgenom-
men die fragmentarischen Szenen von *Furcht und Elend im
Dritten Reich*, nicht im heutigen Deutschland spielen, sondern
in China, im Kaukasus, in Chicago, im Dreißigjährigen Krieg,
im Italien des Galilei; keines in Ost-Deutschland. Warum
nicht? Shakespeare tat dasselbe; seine Stücke spielen im antiken
Rom oder im fernen Dänemark oder in Illyrien, und wenn
in England, dann in der Historie. Wegen der Zensur? Das mag
hinzukommen, aber es ist nicht der einzige und nicht der
eigentliche Grund für die Ansiedlung jenseits der jeweils vorhandenen Welt. Wer selber schreibt, erfährt den Grund sehr
bald; man muß verändern, um darstellen zu können, und was
sich darstellen läßt, ist immer schon Utopie. „Sie werden sich
nicht verwundern", schreibt Brecht in jener Antwort, „von mir

zu hören, daß die Frage der Beschreibbarkeit der Welt eine gesellschaftliche Frage ist", und wir wissen ja, was Brecht damit sagen möchte; nur läßt sich das auch umgekehrt lesen, nämlich so: daß das politische Credo, das Veränderung der Welt fordert, sekundär ist, Auslegung des darstellerischen Problems. Selbst wenn ein Stückeschreiber sich politisch nicht engagiert, nicht meint, daß das Theater zur Veränderung der Gesellschaft beitrage, selbst dann also, wenn wir die Frage der Beschreibbarkeit der Welt nicht zur gesellschaftlichen Frage ummünzen, gilt, daß wir auf die Unabbildbarkeit der vorhandenen Welt nur mit Utopie antworten können, daß jede Szene, indem sie spielbar ist, über die vorhandene Welt hinausgeht und im glücklichen Fall abbildet, was man eine Vision nennt. Das größte Stück deutscher Sprache seit Brecht basiert nicht auf einer politischen Ideologie, seine Vision gibt sich nicht als Programm, es zeigt die Gesellschaft nicht als veränderbar; trotzdem ist es ein großes Stück. Ich spreche vom *Besuch der alten Dame.* Es gibt nicht nur Sezuan, sondern auch Güllen; beide nur auf der Bühne, beide meinen unsere Welt, aber sie bilden sie nicht ab, sie deuten sie, wobei die Frage, ob dadurch die Welt zu verändern ist, sich bei Dürrenmatt nicht stellt ... Ich weiß nicht, wieweit Brecht an die erzieherische Wirkung seines Theaters tatsächlich glaubte; sein Ja, wenn man ihn danach fragte, war gewiß, und wir kennen es aus seinen Schriften; sahen wir ihn in den Proben, hatte ich den Eindruck: auch der Nachweis, daß das Theater nichts beiträgt zur Veränderung der Gesellschaft, änderte nichts an seinem Bedürfnis nach Theater. Dies meine ich nicht als Verdächtigung seiner politischen Haltung, sondern als Frage nach den produktiven Impulsen. Was treibt uns denn zu der schwierigen Arbeit, ein Stück zu schreiben, und zu allen daraus folgenden Arbeiten, das Stück auf die Bühne zu bringen? Wir erstellen auf der Bühne nicht eine bessere Welt, aber eine spielbare, eine durchschaubare, eine Welt, die Varianten zuläßt, insofern eine veränderbare, veränderbar wenigstens im Kunst-Raum. Brecht, man weiß es, war ein unermüdlicher Probierer, das heißt: ein Veränderer, dabei voller Lust und dann alles andere als ein Dogmatiker, kein Welt-Erzieher. Öfter als ich es erwartete, brauchte er das Wort: schön. Oder: unschön. Sogar den Ausdruck: die elegantere Lösung. Und in einem Brief die Wendung: Schönheit produzieren. Als ginge es nur um Lösungen im Kunst-Raum. Jede Szene, jede Erzählung, jedes Bild, jeder Satz bedeutet Veränderung: nicht der Welt, aber des Materials, das wir der Welt entnehmen; Veränderung um der Darstellbarkeit willen. Die Meinung von Brecht: „daß die heutige Welt auch auf dem Theater wiedergegeben werden kann, aber nur wenn sie als veränderbar aufgefaßt wird", erscheint wie die Übersetzung einer schlichten Kunst-Erfahrung in ein politisches Programm über den Kunst-Akt hinaus. Der Wille, die Welt zu verändern, als eine Verlängerung des künstlerischen Gestaltungsdranges? Unser Spiel, verstanden als Antwort auf die Unabbildbarkeit der Welt, ändert diese Welt noch nicht, aber unser Verhältnis zu ihr: es entsteht immerhin ein Vergnügen sogar an tragischen Gegenständen, und dieses Vergnügen bedarf keiner Rechtfertigung daraus, daß unser Spiel didaktisch sei; es ist eine Selbstbehauptung des Menschen gegen die Geschichtlichkeit. Aber dabei bleibt es nicht immer; allein dadurch, daß wir ein Stück-Leben in ein Theater-Stück umzubauen versuchen, kommt Veränderbares zum Vorschein, Veränderbares auch in der geschichtlichen Welt, die unser Material ist: dies als Befund, ungesucht, aber fortan unumgänglich. Peter Suhrkamp, der noch den vormarxistischen Brecht kannte, meinte möglicherweise dasselbe, als er einmal sagte: Brecht sei Marxist geworden durch Kunst-Erfahrung. Das würde bedeuten, daß das politische Engagement nicht der Impuls ist, sondern ein Ergebnis der Produktion, sekundär, aber nicht irrelevant, sofern eine Produktion überhaupt genuin ist, und daß der landläufige Versuch, Brecht als Dichter zu kultivieren, indem man den Marxisten subtrahiert, nicht nur müßig ist, sondern banausisch. [...]

V. Theorie und Kritik der Philosophen

GEORG LUKÁCS

Aus: Zur Soziologie des modernen Dramas

[. . .] Das moderne Drama ist das Drama des Bürgertums; das moderne Drama ist das bürgerliche Drama. Die Gesamtheit dieser Ausführungen wird, so glauben wir, diesem Satze einen ganz konkreten und realen Inhalt geben. Jetzt wollen wir lediglich die Tatsache feststellen, daß das neue Drama aus dem Kampfe um das bürgerliche Drama erwachsen ist, welcher nach der, dem Verblühn des Renaissance-, des feudalen und des höfischen Dramas folgenden Periode der Sterilität ausgefochten wurde. Und selbst wenn – gar nicht sehr lange nach seiner Geburt – seine Weiterentwicklung auch in eine ganz entgegengesetzte Richtung umschlägt (indem das moralisierende Tendenzdrama zur Tragödie, sein naiver Realismus zu ästhetenhaftem Stilsuchen wird), so wird es doch stets die Spuren seiner Entstehung in sich tragen. Seine Probleme werden stets auf einer Ebene bleiben mit den durch seine Entstehung aufgeworfenen Problemen, und, sind sie auch in vieler Hinsicht ganz andere geworden, so bleibt doch immer ein Gemeinsames zurück.

Woraus ist das neue Drama geworden und welche Verhältnisse, welche fertigen Ausdrucksmittel hat es bei seiner Geburt vorgefunden? Nehmen wir einstweilen beide Probleme möglichst äußerlich und sagen wir in Kürze so: das neue Drama wurde von bewußten rationalistischen Bedürfnissen hervorgebracht und hat eine völlig ausgestaltete, in langen Traditionen gefestigte Bühne fertig vorgefunden. Dies bedeutet in erster Reihe zwei Negativa. Einmal, daß das moderne Drama das erste, bis nun einzige Drama ist, welches nicht aus mystisch-religiösem Empfinden hervorgegangen ist, welches im Verlauf seiner spätern Entwicklung dem Religiösen sich nähert, während das frühere Drama sich langsam aus dem Religiösen herauslöst. Es bedeutet sodann, daß es seiner Richtung nach, im Gegensatz zu allen andern dramatischen Entwicklungen steht, welche sozusagen nur die Elemente ihrer Bühne fertig erhalten haben und durch die Kreuzung der ideologischen und bühnenmäßigen Entwicklungen, ein dem vorangegangenen nicht bloß an Schönheit und Stärke Überlegenes, sondern auch qualitativ Höherwertiges hervorbrachten. Das neue Drama muß nämlich (selbst wenn sein Programm auch gerade das gegenteilige ist) sich der bestehenden Bühne, seinen unter der Einwirkung des alten Dramas gestalteten Grenzen und Möglichkeiten anpassen. Und nur ganz langsam und bloß an ganz wenigen Punkten gelingt es ihm, diese seinen eignen Zwecken gemäß umzuformen. Während es also für jede andre Entwicklung ohne Übertreibung heißen könnte, daß es vorerst ein Theater und erst dann ein Drama gab, daß das Drama sozusagen nur aus dem Theater herauswuchs, so gibt es hier umgekehrt zuerst ein Drama und erst dann eine Bühne. Die Bühne wird auf Grund der aus der Theorie des Dramas abgeleiteten Forderungen gemacht – wo sie eben gemacht wird. – Oder genauer noch: es spielt sich ein beständiger, unausgleichbarer Kampf ab zwischen zwei historischen Gebilden, die ihrer Art und Richtung nach verschieden, ihrer Kraft nach jedoch gleichwertig sind. Anstatt den literarischen Inhalten ein sinnliches Symbol zu geben, steht die Bühne, deren restlos vollständigem Ausdruck vielfach im Wege. Anstatt die Bühne zu rein aus ihren eigenen Möglichkeiten heraus unerreichte, ja gar nicht auszudenkende Höhen emporzutreiben, zwingt sie das Drama in ihrer Natur widersprechende Experimente hinein, die in der Richtung des Dematerialisierenden liegen. Da aber alles, was an Literatur in dramatischer Form heute in Erscheinung tritt, doch nur in Gestalt solcher Experimente erscheinen kann, so kommt das Theater um die Möglichkeit des Sichemporhebenkönnens über Trivialität und Augenblickseffekt.

Für das neue Drama besteht – was für keine frühere dramatische Entwicklung existiert hatte – seit dem Moment seiner Geburt das historische Problem. Das Wesen des Problems ist das Hoffnungslose der Bewußtheit, die vornherein feststehende Resultatlosigkeit der von Programmen ausgehenden Bewegungen. Es ist dies das Problem des Bestehenden, welches – sei seine Untauglichkeit auch erkannt – rein durch sein Da-Sein des aussichtsreichsten, ja sogar sieghaften Widerstandes fähig ist. Es ist eins mit dem Problem der potentiellen Energie der Dinge, mit dem Problem der Macht des Überlieferten. (Das Drama, als exponierteste Kunstgattung, erscheint hier in seiner ganzen Entwicklung als Symbol der gesamten bürgerlichen Kultur.) Das neue Drama war bereits da als Programm, als heißer Wunsch, als pium desiderium und dann erst kamen die Dramen zustande. Diese schlossen zum Teil ein Kompromiß mit der bestehenden, für den Ausdruck andrer Gefühle bestimmten Bühne und fielen derart im Stil auseinander, wurden unbestimmt. Zum Teil aber standen sie jedem wirklichen Theater fern, waren, wie Goethe zu Kleists Dramen bemerkt, für ein Theater geschrieben, „welches da kommen soll".

Jedoch, die neue Bühne kam nicht. Sie entstand nicht in Hamburg, wo sie Lessing erhofft hatte, nicht in Weimar, wo Goethe, nicht in Düsseldorf, wo Immermann einen großen Teil seiner Lebensenergien daran setzte. Das ernste Drama der Aufklärung hatte keine wirkliche Bühne; obgleich immer noch am ehesten eine, gerade weil sie künstlerisch noch wenig Neues in sich trug, also mehr seines Inhalts, nicht seiner Form wegen, ja vielleicht sogar trotz derselben. Es hatte aber keine Bühne und konnte keine haben das Drama des Sturms und Drangs, noch das der deutschen Romantik, und eine revolutionäre Minderheit war es nur, welche die vergänglichen Erfolge der französischen Romantik dem großen Publikum und dessen Theatern oktroyierte. Und von hier an steht jeder große Autor ohne Bühne da bis zu der kurzen Siegesperiode des Naturalismus. Damals wollte es an zwei Punkten zu gleicher Zeit, in Berlin und in Paris, in den Theatern Brahms und Antoines scheinen, als ob Theater und Literatur sich endlich vereinten, allein auch von diesen eignet sich doch keines zur Verwirklichung allerhöchster Ziele. Es vermag nur einen kleinen Bestandteil der Literatur zu gestalten — wenngleich dieser auch künstlerisch der aktuellste war — nicht aber die ganze neue Dramenliteratur. Und selbst auf dieser Höhe ist es nicht fähig, sich lange zu halten. Allmählich sieht es sich zu Kompromissen genötigt, um wenigstens einen Teil seines Programmes verwirklichen zu können, und doch ist sein ganzes Programm nicht mehr als ein unbewußtes Kompromiß. Und mit der Zeit nimmt das Kompromißmäßige immer mehr und mehr zu, bis endlich auch diese Theater das geworden sind, was die andern waren.

Hier ist nur das symptomatische Teil der Situation von Wichtigkeit. Daß Drama und Bühne voneinander geschieden sind und daß das wirkliche neue Theater nur als Ideal besteht, nur als etwas, das verwirklicht werden sollte, was aber nicht verwirklicht werden kann. In Wahrheit gibt es nicht mehr eine (den, die dramatische Form bestimmenden, Massengefühlen entsprechende) wirkliche Masse. Das wahre moderne Theater läßt sich nur um den Preis großer Kämpfe dem großen Publikum aufzwingen. Nur um den Preis von Kompromissen läßt es sich aufrechterhalten, denn das heutige Publikum nimmt wohl manchesmal, unter anderem, auch das Wesentliche auf, wenn eben dieses mit anderem untermischt erscheint – *allein* jedoch vermag dieses nie zu bestehen. (Zur Zeit Elisabeths – von den Griechen ganz zu schweigen – war dieser Unterschied nicht vorhanden; jene Dramen konnten mehr oder weniger gelungen sein, das Wesentliche der Intentionen jedoch war und blieb sich überall gleich.)

So sind denn Drama und Theater – fast könnten wir sagen endgültig – voneinander losgelöst. Welches sind die Gründe dieser Scheidung? Wir sahen, daß es sich hier eigentlich nicht so sehr um ein Geschiedensein handelt, als um ein nicht-ineinander-Wachsenkönnen. Zwei verschiedene, wirklichem seelischen Bedürfnis entstammende Gebilde vermögen – obgleich sie es aus künstlerischen Gründen sollten – sich nicht zu vereinigen. Wir sahen, das *Drama* war didaktisch und tendenziös. Eine der Waffen des ideologischen Klassenkampfes der im Kampfe stehenden, aufwärtsstrebenden und in starkem Aufsteigen begriffenen Bourgeoisie; ein Mittel, zu begeistern, zu ermutigen, zu mahnen, anzugreifen und zu lehren. Und das *Theater* war – in dem kurzgefaßten Ausdruck ist keinerlei Fälschung gelegen – lediglich Amüsement. Jedoch, was hier das Wichtige ist, in keinem der beiden ist *das* enthalten, was jedem Element der älteren Entwicklung eigen war: das Festliche, das Religiöse oder das zumindest irgendeinen Wesensteil religiösen Empfindens in sich Tragende. Die Vereinigung der beiden konnte derart nicht einander steigernd sein, vermochte nicht eine neue, die Objekte und Inhalte der Gefühle vollständig umgestaltende, deren Wesenheit aber bewahrende Einheit hervorzubringen. Das lehrhafte, das moralisierende Element konnte, indem es sich vielfach mit dem Amüsanten abfinden mußte, nicht anders als verflachen, veroberflächlichen. Das Moralisieren nämlich ist seiner Form nach so ausschließlich intellektualistisch, daß in seinem in-Erscheinung-Treten im konkreten Falle dieser Fall nur Beispiel sein kann, woran die Moral irgendwo von außenher angehängt ist, nur eine Fabel, deren Lehre eben die „Moral" ist. Der Fall kann nicht zum Symbol werden, wird bestenfalls zur Allegorie und sein Erscheinen in sinnlicher Gestalt, vermag ihm nicht neue, künstlerische Werte zu verleihen. Und viel deutlicher noch ist es, daß das *Theater* durch das Moralisieren noch weniger über die Grenzen seiner eigenen Möglichkeiten emporgehoben werden konnte. Denn, was es ihm an neuer Interessantheit zu geben vermag, das kann nur ein inhaltlich Interessantes, nur die Sensation einer Aktualität sein; diese aber kann nicht zur Quelle seiner formalen, künstlerischen Steigerung werden.

So ist es denn das große Negativum, welches der Entstehung des modernen Dramas eigen ist, sein nichtreligiöser Ursprung, wodurch die Notwendigkeit der großen Scheidung aus inneren, formhaften Ursachen heraus begründet und ein endgültiges Auseinanderfallen ermöglicht wird. Jeder der Teile gestaltet sich derart, daß sein Wesentliches durch das Wesentliche des andern nicht entwickelt werden kann und vielleicht vermochten sie aus diesem Grunde nicht zusammenzuwachsen. So wie der moralisierende Charakter des Dramas und mit ihm die allegorische Einheit von Bühne und Drama zurücktritt, wird die veränderte Lage der Dinge zuerst in den Künstlern bewußt und ein gesünderer, sinnlicher Ausdruck des Bühnenwirksamen tritt zwar auf, jedoch nur als formale Notwendigkeit. Die Berührungen mit der wirklichen Bühne können auch so nur akzidentelle sein, da von ihrer Seite her ihm nichts Verwandtes entgegenkommt, nichts, was vom Theater aus einer ähnlichen Intention entspräche. Ja, dessen Entwicklung führt gerade in die entgegengesetzte Richtung. Sie entfernt sich von der Literatur und kann sich mit dieser nur in einzelnen zufälligen und mit dem Wesen des Entwicklungsganges in keinem engeren

Zusammenhang stehenden Fällen begegnen. Dies wird sehr stark gefördert vom modernen städtischen Leben. [. . .]

Das Drama ist mehrdimensional geworden zunächst im Sozialen. Daß dieses so kommen mußte und daß es nur in dieser Periode kommen konnte, das geht auf die ganz spezifische soziale Lage des Bürgertums zurück. Das bürgerliche Drama ist das erste, welches aus bewußtem Klassengegensatz erwachsen ist; das erste, dessen Ziel es war, der Gefühls- und Denkweise einer um Freiheit und Macht kämpfenden Klasse, ihrer Beziehung zu den andern Klassen, Ausdruck zu geben. Daraus folgt schon, daß in dem Drama meistenteils beide Klassen aufrücken müssen, die kämpfende sowohl als die, gegen welche der Kampf sich abspielt. Dies jedoch wäre nur die äußere Ursache für die Bereicherung der sozialen Gliederung des Dramas. Von dieser aus hätte es aufhören können, sobald im Leben sowohl als in der Literatur der Hauptakzent nicht mehr auf diesem Kampfe lag. Und nicht zu vergessen ist auch, daß auch im Drama der Shakespeareschen Zeit alle Klassen der Gesellschaft vorkamen. Warum empfinden wir das moderne Drama dennoch als mehrschichtig gegenüber dem aus einem Stoff Gearbeiteten aller frühern? Zunächst: wenn in den Dramen der elisabethanischen Zeit auch Angehörige mehrerer Klassen vorkommen, so entstammen die wahren Menschen, die dramatischen Gestalten doch sämtlich einer Klasse. Eine große Ausnahme ist es, wenn auch nur einer vom Kleinadel vorkommt, wie z. B. in „Arden of Feversham". Die niedrigern Klassen steuern teils nur komische Episoden bei oder sind zum andern Teil nur da, damit ihre seelische Minderwertigkeit die Vornehmheit der Helden besser hervortreten lasse. Die Klassen haben also keine entscheidende Rolle im Handlungs- und Charakteraufbau dieser Dramen. Gerade weil sie die Menschen ganz absorbieren, indem sie sie nicht nur (unter anderem, und so von unterscheidbar andersartig wirkenden Umständen) determinieren helfen, sondern indem sie bestimmte Eigenschaften im Positiven und im Negativen jedem zuteilen und bestimmte Möglichkeiten vor ihnen vornherein verschließen. Und all dies ist doch noch so ganz natürlich, entbehrt noch so vollkommen jedes Schattens einer Möglichkeit des Problematischwerdens, daß es in ihnen ebensosehr die Funktion eines nicht weiter analysierten und auch nicht zu analysierenden Charakterzuges hat, wie z. B. unter normalen Umständen die Wirkung des Lebensalters auf das Temperament nicht weiter analysierbar ist und auch keiner Analyse bedarf. So daß es schon in der Tragikdefinition dieser Zeit enthalten ist, daß die Helden nur auf den Gipfeln der Gesellschaft stehende Menschen sein können. Was auch natürlich ist in jedem Zeitalter, dessen Lebensformen von denen des Adels bestimmt wurden; von den Lebensformen einer Klasse, für welche das in der Weltordnung Verwurzelte ihrer herrschenden Stellung und die natürliche Vorzüglichkeit und Vornehmheit der für sie wichtigen Eigenschaften, schon ihrer historischen Präzedenzien, ihrer sozialen und wirtschaftlichen Lage wegen, niemals problematisch werden konnte. [. . .]

Mit all diesem tritt zwischen die das Drama bewegenden Kräfte eine neue ein: das Werten: Im neuen Drama prallen schon nicht mehr nur Leidenschaften aneinander, sondern Ideologien, Weltanschauungen. In den Zusammenstößen von differenten Situationen entstammenden Menschen muß den Wertungen eine mindestens so wichtige Rolle zukommen, wie den rein individuellen Charaktereigenschaften. Ja, der aus größerer Ferne erfolgenden Berührung wegen nimmt die bewegende Kraft der Menschen häufig noch zu, obgleich jeder Teil in den meisten Fällen überzeugt davon ist, daß es sich nur um seine ganz spezielle Gefühlsweise handeln kann. Die Gegenüberstellung der zweifachen Wertungen der beiden Welten ist anfänglich allerdings nur sozial. Die verschiedene Weltbetrachtung zweier Klassen setzt Menschen in Bewegung und stellt sie einander gegenüber. Und lange Zeit ist nur in der, den Stoff des Dramas bildenden Wirklichkeit und in der Kraft, durch welche sie den Autor, gleichsam gegen seinen Willen, diese Zweiheit wahrzunehmen zwingt, dieses auf mehrerlei Ethiken Aufgebautsein der Welt des Dramas vorhanden. Im großen ganzen so, daß die das Fundament des Dramas bildende, die Welt einordnende Wertung noch ganz einheitlich, noch ganz bürgerlich ist. Gerade nur in der dargestellten Welt kommen schon von verschiedener Ethik bewegte Menschen vor, wenngleich auch der Dichter die anders Wertenden verurteilt, wenngleich er auch die Notwendigkeit ihres So-Seins nicht zugibt. Hierdurch wird das von einem solchen Drama gebotene Weltbild schwankend, die auf die empirischen und die letzten Ursachen hingehenden Motivationen laufen nicht einem Zentrum zu. Und insolange bleibt dies so, bis das Gefühl der relativen Berechtigung des gegensätzlichen Standpunktes und in Zusammenhang damit die ebenfalls nur relative Berechtigung des eignen stark und allgemein geworden ist. Schiller ist vielleicht das größte Beispiel für diese Stildissonanz. Lessing hält mit der Motivierung des Prinzen in „Emilia Galotti" viel weiter, als er überall, mit Ausnahme von „Don Carlos" und des „Demetrius"-Fragmentes. Jedoch selbst diese programmatische „Ein-Ethik" ist nicht mehr die natürliche der Zeit Shakespeares und Corneilles. Wie wir zuvor bei der Klassenzugehörigkeit sahen, umspannt die Ethik bei Shakespeare alles, schließt alles in sich, herrscht unbedingt. Eben daher ist sie – wie dort – nicht Problem der Stilisierung. Die nicht kodifizierte, obwohl sicherlich gar nicht so schwer systemisierbare Moral der Welt Shakespeares wird nie, für keinen Moment, problematisch. Wohl gibt es solche, die ihr entgegen handeln; diese jedoch sind entweder Schurken, Menschen, die sich aus bewußter Entschließung der mit der Stärke des Naturgesetzes herrschenden Ethik entgegenstellen (Richard III.), oder von dämonischen Leidenschaften Beherrschte, welche die Leidenschaft entweder fortreißt vom Wege der einzig wahren Moral (Macbeth), oder aber einen solchen Überschwang eines an sich mit der Moral übereinstimmenden Gefühls in ihnen erzeugt, daß sie dadurch mit anderen Teilen desselben Moralsystems zusammenstoßen müssen (Othello, Coriolan). Jedoch selbst hier, wo die Wertung im Leben scheinbar problematisch geworden ist, wo die Dissonanz zwischen Leben und Wertung Grundlage des tragischen Erlebnisses ist, selbst hier wird das sich unbedingt über alles Erstreckende dieser Moral nicht problematisch und für keinen Moment erschüttert. Hamlets und Claudius', ja sogar Richards und Richmonds sittliche Auffassung, Wertungsart ist im Grunde dieselbe. Jeder von ihnen fühlt sich entschieden und tief verurteilenswert, so oft er ihr zuwiderhandelt. Claudius weiß sich ob der Ermordung seines Bruders ebenso sündig und ist ebensowenig imstande, nach Motiven auch nur zu suchen, welche diese irgendwie rechtfertigen, geschweige denn relativ berechtigt erscheinen lassen könnten (wie z. B. Herodes bei Hebbel nach der Ermordung des Aristobolus), als wie der „skeptische" und „philo-sophische" Hamlet keinen Moment das mit der Kraft eines kate-gorischen Imperativs Verpflichtende der Blutrache in Zweifel zieht; er fühlt sich sündhaft, verachtenswert, indem er nicht im-stande ist, in diesem Sinn zu handeln. Daher konnte Hegel wohl sagen, die Handlungen der Shakespeareschen Helden seien nicht „sittlich berechtigt". Denn die sittliche Wertung ruhte damals auf so stark metaphysischen Grundlagen, duldete so wenig irgendeine Art von Relativität, ihre Allgemeinheit baute sich auf so mystische, nicht analysierbare Gefühle auf, daß, wer – aus was immer für Gründen und Motiven – ihr entgegen-handelte, nicht einmal subjektiv berechtigt handeln konnte. Nur aus seelischen Zuständen war seine Handlung zu erklären, nicht mit theoretischen Gründen zu rechtfertigen. Daran dachte offenbar Hebbel, indem er sagte, daß bei Shakespeare die dra-matische Dialektik in den Charakteren ist. Diese mit ganz metaphysischer Kraft selbstverständliche Intensität und Allge-meingeltung der eigenen Wertungsweise war nie und konnte nie in der bürgerlichen Klasse vorhanden sein. Das heißt, so-weit sie auch vorhanden war, konnte sie es nur als Philosophie, als revolutionäre Forderung, als Sehnsucht sein; als etwas, was man in die Welt hineinwünschen konnte, insbesondere in die kommende Welt, was man aber nicht als Wirklichkeit zu emp-finden vermochte. Darum ist so vieles dissonant in den Dramen des jungen Schiller (z. B. Walther in „Kabale und Liebe"), was bei Shakespeare nicht so sein würde. Denn – zumal es nicht möglich war, den Handlungen eine über die psycholo-gische Motiviertheit hinausgehende Berechtigung zu geben – mußte es dort genügen, wenn diese von der Psychologie aus verständlich waren. Hier hingegen kommen die Menschen nicht nur als Menschen vor, sondern als Repräsentanten bestimmter sozialer Lagen. Darum also, je stärker ihr Handeln aus nur seelischen, nur charakterhaften Motiven folgt und nicht zurück-geführt wird darauf, daß sie ihrer sozialen oder sonstigen Lage wegen das Leben so sehen müssen, wie sie es sehen und des-halb so handeln müssen, wie sie handeln: um so weniger all-gemein ist der Fall, um so mehr bleibt er nur ein Fall und kommt um sein Dramatisches. Und kommt auch um die höchste Heftigkeit der beabsichtigten, der polemischen Wirkung. Denn diese kann nur gestört werden durch das Gefühl, daß wir individueller Bösartigkeit gegenüberstehn, nicht der notwendigen Folge der Verhältnisse. So erfordert hier selbst die ihrer Natur nach zur Einseitigkeit neigende Polemik die Vielseitigkeit der Fundierung. Und daß das wahrhaft große Drama, wenn den Ethiken einmal eine die einzelnen Menschen bewegende Kraft eignet, ohne diese nicht bestehen kann, das wird wohl nunmehr keiner weitern Begründung bedürfen.

Und dennoch: das künstlerisch Sterile des rein sozialen Dramas mußte bald offenkundig werden. Die einander in typischem Klassengegensatz gegenüberstehenden Menschen stehen einander so fern, daß sich eigentlich nur ihre Klasseneigentümlichkeiten berühren, nur ihre abstrakten sozialen Lagen und die Möglichkeiten der Abwechslung sehr geringe sind. Damit ein Drama zustande kommen könne, war es notwendig, daß die Stellung der Menschen nicht nur in Beziehung auf die höhere (oder gelegentlich auch niedrigere) Klasse durch die Verhältnisse problematisch – und derart, infolge des dialektischen Erkennens der Relativität der Berechtigungen *dramatisch* – werde, sondern daß dieses Problematischwerden das ganze Leben, jede Form des zwischenmenschlichen Lebens durchdringe, daß das ganze Leben dramatisch werde. [. . .]

MAX SCHELER

Aus: Zum Phänomen des Tragischen

Der tragische Knoten

Es gibt einen Fall, wo unsere Bedingung, daß ein Widerstreit zwischen Trägern hoher positiver Werte stattfindet und in ihm einer der Träger zugrunde geht, bis zur äußersten Grenze erfüllt ist. Das ist dann der Fall, wenn die Werteträger gar nicht verschiedene Ereignisse, Dinge, Personen sind, sondern in e i n Ereignis, e i n Ding, e i n e Person zusammenfallen; ja noch mehr: Womöglich in eine und dieselbe Eigenschaft, oder in ein und dieselbe Kraft, in ein und dasselbe Vermögen.

Im ausgesprochensten Sinne tragisch ist es daher, wenn ein und dieselbe Kraft, die ein Ding zur Realisierung eines hohen positiven Wertes (seiner selbst oder eines anderen Dinges) gelangen läßt, auch in diesem Wirken selbst die Ursache für die Vernichtung ebendieses Dinges als Werteträgers wird.

Wo wir unmittelbar eine Wirksamkeit anschauend miterleben, die, indem sie einen hohen Wert realisiert, gleichzeitig und im s e l b e n A k t u s des Wirkens diesem Wert oder einem anderen, zu ihm wesenhaft gehörigen Wert die Bedingung der Existenz untergräbt, da ist der Eindruck des Tragischen am vollkommensten und reinsten.

Daß derselbe Mut oder dieselbe Kühnheit, die einen Mann eine rühmliche Tat vollbringen ließ, ihn auch einer, für einen mittelmäßig Klugen leicht vermeidbaren Lebensgefahr aussetzt, durch die er zugrunde geht („wär ich besonnen, hieß ich nicht der Tell"); daß wir die wertvolle ideale Sinnesrichtung eines Menschen auf geistige Güter unter Umständen als den Grund sehen, der ihn an dem Kleinlichen des Lebens scheitern läßt und lassen m u ß , daß jeder nach Frau von Staëls Wort „die Fehler seiner Tugenden hat", daß d i e s e l b e n Wesenszüge seiner Charakteranlagen ihn zu seinem Besten fähig gemacht und zugleich die „Katastrophe" verschuldet haben, das ist im eminenten Sinne „tragisch".

Ja, es bedarf hier nicht speziell menschlicher Verhältnisse. Eine Bildergalerie werde zerstört durch das Feuer, das aus einer Heizungsvorrichtung entsprang, die zur Erhaltung eben dieser Bilder gemacht war: Der Tatbestand hat schon einen leisen tragischen Charakter. „Tragisch" ist der Flug des Ikaros, dessen Flügel, mit Wachs befestigt, ihm im selben Maße verloren gehen als er sich der Sonne nähert, die das Wachs zerschmilzt.

Man spricht mit einem treffenden Bilde von dem tragischen „Knoten". Das Bild versinnlicht eben jene innere unlösbare Wesens-Verknüpftheit, welche die werteschaffenden und die wertezerstörenden Kausalreihen in der dynamischen E i n h e i t des tragischen Wirkens und Vorgangs miteinander haben.

Aber aus dem Gesagten geht noch ein Anderes hervor. Der Ort des Tragischen – sein Erscheinungsspielraum – befindet sich weder in den Verhältnissen der Werte allein, noch in dem Verhältnis der kausalen Ereignisse und Kräfte, die sie tragen, sondern in einer eigenartigen Beziehung von Wertverhältnissen zu Kausalverhältnissen. Es ist ein Wesensmerkmal unserer Welt, – und da ein „Wesensmerkmal" – auch j e d e r Welt, daß der kausale Verlauf der Dinge auf die in ihm erscheinenden Werte keine Rücksicht nimmt, daß die Forderungen, welche die Werte aus sich heraus stellen an Einheitsbildungen, oder an Fortgang einer Entfaltung und Entwicklung des Geschehens in der Richtung auf ein „Ideal", dem Kausalverlauf gegenüber, – wie nicht vorhanden sind. Dieser einfache Tatbestand, daß „die Sonne über Böse und Gute scheint", macht Tragisches allererst möglich. Geht die kausale Entfaltung der Dinge auseinander eine Zeitlang in die Richtung einer gleichzeitigen Wertsteigerung, so erinnert alsbald eine neue Phase des Verlaufs den Menschen, daß dies nur „Zufall" war, nicht aber auf einem inneren Zusammenstimmen, auf einer Berücksichtigung der in den Werten gelegenen Erfüllungsforderungen durch die K a u s a l i t ä t der Dinge lag.

Ohne diesen Grundtatbestand gäbe es keine Tragödie.

Weder in einer Welt, die in dem Sinne einer „sittlichen Weltordnung" teilhaftig wäre, daß die Kräfte und Vermögen der Dinge genau nach dem Maße ihres Wertes verteilt und kräftig wären und ihre Wirksamkeiten sich nach den Forderungen richteten, die aus den Werten heraus nach Einheitsbildungen, Entfaltungen und Zusammenstimmungen ergehen – noch in einer Welt, da man die Kräfte jenen Forderungen g e s e t z l i c h entgegengerichtet verspürte, ihnen sich widersetzend und aus dem Wege gehend, wäre Tragisches möglich. Eine „satanische" Welt höbe das Tragische so gut auf wie eine vollkommen göttliche, eine Tatsache, die Schopenhauer in seiner Lehre vom Tragischen vergaß.

Tragisches ist uns daher nur gegeben, wenn unsere Einstellung in einem u n g e t e i l t e n Akte des geistigen Blickes sowohl auf jener Kausalität der Dinge als auf den immanenten Forderungen der Werte weilt.

Indem dann in dieser einheitlichen Gesamthaltung die einzelnen Teilakte der Geistestätigkeit bald den Linien jener Werteforderungen nachgehen und den gegebenen Tatbestand in

den i h n e n entsprechenden Einheiten zu synthetisieren suchen, bald den Schritten der kausal bewegten Ereignisse folgen,
stellt sich eine Einsicht in jene Unabhängigkeit beider gleich
sachlichen und objektiven „Gesetzmäßigkeiten" ein, in der
gleichsam der letzte formale „Hintergrund" aller Tragödien
erfaßt wird.

Es ist natürlich nicht im bloßen W i s s e n dieses Tatbestan-
des schon das Tragische gegeben.

Erst wo uns in einem konkreten Geschehnis diese Unabhängigkeit vollendet s i c h t i g wird, tritt das tragische Phänomen hervor.

Aus dem Gesagten fällt nun auch auf unsere Bestimmung
ein neues Licht. Denn nirgends ist uns jene anschauliche unmittelbare Einsicht klarer und sozusagen konzentrierter gegeben, als eben da, wo wir d i e s e l b e Wirksamkeit – nicht
bloß zufällig aufeinandertreffende Reihen – an verschiedenen
Stellen ihres Verlaufes einen hohen Wert hervorbringen und
an einer anderen Stelle denselben Wert wieder ganz „gleichgültig" vernichten sehen.

Hier – wo wir die E i n h e i t der Wirksamkeit noch wie
mit einem Blick zu umspannen vermögen und nicht Glied für
Glied durch diskursives Durchgehen aneinanderheften müssen –
ist uns jener sonst nur gewußte Tatbestand wie mit Händen
greifbar und spürbar geworden. –

Notwendigkeit und Unvermeidlichkeit der Wertevernichtung

[...] Wenn es wahr ist, daß ein Unheil erst tragisch ist,
wenn jeder seine „Pflicht" getan hat, und im gewöhnlichen
Sinne des Wortes n i e m a n d die „Schuld" „verschuldet" hat,
so gehört es auch zum Wesen des tragischen Konfliktes, selbst
durch den i d e a l weisesten und gerechtesten Richter un-
schlichtbar und unheilbar zu sein. Die tragische Missetat ist
sogar definitorisch die, vor der alle m ö g l i c h e moralische
und rechtliche Beurteilung v e r s t u m m t ; und umgekehrt ist
jeder moralisch und juridisch noch durchschaubare und schlicht-
bare Konflikt seinem Wesen nach untragisch. Eben jenes wesenhafte Sichverlaufenkönnen der Grenzen von Recht und Unrecht, Gut und Böse in der Einheit der Handlung, jenes Sich-

verschlingenkönnen der Fäden, der Motive, Absichten, Pflichten
so, daß das Nachgehen eines jeden Fadens den Betrachter mit
g l e i c h e r Evidenz bald zum Urteil „Recht", bald zum Urteil „Unrecht" führt: Jene nicht in mangelnder moralischer und
juridischer Weisheit gegründete, sondern vom G e g e n s t a n d
selbst geforderte absolute Verwirrung unseres moralischen und
rechtlichen Urteils gehört zum Wesen der subjektiven Seite des
tragischen Eindrucks und hebt uns damit über die ganze Sphäre
von möglichem „Recht" und „Unrecht", von möglicher „Be-
schuldigung" und „Entrüstung" h i n a u s. Die „tragische
Schuld" ist eine Schuld, für die man n i e m a n d e n „beschul-
digen" kann, und für die es darum keinen denkbaren „Richter"
gibt.

Gerade aus dieser Verwirrung unseres moralischen Urteils,
aus diesem vergeblichen Suchen nach einem S u b j e k t der
Verschuldung einer „Schuld", die wir doch als Schuld s o n -
n e n k l a r vor uns sehen, ersteht nun aber jene spezifisch tragische Trauer und jenes tragische Mitleid mit der ihnen eigenen
Ruhe und Stille des Gemüts, von der die Rede war, jene A b -
w ä l z u n g des Furchtbaren auf den Kosmos, die gerade mit
der Endlichkeit der Taten und Vorgänge, mit den daran beteiligten einzelnen Menschen und Willen v e r s ö h n t.

So ist das tragisch Schlechte ein jenseits von bestimmbarem
„Recht" und „Unrecht", von „Pflichtgemäß" und „Pflichtwidrig" Gelegenes.

Aber die Individuen haben ganz verschiedene Mikrokosmen
von Werten, je nach der Fülle ihrer sittlichen Erkenntnis und
zwar der ihnen möglichen sittlichen Erkenntnis.

Und darnach erst b e m e s s e n sich ihre möglichen „Pflichten" und Pflichtenkreise – von allen Besonderheiten ihrer empirischen Lebenssituation noch ganz unabhängig. Tut jedes
Individuum seine „Pflicht", so tun sie wohl m o r a l i s c h
dasselbe, im Maße als sie dies tun; nicht aber tun sie damit
Gleichwertiges oder s i n d etwa gar darin gleichwertig. Wie
tief sie dabei in den Makrokosmos der sittlichen Werte hinein-
blicken, der die gesamte Ausdehnung des Reiches von möglichem Gut und Böse enthält, welchen Teil sie innerhalb dieses
Makrokosmos wahrnehmen, ist dadurch, daß jedes Individuum
innerhalb des ihm gegebenen Wertbereiches das „Beste" pflicht-

gemäß vollbringt, noch keineswegs entschieden. Es ist nicht die Pflicht und ihr Tun, was „adelt" – wie die kantische, allzukurzsichtige Ethik meint – sondern „Noblesse oblige": Es ist der ursprüngliche Adel der Menschen, der ihnen ganz verschiedene Spannweiten von m ö g l i c h e n Pflichten setzt, durch die sie an die sittliche Welt in ganz verschiedenem Maße gekettet und für sie „bedeutsam" sind.

Es ist ein Unterschied, ob ein Gewürzkrämer oder ein echter König seine „Pflicht" tut; ein Unterschied, ob Einer, der über ganz wenige sittliche Wertunterschiede überhaupt verfügend, mit seinen paar ärmlichen Willensinhalten seine „Pflicht" tut, oder ein Anderer, der in einer Fülle tausendfältig abgestufter menschlicher und anderer sittlicher Beziehungen lebend, und ein feingegliedertes Reich sittlicher Wertunterschiede vor Augen, und von vornherein h ö h e r e Werte als die anderen schauend, seine „Pflicht" tut, indem er die für ihn noch als höchste gegebenen Werte vorzieht und in Wollen und Tun realisiert. Der Letztere muß mit derselben Handlung noch pflicht w i d r i g sich verhalten, mit der der Wertblindere noch voll s e i n e Pflicht erfüllt. Wenn wir nun sagten, daß im echt tragischen Vorgang Jeder seine „Pflicht" tun müsse, oder wenigstens es einsichtig sein muß, daß – auch wenn Jeder seine Pflicht getan hätte – die Wertevernichtung, und damit die Verminderung des sittlichen Gesamtwertes der Welt, dennoch hätte eintreten müssen, so wollten wir dabei diese ganz andere D i m e n s i o n der sittlichen Wertunterschiede der in der Tragödie beteiligten Individuen und ihres S e i n s nicht etwa gleichfalls ausgeschlossen wissen. Es ist vielmehr gerade ein ganz besonders charakteristisch Tragisches, daß das in dieser Seinsdimension „edlere" Individuum mitten u n t e r den streng erfüllten „Pflichten" der unedleren Individuen zermalmt wird. Und es erscheint wie ein besonderer Reiz dieser Art des Tragischen, wenn das edlere Individuum auch noch eine m o r a l i s c h e Schuld auf sich lädt, die seine Gegner nicht auf sich geladen haben – in der absoluten Abrechnung aber der von ihm faktisch realisierten sittlichen Werte seine Feinde hoch überragt. Gerade da es leichter „schuldig" werden kann als das Unedlere – gemäß seines r e i c h e r e n und höheren Pflichtenkreises – hat es ja von vornherein eine sittliche „Gefährdung", die als

solche schon etwas Tragisches an sich hat, da es diese Gefährdung seiner edleren Natur ebenso verdankt als schuldet. Nicht
nur der technische Prometheus, der dem Zeus das Feuer stiehlt,
sondern noch mehr die sittlichen Prometheuse, in deren Auge
zuerst ein zuvor nie gekannter sittlicher Wert aufblitzt, sind
tragische Gestalten. Indem sie Werte realisieren und Pflichten
haben, welche die Menge noch nicht als Wert zu sehen und als
Pflicht zu fühlen weiß, tut die Menge selbst nur i h r e
„Pflicht“, wenn sie das für „schlecht“ ansehend, was für sie
noch nicht „gut“ sein kann, und das als willkürliche Heraus-
nahme eines Rechtes, was sie als i h r e Pflicht nicht kennt, den
Individuen den Prozeß macht. Tragisch aber ist solcher „Fall
des Edlen“ eben dadurch, daß hier jede etwaige m o r a l i s c h e
Mißbilligung der Menge n o t w e n d i g schweigen muß – die
ja selbst nur „guten Gewissens“ i h r e heilige Pflicht erfüllt.

Noch tiefer dringt man von hier aus in die „tragische Schuld“
ein, wenn man sich darüber klar wird, was denn in solchem
Falle der Vollzug der Pflicht des Edleren ist. Ich setzte hier
voraus – ohne es zu beweisen –, daß moralisch „gut“ das Verhalten ist, durch das wir einen im Akte des Vorziehens als
höher erfaßten Wert verwirklichen oder zu verwirklichen ten-
dieren [*]. Den höheren Wert „vorziehen“, das ist aber immer
äquivalent mit: den niedrigeren Wert nachsetzen, resp. seine
Verwirklichung unterlassen. Nun sind aber alle „Moralnor-
men“, d. h. gebietende Regeln allgemeiner Art nur Angaben,
was – bei g e g e b e n e m Wertdurchschnittsniveau einer
Epoche i n n e r h a l b typisch und regelmäßig wiederkehren-
der „Situationen“ – zu wollen und zu tun ist, wenn die auf
d i e s e m Wertniveau „höheren“ Werte realisiert werden
sollen. Jede materiale Moral-Regel enthält dabei bereits die
Voraussetzungen der besonderen positiven Güterwelt der be-
treffenden Zivilisationsstufe. Wie ist es nun, wenn der „Edlere“, im vorher bestimmten Sinne, einen Wert erschaut hat,
der höher ist als die durchschnittlich bekannten, in jenem Wertniveau vertretenen Werte, – wenn er jenen V o r s t o ß in den
sittlichen Wert-Kosmos vollzogen hat, den die Menge noch
nicht zu fassen vermag? Dann ist klar, daß ihm als schlecht

[*] Vgl. hierzu mein Buch „Der Formalismus in der Ethik und die
materiale Wertethik“, I, Niemeyer, Halle 1914.

und böse – und demgemäß auch als „pflichtwidrig" für ihn selbst erscheinen muß, was nach der herrschenden Moral als „gut" und „pflichtgemäß" erscheint. Und daß dies so ist, das ist nicht ein vermeidbarer, sondern – um einen Terminus Kants zu gebrauchen – ein „notwendiger Schein". Und da nun alles, was nur überhaupt „moralische Regel" sein kann – auch bei vollkommenster Kodifikation und streng logischer Aufstellung dieser Regeln – immer schon die positive dingliche Güterwelt der „Zeit" voraussetzt, die doch selbst schon durch das System des herrschenden Wertniveaus in ihrer Beschaffenheit mitdeter- miniert ist –, so m u ß er das „Sittengesetz" oder alles, was nur im Sittlichen „gebietendes Gesetz" sein k a n n , verletzen. Er m u ß , – faktisch schuldlos – auch vor dem gerechtesten Richter noch – von den Göttern und Gott abgesehen –, n o t - w e n d i g als „schuldig" erscheinen. Es liegt nicht in einer Irregularität, sondern im W e s e n aller sittlichen „Entwick- lung", d a ß dies so sei. Hier meine ich den Kern jener not- wendigen und „schuldlosen Schuld" zu gewahren, den man bis- her nur mit einem Gefühl für das Rechte in dieser paradoxen Form ausgedrückt hat. Das Wesentliche ist hier die Notwendig- keit der Täuschung, in die der gerechteste Moralist noch ange- sichts des „tragischen Helden" verfallen muß. Obgleich der tragische Held sittlicher Erkenntnis * evident seinem Wesen nach das Gegenteil des Verbrechers ist, kann er seinem Zeit- alter vom Verbrecher ununterscheidbar werden. Erst in dem Maße als seine neuerlebten Werte sich durchsetzen und zur geltenden „Moral" werden, mag er – nachträglich – als sitt- licher Heros erkannt und anerkannt werden. Darum gibt es streng genommen keine gegenwärtigen Tragödien, sondern nur vergangene. Der tragische Mensch geht innerhalb seiner „Ge- genwart" notwendig still und lautlos seinen Gang. Er schleicht unerkannt durch die Menge; wenn er nicht gar in ihr als Ver- brecher gilt. Das Fehlen einer Instanz, die beides scheidet, ist hier kein zufälliges, sondern ein notwendiges. Hier, in diesem tragischen Geschick des sittlichen Genius erfassen wir vielleicht auf eine einzige Art und Weise den Nerv der Geschichtlichkeit, der völligen Unvoraussehbarkeit der sittlichen Menschheits-

---

* Nur von ihm, nicht vom tragischen Helden überhaupt ist hier die Rede.

entfaltung: Und zwar in dem absolut chancenlosen „Wagnis" und der damit verknüpften absoluten Einsamkeit des sittlichen Genius: Ein Moment von dem Typus des Tragischen, wie ihn Jesus in Gethsemane erlebt haben mag, enthält in einziger Weise d i e s e Einsamkeit. Hier erscheint gleichsam das Gesamtschicksal der Welt wie komprimiert im Erleben e i n e s Menschen, als stünde er in diesem Momente allein in der „Mitte", im Zentrum aller Kräfte, die das Universum bewegen. Er erlebt, wie sich ganze Epochen der Geschichte in ihm entscheiden, ohne daß ein Anderer darum weiß; wie Alles in seiner Hand als des „Einen" liegt. Und noch eines wird hierdurch vielleicht verständlich: Der tragische Held dieses Typus v e r s c h u l d e t nicht seine Schuld, sondern er „v e r - f ä l l t" ihr: diese mit Recht gebrauchte Redeweise gibt ein sehr charakteristisches Moment der „tragischen Schuld" wieder. Eben dies, daß die „Schuld" zu ihm kommt und nicht er zur Schuld!

„Ihr führt ins Leben ihn hinein . . ."

Dieses „Verfallen" in Schuld bedeutet durchaus nicht, daß der tragische Held von einer so unmäßigen Leidenschaft oder einem Drängen und Treiben in eine Richtung hinein bewegt werde, daß dieses Drängen die zentrale Stelle seines Ich gewönne und sein Wollen dadurch in diese Richtung genötigt werde. Dies ist auch der Fall bei der gewöhnlichen moralischen Schuld – wenigstens in irgendeinem Maße: Und Quantitäten können hier nichts entscheiden. Auch bei stärkstem Drängen ist das Wollen, das dieser Richtung „folgt", noch ein neuer, nicht durch dies Drängen allein bedingter Actus! Die tragische Schuld, in die der Held „verfällt", ist vielmehr dadurch charakterisiert, daß ihm aus den Inhalten des S p i e l r a u - m e s seiner m ö g l i c h e n Wahl allüberall ein „schuldhaftes" Tun oder Unterlassen entgegendunkelt und er so i r g e n d einer Art von Schuld unentrinnbar wird und ihr auch bei der Wahl des relativ „besten" Inhalts notwendig verfällt.

Die moralische oder die „verschuldete Schuld" ist gegründet im W a h l a k t ; die tragische oder unverschuldete Schuld schon in der W a h l s p h ä r e ! Der Akt der Wahl ist seitens des tragischen Helden eben darum f r e i von Schuld – gerade umgekehrt also wie bei der moralischen Schuld, in der die

Wahlsphäre auch schuldfreie Möglichkeiten enthält und die Schuld dem A k t e anhaftet. Dagegen „wird" der tragische Held „schuldig" in schuldlosem T u n.

Es ergibt sich aus dem Gesagten, wie absurd die Schulmeistertheorie ist, in den Tragödien eine moralische Verschuldung zu suchen und den Tragiker anstatt zum ehrfürchtigen Darbieter eines tragischen Phänomens zum sittlichen Richter über seine Helden zu machen, der sie bestraft, indem er sie zugrunde gehen läßt. Nur eine völlige Blindheit für das tragische Phänomen überhaupt konnte diese albernste aller Theorien aushecken. Aber auch darin würde man in die Irre gehen, wenn man den richtigen Begriff der tragischen Schuld soweit ausdehnen wollte, als das tragische Phänomen überhaupt. Da nach den früheren Ausführungen das Tragische durchaus kein spezifisch Menschliches oder auf Willenstat Beschränktes ist, sondern ein u n i v e r s a l e s Phänomen, so erübrigt sich diese Meinung schon darum von selbst. Dazu aber sei bemerkt: – wo eine „tragische Schuld" faktisch vorliegt – ist nicht die Tat des Helden, an der er Schuld trüge, oder was sich an „Katastrophe" daran knüpft, z. B. sein Untergang, der Träger des tragischen Phänomens, sondern das „V e r f a l l e n i n S c h u l d" s e l b s t, die Tatsache also, d a ß der Willens-Reine in Schuld verfällt, – das ist hier der Träger und der Kern der Tragik selbst. So ist tragisch für Othello, daß er in die Schuld verfällt, die Geliebteste töten zu müssen, und für Desdemona, vom Geliebten, der sie liebt, schuldlos getötet zu werden. Der Tod Othellos ist nach seinen eignen Worten: „Denn wie ich fühl' ist Tod Glückseligkeit", nicht Strafe für seine Tat, die als „Strafe" doch ein gefühltes Übel enthalten müßte, sondern gerade Erlösung. Die tragische Schuld ist also nicht Bedingung des tragischen Phänomens – was ja auch ein circulus in demonstrando wäre, wenn die Schuld nicht irgendwelche „Schuld" sondern eben – „tragische" Schuld sein müßte – sondern sie ist eine A r t des Tragischen selbst und da es sich hier um sittliche Werte, also eine Art der absoluten Werte handelt, sozusagen der K u l m i n a t i o n s p u n k t des Tragischen. Nicht der Tod oder ein anderes Übel, sondern sein „Verfallen in Schuld" macht das tragische Geschick des Helden aus.

WALTER BENJAMIN

Was ist das epische Theater?

Das entspannte Publikum

„Nichts Schöneres als auf dem Sofa liegen und einen Roman lesen", heißt es bei einem Epiker des vorigen Jahrhunderts. Damit ist angedeutet, zu wie großer Entspannung der Genießende es vor einem erzählenden Werk bringen kann. Die Vorstellung, die man sich von dem macht, der einem Drama beiwohnt, pflegt etwa die gegenteilige zu sein. Man denkt an einen Mann, der, mit allen Fibern angespannt, einem Vorgang folgt. Der Begriff des epischen Theaters (den Brecht als Theoretiker seiner poetischen Praxis gebildet hat) deutet vor allem an, dieses Theater wünsche sich ein entspanntes, der Handlung gelockert folgendes Publikum. Es wird freilich immer als Kollektiv auftreten, und das unterscheidet es von dem Lesenden, der mit seinem Text allein ist. Auch wird sich dies Publikum, eben als Kollektiv, meist zu prompter Stellungnahme veranlaßt sehen. Aber diese Stellungnahme, so denkt sich Brecht, sollte eine überlegte, damit entspannte, kurz gesagt: die von Interessenten sein. Für ihren Anteil ist ein doppelter Gegenstand vorgesehen. Erstens die Vorgänge; sie müssen von der Art sein, daß sie aus der Erfahrung des Publikums an entscheidenden Stellen zu kontrollieren sind. Zweitens die Aufführung; ihrer artistischen Armatur nach ist sie durchsichtig zu gestalten. (Diese Gestaltung steht durchaus im Gegensatz zur „Schlichtheit"; sie setzt in Wirklichkeit Kunstverstand und Scharfsinn beim Regisseur voraus.) Das epische Theater richtet sich an Interessenten, die „ohne Grund nicht denken". Brecht verliert die Massen nicht aus dem Auge, deren bedingter Gebrauch des Denkens wohl mit dieser Formel zu decken ist. In dem Bestreben, sein Publikum fachmännisch, jedoch ganz und gar nicht auf dem Wege über die bloße Bildung am Theater zu interessieren, setzt sich ein politischer Wille durch.

Die Fabel

Das epische Theater soll „die Bühne ihrer stofflichen Sensation berauben". Daher wird eine alte Fabel ihm oft mehr als eine neue leisten. Brecht hat sich die Frage vorgelegt, ob nicht die Vorgänge, die das epische Theater darstellt, schon bekannt sein müßten. Es verhielte sich zur Fabel wie der Ballettmeister zur Elevin; sein erstes wäre, ihr die Gelenke bis an die Grenze des Möglichen aufzulockern. Das chinesische Theater geht in der Tat so vor. Brecht hat in „The fourth wall of China" (Life and letters today, Vol XV No 6, 1936) dargestellt, was er ihm zu verdanken hat. Soll das Theater nach bekannten Ereignissen Ausschau halten, „so wären geschichtliche Vorgänge zunächst am geeignetsten". Ihre epische Streckung durch die Spielweise, die Plakate und die Beschriftungen geht darauf aus, ihnen den Charakter der Sensation auszutreiben.

Derart macht Brecht in seinem letzten Stück das Leben des Galilei zu seinem Gegenstand. Brecht stellt Galilei vor allem als großen Lehrer dar. Er lehrt nicht nur eine neue Physik, sondern er lehrt sie auf neue Weise. Das Experiment wird in seiner Hand nicht nur eine Eroberung der Wissenschaft, sondern eine der Pädagogik. Nicht auf dem Widerruf Galileis liegt der Hauptakzent dieses Stücks. Vielmehr ist der wirklich epische Vorgang in dem zu suchen, was aus der Beschriftung des vorletzten Bildes ersichtlich ist: „1633 bis 1642. Als Gefangener der Inquisition setzt Galilei bis zu seinem Tode seine wissenschaftlichen Arbeiten fort. Es gelingt ihm, seine Hauptwerke aus Italien herauszuschmuggeln."

Dieses Theater ist auf ganz andere Art mit dem Zeitverlauf im Bund als das tragische. Weil die Spannung weniger dem Ausgang gilt als den Begebenheiten im einzelnen, kann es die weitesten Zeiträume überspannen. (Ebenso geschah das einst im Mysterienspiel. Die Dramaturgie des „Ödipus" oder der „Wildente" bietet den Gegenpol zu der epischen.)

Der untragische Held

Die klassische Bühne der Franzosen machte zwischen den Spielern den Standespersonen Platz, welche auf der offenen Szene ihre Fauteuils hatten. Uns kommt das unangebracht vor. Ähnlich unangebracht erschien es nach dem Begriff vom „Dramatischen", der uns vom Theater geläufig ist, einen unbeteiligten Dritten als nüchternen Beobachter, als den „Denkenden", den Vorgängen auf der Bühne beizuordnen. Etwas Ähnliches hat Brecht vielfach vorgeschwebt. Man kann weitergehen und sagen, daß der Versuch, den Denkenden, ja den Weisen zum dramatischen Helden selbst zu machen, von Brecht unternommen wurde. Und man kann gerade von hier aus sein Theater als episches definieren. Am weitesten vorgetrieben wurde dieser Versuch in der Figur Galy Gays, des Packers. Galy Gay, der Held des Stückes „Mann ist Mann", ist nichts als ein Schauplatz der Widersprüche, welche unsere Gesellschaft ausmachen. Vielleicht ist es im Sinne Brechts nicht zu kühn, den Weisen als den vollkommenen Schauplatz ihrer Dialektik anzusprechen. Jedenfalls ist Galy Gay ein Weiser. Nun hat schon Platon das Undramatische des höchsten Menschen, des Weisen, sehr wohl erkannt. Er hat ihn in seinen Dialogen an die Schwelle des Dramas herangeführt – im „Phaidon" an die Schwelle des Passionsspieles. Der mittelalterliche Christus, der, wie wir das bei den Kirchenvätern finden, den Weisen mitvertrat, ist der untragische Held par excellence. Aber auch im weltlichen Drama des Abendlandes hat die Suche nach dem untragischen Helden nie aufgehört. Oft im Zwiespalt mit seinen Theoretikern, hat dieses Drama von der authentischen Gestalt der Tragik, das ist von der griechischen, sich auf immer wieder neue Art abgehoben. Diese wichtige, aber schlecht markierte Straße (die hier als Bild einer Tradition stehen mag) zog sich im Mittelalter über Hroswitha und die Mysterien; im Barock über Gryphius und Calderon. Später zeichnete sie sich bei Lenz und Grabbe ab und zuletzt bei Strindberg. Shakespearesche Auftritte stehen als Monumente an ihrem Rand, und Goethe hat sie im zweiten Teil des „Faust" gekreuzt. Es ist eine europäische, aber auch eine deutsche Straße. Wenn anders von einer Straße die Rede sein kann und nicht vielmehr von einem Pasch- und Schleichpfad, auf dem das Vermächtnis des mittelalterlichen und barocken Dramas an uns gelangt ist. Dieser Saumpfad tritt heute, wie struppig und verwildert immer, in den Dramen von Brecht zutage.

Die Unterbrechung

Brecht setzt sein Theater als episches gegen das im engern Sinne dramatische ab, dessen Theorie Aristoteles formulierte. Darum führt Brecht die entsprechende Dramaturgie als die nicht-aristotelische ein, wie Riemann eine nicht-euklidische Geometrie einführte. Diese Analogie mag verdeutlichen, daß es sich nicht um ein Konkurrenzverhältnis zwischen den fraglichen Formen der Bühne handelt. Bei Riemann fiel das Parallelaxiom fort. Was in der Brechtschen Dramatik wegfiel, das war die aristotelische Katharsis, die Abfuhr der Effekte durch Einfühlung in das bewegende Geschick des Helden.

Das entspannte Interesse des Publikums, welchem die Aufführungen des epischen Theaters zugedacht sind, hat seine Besonderheit eben darin, daß an das Einfühlungsvermögen der Zuschauer kaum appelliert wird. Die Kunst des epischen Theaters ist vielmehr, an der Stelle der Einfühlung das Erstaunen hervorzurufen. Formelhaft ausgedrückt: statt in den Helden sich einzufühlen, soll das Publikum vielmehr das Staunen über die Verhältnisse lernen, in denen er sich bewegt.

Das epische Theater, meint Brecht, hat nicht so sehr Handlungen zu entwickeln als Zustände darzustellen. Darstellung ist aber hier nicht Wiedergabe im Sinne der naturalistischen Theoretiker. Es handelt sich vielmehr vor allem darum, die Zustände erst einmal zu entdecken. (Man könnte ebensowohl sagen: sie zu verfremden.) Diese Entdeckung (Verfremdung) von Zuständen vollzieht sich mittels der Unterbrechung von Abläufen. Das primitivste Beispiel: eine Familienszene. Plötzlich tritt ein Fremder ein. Die Frau war gerade im Begriff, eine Bronze zu ergreifen, um sie nach der Tochter zu schleudern; der Vater im Begriff, das Fenster zu öffnen, um nach einem Schutzmann zu rufen. In diesem Augenblick erscheint in der Tür der Fremde. „Tableau" – wie man um 1900 zu sagen pflegte. Das heißt: der Fremde wird mit dem Zustand konfrontiert; verstörte Mienen, offenes Fenster, verwüstetes Mobiliar. Es gibt aber einen Blick, vor dem auch gewohntere Szenen des bürgerlichen Lebens sich nicht so viel anders ausnehmen.

Der zitierbare Gestus

„Jedes Satzes Wirkung", heißt es in einem dramaturgischen
Lehrgedicht von Brecht, „wurde abgewartet und aufgedeckt.
Und abgewartet wurde, bis die Menge die Sätze auf die Waag-
schale gelegt hatte." Kurz, das Spiel wurde unterbrochen. Man
darf hier weiter ausgreifen und sich darauf besinnen, daß das
Unterbrechen eines der fundamentalen Verfahren aller Form-
gebung ist. Es reicht über den Bezirk der Kunst weit hinaus.
Es liegt, um nur eines herauszugreifen, dem Zitat zugrunde.
Einen Text zitieren schließt ein: seinen Zusammenhang unter-
brechen. Es ist daher wohl verständlich, daß das epische Theater, das auf die Unterbrechung gestellt ist, ein in spezifischem
Sinne zitierbares ist. Die Zitierbarkeit seiner Texte hätte nichts
Besonderes. Anders steht es mit den Gesten, die im Verlaufe
des Spiels am Platze sind.

„Gesten zitierbar zu machen", ist eine der wesentlichen
Leistungen des epischen Theaters. Seine Gebärden muß der
Schauspieler sperren können wie ein Setzer die Wörter. Dieser
Effekt kann zum Beispiel dadurch erreicht werden, daß auf
der Szene ein Schauspieler seinen Gestus selbst zitiert. So ver-
folgte man in „Happy End", wie die Neher in der Rolle einer
Sergeantin der Heilsarmee, die in einer Seemannskneipe ein
Lied, das besser dorthin als in die Kirche paßt, um Proselyten
zu machen, gesungen hatte, dieses Lied und den Gestus, mit
dem sie es sang,` vor einem Konsilium der Heilsarmee zu zi-
tieren hatte. So wird in der „Maßnahme" nicht nur der Be-
richt der Kommunisten, sondern durch deren Spiel auch eine
Reihe von Gesten des Genossen, gegen den sie vorgingen, vor
das Parteitribunal gebracht. Was im epischen Theater überhaupt ein Kunstmittel der subtilsten Art ist, wird im besonderen Fall das Lehrstück zu einem der nächsten Zwecke. Im
übrigen ist das epische Theater per definitionem ein gestisches.
Denn Gesten erhalten wir um so mehr, je häufiger wir einen
Handelnden unterbrechen.

Das Lehrstück

Zugedacht ist das epische Theater in jedem Fall genauso gut
den Spielenden wie den Zuschauern. Das Lehrstück hebt sich

als Sonderfall im wesentlichen dadurch heraus, daß es durch besondere Armut des Apparates die Auswechslung des Publikums mit den Akteuren, der Akteure mit dem Publikum vereinfacht und nahelegt. Jeder Zuschauer wird Mitspieler werden können. Und in der Tat ist es leichter, den „Lehrer" zu spielen als den „Helden".

In der ersten Fassung des „Lindberghflugs", die in einem Magazin publiziert wurde, figurierte der Flieger noch als Held. Sie war seiner Verherrlichung zugedacht. Die zweite Fassung verdankt – das ist aufschlußreich – ihr Entstehen einer Selbstkorrektur von Brecht. – Welche Begeisterung durchlief nicht die beiden Kontinente in den Tagen, die diesem Fluge folgten. Aber sie verpuffte als Sensation. Brecht bemüht sich, im „Flug der Lindberghs" das Spektrum des „Erlebnisses" zu zerlegen, um ihm die Farben der „Erfahrung" abzugewinnen. Der Erfahrung, die nur aus Lindberghs Arbeit, nicht aus der Erregung des Publikums zu schöpfen war und „den Lindberghs" zugeführt werden sollte.

T. E. Lawrence, der Verfasser der „Sieben Säulen der Weisheit", schrieb, als er zur Fliegertruppe ging, an Robert Graves, dieser Schritt sei für den Menschen von heute, was für den mittelalterlichen der Eintritt in ein Kloster gewesen sei. In dieser Äußerung findet man die Bogenspannung wieder, die dem „Flug der Lindberghs", aber auch den späteren Lehrstücken eigen ist. Eine klerikale Strenge wird der Unterweisung in einer neuzeitlichen Technik zugewandt – hier der im Flugwesen, später der im Klassenkampf. Diese zweite Verwertung ist in der „Mutter" am umfassendsten durchgebildet. Es war kühn, gerade ein soziales Drama von den Wirkungen frei zu halten, die die Einfühlung mit sich führt und die sein Publikum so gewohnt war. Brecht weiß das; er spricht es in einem Briefgedicht aus, das er anläßlich der New Yorker Aufführung dieses Stückes an die dortige Arbeiterbühne gerichtet hat: Es „fragten uns etliche: ‚Wird der Arbeiter euch auch verstehen? Wird er verzichten auf das gewohnte Rauschgift; die Teilnahme im Geiste an fremder Empörung, an dem Aufstieg der andern; auf all die Illusion, die ihn aufpeitscht für zwei Stunden und erschöpfter zurückläßt, erfüllt mit vager Erinnerung und vagerer Hoffnung?'"

Der Schauspieler

Das epische Theater rückt, den Bildern des Filmstreifens vergleichbar, in Stößen vor. Seine Grundform ist die des Choks, mit dem die einzelnen, wohlabgehobenen Situationen des Stücks aufeinandertreffen. Die Songs, die Beschriftungen, die gespenstischen Konventionen heben eine Situation gegen die andere ab. So entstehen Intervalle, die die Illusion des Publikums eher beeinträchtigen. Sie lähmen seine Bereitschaft zur Einfühlung. Diese Intervalle sind seiner kritischen Stellungnahme (zum dargestellten Verhalten der Personen und zu der Art, in der es dargestellt wird) vorbehalten. Was die Art der Darstellung angeht, so besteht die Aufgabe des Schauspielers im epischen Theater darin, in seinem Spiel auszuweisen, daß er seinen kühlen Kopf behält. Auch für ihn ist Einfühlung kaum verwendbar. Für solche Spielweise ist der „Schauspieler" des dramatischen Theaters nicht immer in allem vorbereitet. An Hand der Vorstellung des „Theaterspielens" kann man dem epischen Theater vielleicht am unbefangensten nahekommen.

Brecht sagt: „Der Schauspieler muß seine Sache zeigen, und er muß sich zeigen. Er zeigt die Sache natürlich, indem er sich zeigt; und er zeigt sich, indem er die Sache zeigt. Obwohl dies zusammenfällt, darf es doch nicht so zusammenfallen, daß der Unterschied zwischen diesen beiden Aufgaben verschwindet." Mit andern Worten: Der Schauspieler soll sich die Möglichkeit vorbehalten, mit Kunst aus der Rolle zu fallen. Er soll es sich, im gegebenen Moment, nicht nehmen lassen, den (über seinen Part) Nachdenkenden vorzumachen. Mit Unrecht würde man sich in solchem Moment an die romantische Ironie erinnert fühlen, wie zum Beispiel Tieck sie im „Gestiefelten Kater" handhabt. Diese hat kein Lehrziel; sie weist im Grunde nur die philosophische Informiertheit des Autors aus, dem beim Stückeschreiben immer gegenwärtig bleibt: Die Welt mag am Ende wohl auch ein Theater sein.

Zwanglos wird gerade die Art des Spiels auf dem epischen Theater erkennen lassen, wie sehr in diesem Felde das artistische Interesse mit dem politischen identisch ist. Man denke an Brechts Zyklus „Furcht und Elend des Dritten Reiches".

Leicht ist einzusehen, daß die Aufgabe, einen SS-Mann oder ein Mitglied des Volksgerichtshofs nachzumachen, für den deutschen Schauspieler im Exil, dem sie zufiele, etwas grundsätzlich anderes zu bedeuten hätte, als etwa für einen guten Familienvater der Auftrag, Molières Don Juan zu verkörpern. Für den ersteren kann die Einfühlung schwerlich als ein geeignetes Verfahren betrachtet werden – wenn es denn eine Einfühlung in den Mörder seiner Mitkämpfer für ihn nicht wird geben können. Einem andern, distanzierenden Modus der Darstellung könnte in solchen Fällen ein neues Recht und vielleicht ein besonderes Gelingen werden. Dieser Modus wäre der epische.

Theater auf dem Podium

Worum es dem epischen Theater zu tun ist, läßt sich vom Begriff der Bühne her leichter definieren als vom Begriff eines neuen Dramas her. Das epische Theater trägt einem Umstand Rechnung, den man zu wenig beachtet hat. Er kann als die Verschüttung der Orchestra bezeichnet werden. Der Abgrund, der die Spieler vom Publikum wie die Toten von den Lebendigen scheidet, der Abgrund, dessen Schweigen im Schauspiel die Erhabenheit, dessen Klingen in der Oper den Rausch steigert, dieser Abgrund, der unter allen Elementen der Bühne die Spuren ihres sakralen Ursprungs am unverwischbarsten trägt, hat an Bedeutung immer mehr eingebüßt. Noch liegt die Bühne erhöht. Aber sie steigt nicht mehr aus einer unermeßlichen Tiefe auf: sie ist Podium geworden. Lehrstück und episches Theater sind ein Versuch, auf diesem Podium sich einzurichten.

KARL JASPERS

Über das Tragische

Schuld

Das Tragische wird sich verständlich als Folge der Schuld und als die Schuld selbst. Der Untergang ist Buße der Schuld.

Die Welt zwar ist voll von schuldlosem Untergang. Das verborgene Böse vernichtet ohne Sichtbarkeit, es tut, wovon niemand hört; keine Instanz in der Welt erfährt auch nur davon (wie im Verlies der Burg ein Mensch einsam zu Tode gequält wurde). Menschen sterben als Märtyrer, ohne Märtyrer zu sein, sofern ihre Zeugenschaft niemand wahrnimmt und nie erfahren wird. Das Quälen und Verderben der Wehrlosen geschieht auf der Erdoberfläche alle Tage. Über ein Äußerstes empört sich Iwan Karamasoff angesichts der Säuglinge, die von Türken im Krieg zu ihrem Vergnügen getötet wurden. Diese ganze herzzerreißende, schaurige Wirklichkeit ist nicht Tragik, sofern das Unheil nicht Buße einer Schuld und ohne Zusammenhang mit dem Sinn dieses Lebens ist.

Aber die Frage nach der Schuld beschränkt sich nicht auf das Tun und Leben des einzelnen Menschen, sondern geht auf das Menschsein im Ganzen, dem jeder von uns angehört. Wo ist die Schuld an diesem schuldlosen Verderben? Wo ist die Macht, die unschuldig elend macht?

Wo Menschen diese Frage klar wurde, da erwuchs auch der Gedanke der Mitschuld. Alle Menschen sind solidarisch. Das liegt an der ihnen gemeinsamen Wurzel ihrer Herkunft und an ihrem Ziel. Dafür ein Zeichen, nicht eine Begründung ist die Betroffenheit von dem für den endlichen Verstand absurden Gedanken: ich bin schuldig an dem Bösen, das in der Welt geschieht, wenn ich nicht bis zum Opfer meines Lebens getan habe, was ich konnte, um es zu verhindern; ich bin schuldig, weil ich lebe und weiterleben kann, während dies geschieht. So ergreift jeden die Mitschuld für alles, was geschieht.

Von Schuld wird also zu sprechen sein in dem weiteren Sinn einer Schuld des Daseins schlechthin, und im engeren Sinn einer Schuld dieser einen je bestimmten Handlung. Wo die eigene Schuld nicht auf einzelne greifbare unrechte Handlungen beschränkt, sondern tiefer im Grunde des Seins des Daseins erblickt wird, da ist der Schuldgedanke ein umfassender. Die Weisen der Schuld, wie sie dem tragischen Wissen erscheinen, sind daher folgende:

Erstens: Das Dasein ist Schuld. Schuld im weiteren Sinne ist das Dasein als solches. Was schon Anaximander dachte, kehrt – wenn auch in ganz anderem Sinn – bei Calderon wieder: des Menschen größte Schuld ist, daß er geboren ward.

Das zeigt sich auch darin, daß ich durch mein Dasein als solches Unheil anrichte. Das Bild dafür ist der indische Gedanke: mit jedem Schritte, mit jedem Atemzuge vernichte ich kleinste Lebewesen. Ob ich etwas tue oder nicht tue, durch mein Dasein bewirke ich Einschränkung anderen Daseins. Im Erleiden wie im Tun verfalle ich der Schuld des Daseins.

a) Ein bestimmtes Dasein ist Schuld durch seine *Herkunft.* Zwar habe ich so wenig wie das Dasein überhaupt dieses mein Dasein selbst gewollt. Aber ohne Willen bin ich schuldig, weil ich ich bin, der diese Herkunft hat. Es ist die Schuld im Makel der durch meine Ahnen schuldhaften Herkunft.

Antigone ist geboren wider das Gesetz (als Tochter des Ödipus und dessen Mutter) – in ihr wirkt der Fluch der Herkunft – aber dies ihr Ausgeschlossensein von der Norm gehöriger Abstammung wird zugleich Grund spezifischer Tiefe und Menschlichkeit: sie hat das sicherste und unerschütterlichste Wissen um das göttliche Gesetz; sie stirbt, weil sie mehr ist als die anderen, weil ihre Ausnahme Wahrheit ist. Und sie stirbt gern; es ist Erlösung im Sterben für sie; auf dem ganzen Weg ihres Tuns ist sie mit sich einig.

b) Der jeweils bestimmte Charakter ist die Schuld des *Soseins.* Der Charakter selbst ist ein Schicksal – sofern ich mich von meinem Charakter, als ob ich ihm gegenüberstände, trenne.

Was ich bin als gemeine Artung, als Ursprung bösen Wollens, eigenwilligen Trotzes meines Mißratenseins, – das alles habe ich selbst nicht gewollt und nicht geschaffen. Aber ich bin darin schuldig. Meiner Schuld erwächst mein Geschick, ob ich nun sterbe wider Willen, unerlöst, oder ob ich scheitere in Umkehr, im Überschreiten meiner Artung aus einem tieferen Ursprung, vermöge dessen ich verwerfe, was ich war, ohne werden zu können, was ich möchte.

Zweitens: Die Handlung ist Schuld. Schuld im engeren Sinne liegt in der Handlung, die ich als eine bestimmte vollziehe, und zwar so, daß sie frei ist, nicht zu sein brauchte, auch anders sein könnte.

a) Die schuldhafte Handlung ist Verletzung des Gesetzes durch Willkür; ist bewußter Eigenwille gegen das Allgemeine ohne anderen Grund als den Eigenwillen selbst; ist Folge eines schuldhaften Nichtwissens, halbbewußter Umsetzungen und Verschleierungen der Motive. Hier handelt es sich um nichts als das Elend des Gemeinen und des Bösen.

b) Anders wird die Schuld der Handlung, die dem tragischen Wissen offenbar wird. Scheitern folgt einer Handlung, die als sittlich notwendig und wahr aus dem Ursprung der Freiheit hell hervorgeht. Der Mensch kann der Schuld nicht entrinnen, indem er recht und wahr handelt: die Schuld selbst hat einen Charakter von Schuldlosigkeit. Der Mensch nimmt es auf sich, weicht der Schuld nicht aus, und steht zu seiner Schuld, nicht aus Trotz des Eigenwillens, sondern aus der Wahrheit, die scheitern muß im Opfer.

Größe des Menschen im Scheitern

Das tragische Wissen kann sich nicht vertiefen, ohne den Menschen größer zu sehen.

Daß er nicht Gott ist, läßt den Menschen klein sein und zugrunde gehen; — daß er die menschlichen Möglichkeiten bis zum Äußersten treibt und an ihnen selber wissend zugrundegehen kann, ist seine Größe.

Daher ist im tragischen Wissen wesentlich, woran der Mensch leidet und scheitert, was er übernimmt, angesichts welcher Wirklichkeiten und in welchen Gestalten er sein Dasein preisgibt.

Der tragische Held — der gesteigerte Mensch — ist er selbst im Guten wie im Bösen, im Guten sich erfüllend und im Bösen sich vernichtigend, beide Male als Dasein scheiternd durch die Konsequenz, sei es des wirklich oder des vermeintlich Unbedingten.

Sein Widerstand, sein Trotz, sein Übermut treiben ihn in die „Größe" des Bösen. Sein Ertragenkönnen, sein Trotzdem, seine Liebe erheben ihn in das Gute. Immer ist er gesteigert durch die Erfahrung der Grenzsituationen. Der Dichter sieht ihn als Träger eines über individuelles Dasein Hinausgreifenden, einer Macht, eines Prinzips, eines Charakters, eines Dämons.

Die Tragödie zeigt den Menschen in seiner Größe jenseits von Gut und Böse. Der Dichter sieht wie Plato: „Meinst du, die großen Verbrechen und die vollendete Ruhelosigkeit erwüchsen aus einer gemeinen Natur und nicht vielmehr aus einer reichbegabten, ... während eine schwache Natur nie Urheberin von etwas Großem werden kann weder im Guten noch im Bösen?" ... Aus den bestbeanlagten Naturen „gehen sowohl diejenigen hervor, die den Staaten und den Einzelnen das größte Unheil bringen, wie auch ihre größten Wohltäter ... Von einer kleinlichen Natur dagegen geht nichts Großes aus, weder für den Einzelnen noch für den Staat." [...]

Erlösung im Tragischen

Der Zuschauer erfährt angesichts der Dichtung, was ihm Erlösung bringt. Es ist nicht mehr wesentlich Schaulust, Zerstörungsbedürfnis, Drang nach Reiz und Erregung, sondern in diesem allen ein Tieferes, das ihn vor dem Tragischen überwältigt: der Ablauf seiner Erregungen, geführt durch ein im Anschauen wachsendes Wissen, bringt ihn in Berührung mit dem Sein selbst derart, daß von daher sein Ethos im wirklichen Leben Sinn und Antrieb erhält. Was in dieser Anschauung eines Allgemeinen geschieht, ist jedenfalls eine Befreiung, die durch völliges Ergriffensein vom Tragischen selber erfolgt. Wie dieses aber zu deuten sei, darauf gibt es eine Reihe von Antworten, deren jede etwas Wichtiges trifft, ohne daß sie, auch alle zusammengenommen, der Wirklichkeit dieses erfüllenden Grundanschauens im tragischen Wissen Genüge täten:

a) Im tragischen Helden schaut der Mensch seine eigene Möglichkeit: standzuhalten, was auch immer geschieht.

Die heroische Bewährung bis zum Untergang zeigt die Würde und Größe des Menschen. Er kann tapfer sein und unerschüttert in der Verwandlung sich wiederherstellen, solange er lebt. Er kann sich opfern.

Wo aller Sinn verschwindet, alle Wißbarkeit aufhört, da taucht im Menschen aus der Tiefe etwas auf: die Selbstbehauptung des Seins, die sich vollzieht im Dulden – „schweigend muß ich meinem Los entgegengehen" – und sich vollzieht in der Tapferkeit des Lebens und in der Tapferkeit, an der Grenze des Unmöglichwerdens mit Würde den Tod zu ergreifen. Wo das Eine oder das Andere das Wahre ist, läßt sich nicht objektiv errechnen. Sinnlich unmittelbar kann es aussehen, wie der Trotz des Lebens, zu leben um jeden Preis; darin aber kann der Gehorsam liegen: auszuharren auf dem Platze, auf den ich gestellt bin, schlechthin, fraglos und nicht fragend. Sinnlich unmittelbar kann es andererseits aussehen wie Angst, die aus dem Leben flieht; darin aber kann die Tapferkeit liegen, zu sterben, wo ein würdeloses Leben erzwungen werden soll und Angst vor dem Tode an diesem Leben festhielte.

Was aber ist tapfer? – nicht schon die Vitalität als solche, nicht die Energie bloßen Trotzes, sondern die Freiheit von der Daseinsgebundenheit, das Sterbenkönnen, worin, wenn die Seele aushält, ihr mit dem Aushalten das Sein offenbar wird. Die Tapferkeit ist etwas den eigentlichen Menschen Gemeinsames, wenn auch die Glaubensinhalte verschieden sind. Es ist ein Ursprüngliches, das im tragischen Menschen, der in Freiheit untergeht, mit freiem Willen sich preisgibt, angeschaut wird als das, worin die Möglichkeit des eigenen Seins sich zeigt.

Angesichts der Tragödie vermag der Schauende vorwegzunehmen, zu ermöglichen oder zu befestigen, was er selbst sein kann und im tragischen Wissen erhellt hat.

b) Im Untergang des Endlichen schaut der Mensch die Wirklichkeit und Wahrheit des Unendlichen. Das Sein selbst ist das Umgreifende alles Umgreifenden, vor dem jede besondere Gestalt scheitern muß. Je großartiger der Held und die Idee, in der er lebt, desto tragischer das Geschehen und desto tiefer das Sein, das sich offenbart.

Nicht die moralische Wertung der Gerechtigkeit im Untergang des Schuldigen, der nicht hätte schuldig werden sollen, trifft das Tragische; Schuld und Sühne sind eine verengte, in

Moralität versinkende Beziehung. Erst wenn sich die sittliche Substanz des Menschen gliedert in Mächte, die in Kollision sind, wächst der Mensch zu heroischer Größe, seine Schuld zur schuldlosen, charaktervollen Notwendigkeit, der Untergang zur Wiederherstellung, in dem das Geschehen aufgehoben ist. Daß alles Endliche vor dem Absoluten verurteilt ist, hebt den Untergang aus Zufall und Sinnlosigkeit in die Notwendigkeit. Denn es offenbart sich das Sein des Ganzen, dem der Einzelne, gerade weil er groß ist, sich opfert. Der tragische Held selbst geht seinsverbunden in seinen Untergang.

Besonders Hegel hat diese Interpretation zum maßgebenden Inhalt der Tragödie gemacht, sie damit im Sinn vereinfacht, so daß er auf dem Wege ist, ihr das eigentlich Tragische zu rauben. Die Linie, die er sieht, ist da, aber erst in der polaren Zusammengehörigkeit mit der unversöhnten Selbstbehauptung hat sie Geltung. Ohne das wird sie zu harmonisierender Trivialität und vorzeitiger Zufriedenheit.

c) Durch Anschauen der Tragödie erwächst im tragischen Wissen das dionysische Lebensgefühl, wie Nietzsche es interpretiert. Im Unheil erblickt der Zuschauer den Jubel des Seins, das in aller Zerstörung ewig sich erhält, sich im Verschwenden und Zerstören, im Wagen und Untergehen seiner höchsten Macht inne wird.

d) Das tragische Anschauen bewirkt nach Aristoteles eine Katharsis, eine Reinigung der Seele. Mitleid mit dem Helden und Furcht für sich selbst erfüllen den Zuschauer, der im Durchleben dieser Affekte zugleich von ihnen befreit wird. Aus der Erschütterung erwächst die Erhebung. Eine Freiheit des Gemüts ist die Folge der gleichsam in Ordnung gebrachten Affekte.

Allen Deutungen gemeinsam ist: die Offenbarkeit des Seins im Scheitern wird angesichts des Tragischen erfahren. Im Tragischen geschieht das Transzendieren über Elend und Schrecken zum Grunde der Dinge hin.

Erlösung vom Tragischen

Erlösung vom Tragischen spricht aus der Dichtung dann, wenn sie ihr Gewicht hat in der Überwindung des Tragischen durch das Wissen um ein Sein, vor dem das Tragische entweder zum versöhnten Grunde oder zum erscheinenden Vordergrunde geworden ist.

a) *Die griechische Tragödie.* Äschylus läßt in den Eumeniden das tragische Geschehen Vergangenheit werden, aus ihm ist in der Versöhnung von Göttern und Dämonen mit den Instituten des Areopags und des Eumenidenkultes die Ordnung des Menschseins in der Polis geworden. Das tragische Heroenzeitalter wird abgelöst durch das Zeitalter von Recht und Ordnung, von glaubendem Einsatz in der Polis mit dem Dienst der Götter. Was Tragik war in dunkler Nacht, wird Grund eines hellen Lebens.

Die Eumeniden sind das letzte Stück der Trilogie, die als einzige uns erhalten ist. Alle anderen von Äschylus erhaltenen Dramen sind Mittelstücke, daher ohne die wahrscheinlich ihnen allen im Schlußstück folgende Lösung. Auch der Prometheus ist das Mittelstück einer Trilogie, deren Schlußstück die Aufhebung der Göttertragik in Götterordnung gebracht haben wird. Der Glaube der Griechen, in Äschylus zu klarster Vollkommenheit gebracht, beherrschte in ihm noch das Tragische.

Auch Sophokles steht noch im Glauben. Sein Ödipus auf Kolonos endet, vergleichbar mit Äschylus, sogar mit einer versöhnenden Gründung. Immer bleibt eine sinnvolle Beziehung zwischen Mensch und Gott, menschlichem Tun und göttlichen Mächten. Wenn darin unbegreiflich – das ist das Thema der Tragödie – der tragische Held erliegt ohne Wissen von Schuld (wie Antigone) oder mit vernichtendem Schuldbewußtsein (Ödipus), so bringt diese Helden ein nicht gewußtes, aber geglaubtes Sein des Göttlichen zur Ergebung in den göttlichen Willen und zum Opfer des eigenen Willens und Daseins – die Anklage, für Augenblicke unwiderstehlich laut werdend, versinkt am Ende in der Klage.

Die Erlösung vom Tragischen hört bei Euripides auf. Der Sinn wird aufgelöst. Seelische Konflikte, zufällige Situationskonstellationen, Eingreifen der Götter (deus ex machina) lassen das Tragische nackt übrigbleiben. Der Einzelne ist auf sich zurückgeworfen. Verzweiflung, verzweifeltes Fragen nach Sinn und Ziel, nach dem Wesen der Götter treten hervor, Klage nicht nur, sondern Anklage tritt in den Vordergrund. In

Augenblicken scheint eine Ruhe im Gebet, in der Gottvernunft zu erwachen, um alsbald wieder in neuem Zweifel verlorenzugehen. Es ist keine Erlösung mehr. An die Stelle der Götter tritt die Tyche. Die Grenzen des Menschen und seine Verlorenheit werden schaurig offenbar.

b) *Die christliche Tragödie.* Der glaubende Christ anerkennt keine eigentliche Tragik mehr. Wenn die Erlösung geschehen ist und ständig durch Gnade geschieht, so verwandelt sich diesem nichttragischen Glauben das Elend und Unglück des Weltdaseins vielleicht gesteigert zum pessimistischsten Aspekt der Welt, in eine Stätte der Bewährung des Menschen, durch die er sein ewiges Seelenheil gewinnt. Weltdasein ist ein Geschehen unter Lenkung der Vorsehung. Alles ist hier nur Weg und Übergang, nicht letztes Sein.

Nun ist zwar jede Tragik, im Transzendieren ergriffen, als solche transparent: auch das Standhaltenkönnen und das Sterbenkönnen im Nichts vollziehen eine „Erlösung", aber im Tragischen durch es selbst. Auch das Standhalten und die Selbstbehauptung im Scheitern wären sinnlos, wenn nichts als reine Immanenz wäre. Aber die Immanenz wird in der Selbstbehauptung nicht überwunden durch eine andere Welt, sondern allein im Transzendieren als solchem, im Grenzwissen und im Wissen von der Grenze her. Erst ein Glaube, der ein anderes als das immanente Sein kennt, erlöst vom Tragischen. So ist es bei Dante, bei Calderon. Das tragische Wissen, die tragischen Situationen, das tragische Heldentum, alles ist radikal verwandelt, weil es durch die Darstellung aufgenommen ist in den Sinn der Vorsehung und in die Gnade, die von diesem ganzen ungeheuren Nichtigsein und Sichselbstzerstören der Welt erlöst.

c) *Die philosophische Tragödie.* Die Erlösung vom Tragischen durch eine philosophische Grundhaltung darf nicht im Tragischen bleiben. Es genügt nicht, daß der Mensch schweigend standhält. Es genügt auch nicht, daß er zwar bereit ist für ein Anderes, es aber nur in Träumen der Phantasie als Symbol ergreift. Vielmehr müßte die Überwindung des Tragischen sich vollziehen in einer Verwirklichung, die zwar auf dem Grunde tragischen Wissens möglich ist, aber nicht in ihm bleibt. Diese ist ein einziges Mal in einer darum einzigen Dichtung dargestellt: in Lessings „Nathan der Weise", dem neben Faust

tiefsten deutschen dramatischen Werk. (Goethe aber, so viel
reicher, anschauungsmächtiger, kommt nicht ohne die Gewalt christlicher Symbole aus; Lessing beschränkt sich karg auf
die täuschungslose Menschlichkeit als solche, mißverstehbar als
Kargheit, als Bildlosigkeit, als Gestaltlosigkeit, nur dann, wenn
der Leser nicht aus eigenem erfüllt, was der Dichter so klar
zum Ausdruck bringt.)

Lessing schrieb in der größten Verzweiflung seines Lebens
(nach dem Tode von Frau und Sohn), zudem voll Verdruß
über die Streitigkeiten mit dem niederträchtigen Hauptpastor
Götze, dieses „dramatische Gedicht", wie er es nennt. Gegen
die Möglichkeit, man möchte in solchen Zeiten der Verzweiflung gern vergessen, wie die Welt wirklich ist, sagt Lessing:
„Mit nichten: die Welt, wie ich mir sie denke, ist eine eben so
natürliche Welt, und es mag an der Vorsehung wohl nicht allein
liegen, daß sie nicht eben so wirklich ist." (13, 337). Eine solche
natürliche Welt, die nicht herrscht und die doch nicht unwirklich
ist, zeigt Lessing in „Nathan".

„Nathan der Weise" ist nicht Tragödie. Nathan, wie er auftritt im Beginn des Dramas, hat die Tragik in seiner Vergangenheit. Sie liegt hinter ihm: sein Hiobsschicksal, das Verderben
Assads. Aus der Tragödie und dem tragischen Wissen ist – zunächst in Nathan – erwachsen, was die Dichtung darstellt.
Die Tragödie ist nicht überwunden, wie bei Äschylus, durch die
mythische Anschauung einer durch Zeus, Dike und die Götter
gelenkten Welt, nicht wie bei Calderon, durch den bestimmten
christlichen Glauben, in dem alles gelöst ist, – nicht wie in den
indischen Dramen durch eine Seinsordnung, an der gar nicht
gezweifelt wird, – sondern durch die Idee des eigentlichen
Menschseins. Diese entfaltet sich als werdend, nicht als gegebe-
nes Sosein; sie ist nicht da in der Anschauung einer vollendeten
Welt, sondern in dem umgreifenden Streben, das aus dem inneren Handeln in der Kommunikation dieser Menschen sich
verwirklicht.

Es ist, als ob die Reife der vernünftigen Seele Nathans, zu
sich gekommen im ungeheuersten Leid, die Menschen als eine
zerstreute, sich nicht mehr kennende, nun aber sich erkennende
Familie wieder zusammenführt (in der Dichtung symbolisch
als eine wirkliche blutsverwandte Familie). Und zwar tut er

es nicht nach einem zweckhaften Plan aus umfassendem Wissen, sondern Schritt für Schritt mit dem jeweils von ihm in der Situation erworbenen Wissen und Vermuten durch seine stets gegenwärtige Menschenliebe. Denn die Wege des Menschen sind nicht rational zweckhaft, sondern nur aus der Kraft des Herzens, die sich der klügsten Vernunft bedient, möglich.

Daher wird in der Dichtung dargestellt, wie alles aus Verstrickungen zur Lösung kommt. Die Akte des Mißtrauens, des Verdachts, der Feindschaft lösen sich auf in dem Offenbarwerden des Wesens dieser Menschen. Es schlägt zum Heil aus, was aus den Antrieben der Liebe im Raum der Vernunft geschieht. Freiheit bewirkt Freiheit. Aus der Tiefe dieser Seelen finden im Medium kluger Zurückhaltung und dann plötzlichen, unzweideutigen Verstehens, vorsichtiger Planung und dann durchbrechender Rückhaltlosigkeit die Begegnungen statt, in denen sich die unerschütterlichen Solidaritäten gründen, während die nicht zur Familie des Menschseins gehörigen Niederträchtigen unmerklich zur Ohnmacht gelangen.

Die Menschen aber sind nicht mehrere Exemplare des einen einzigen richtigen Menschseins, sondern ursprünglich so geartete, je besondere Einzelwesen, individualisierte Gestalten, die sich treffen nicht auf Grund gemeinsamer Artung (denn sie sind so verschieden wie möglich: Derwisch, Klosterbruder, Tempelherr, Recha, Saladin, Nathan), sondern auf Grund der gemeinsamen Richtung auf das Wahre. Alle geraten sie in die ihnen eigentümlich zukommenden Verstrickungen, durch die sie sich unterscheiden; alle vermögen sie diese Verstrickungen aufzulösen, ihre eigene Artung des Soseins zu überwinden, ohne sie auszulöschen; denn sie leben aus einem tiefen Grunde, in dem sie gemeinsam wurzeln. Sie sind jeweils besondere Gestalten des Freiseinkönnens und Freiseins.

Es ist diese Dichtung das Leibhaftwerden der „Vernunft" in menschlichen Persönlichkeiten. Die Atmosphäre des Gedichts mehr noch als die einzelnen Handlungen und Sätze, als die Rührungen und die Wahrheiten, spricht zu uns als der Geist des Ganzen. Man muß nicht am Stoffe haften. Die romantische Situation im heiligen Lande der Kreuzzugszeiten, als alle Völker und Menschen sich treffen und aufeinander wirken, die Idee der deutschen Aufklärung, der verachtete Jude in der Hauptrolle, das alles ist nicht wesentlich, sondern zeitgebundenes Material und unentbehrliche Anschaulichkeit, um zur Darstellung zu bringen, was sich der Dichtung im Grunde entzieht. Es ist, als ob von Lessing das Unmögliche gewollt werde, und als ob es fast gelungen sei. Die Einwände, daß es sich um undichterische Abstraktheiten, um Aufklärungsgedanken und um Tendenzen handle, halten sich an Vereinzeltes und an Stoffliches. Das scheinbar Leichteste ist auch das schwerst Verständliche, zwar nicht für Verstand und Auge, aber für die Seele, die aus eigener Tiefe entgegenkommen muß, um den Enthusiasmus dieser Philosophie, ihre unergründliche Trauer, und ihre gelassene, freie Heiterkeit, – um unseren einzigen Lessing zu spüren.

„Soweit Ausgleichung möglich ist, schwindet das Tragische" (Goethe). Ist diese Ausgleichung gedacht als Prozeß der Welt und der Transzendenz, in der alles von selbst zur Harmonie kommt, so ist das eine Illusion, durch die das Tragische verlorengeht und nicht überwunden wird. Ist die Ausgleichung aber die aus der Tiefe liebenden Kampfes sich vollziehende Kommunikation der Menschen und ihre dadurch geschehende Verbindung, so ist das keine Illusion, sondern existentielle Aufgabe des Menschseins in der Überwindung des Tragischen. Nur auf diesem Grunde sind die metaphysischen Überwindungen des Tragischen ohne Selbsttäuschung erfaßbar.

QUELLENNACHWEIS

Der Druck richtet sich nach den hier angeführten Quellen. Für die Genehmigung zum Abdruck der Texte in dieser Sammlung sei den Autoren oder deren Erben wie auch allen beteiligten Verlagen Dank gesagt.

JULIUS BAB
Neue Wege zum Drama. Berlin: Oesterheld 1911
    S. 39 Wedekind und das tragische Epigramm [ED 1906] –
    S. 93–98
    S. 56 Hofmannsthal und das neue Pathos [ED 1906] – S. 75–85

WALTER BENJAMIN
Schriften. Bd. 2. Hrsg. von Theodor W. Adorno und Gretel Adorno unter Mitwirkung von Friedrich Podszus. Frankfurt: Suhrkamp 1955
    S. 162 Was ist das epische Theater? [ED 1939] – S. 259–267

FRANZ BLEI
Das große Bestiarium der Literatur. 6.–8. Aufl. Berlin: Rowohlt 1924
(Mit Zustimmung des Biederstein Verlages München im Einvernehmen mit der Literarischen Agentur Hein Kohn, Hilversum)
    S. 55 Die Wedekind [ED 1922] – S. 69

RUDOLF BORCHARDT
Gesammelte Werke in Einzelbänden. Prosa I. Hrsg. von Maria Luise Borchardt. Stuttgart: Klett 1957
    S. 65 *Aus:* Brief über das Drama an Hugo von Hofmannsthal [23. Juli 1911] – S. 80–85

OTTO BRAHM
Kritiken und Essays. Ausgewählt, eingeleitet und erläutert von Fritz Martini. Zürich: Artemis 1964
    S. 7 *Aus:* Die Freie Bühne in Berlin [ED 1909] – S. 516–521

BERTOLT BRECHT
Gesammelte Werke in 8 Bänden. Bd. 7. Schriften I: Zum Theater. Frankfurt: Suhrkamp 1967
    S. 127 *Aus:* Über experimentelles Theater [ED 1959; entst. 1939]
    – S. 289–295, 300–304

FRIEDRICH DÜRRENMATT
Theaterprobleme. Zürich: Arche 1955 (Arche-Bändchen Nr. 257/258)
[= ED]
   S. 135 *Aus:* Theaterprobleme – S. 43–50

PAUL ERNST
Der Weg zur Form. Abhandlungen über die Technik vornehmlich der
Tragödie und Novelle. 3. Aufl. München: Georg Müller 1928 (Mit
Zustimmung der Paul-Ernst-Gesellschaft)
   S. 34 *Aus:* Das Drama und die moderne Weltanschauung [ED
       1898] – S. 35–38, 47–48.

MAX FRISCH
Öffentlichkeit als Partner. Frankfurt: Suhrkamp 1967 [= ED]
   S. 139 *Aus:* Der Autor und das Theater [entst. 1964] – S. 75–79

YVAN GOLL
Dichtungen. Lyrik, Prosa, Drama. Hrsg. von Claire Goll. Darm-
stadt–Berlin–Neuwied: Luchterhand 1960
   S. 77 Die Unsterblichen. Zwei Überdramen. Vorwort [ED 1920]
       – S. 64–66

WALTER HASENCLEVER
Gedichte, Dramen, Prosa. Hrsg. von Kurt Pinthus. Reinbek: Rowohlt
1963
   S. 74 Kunst und Definition [ED 1918] – S. 504–505

GERHART HAUPTMANN
Das Gesammelte Werk. 1. Abt. Bd. 17. Berlin: Suhrkamp 1943
(Mit Zustimmung des Propyläen Verlages Berlin)
   S. 104 Das Drama im geistigen Leben der Völker [ED 1942; entst.
       1934] – S. 265–271
   S. 110 *Aus:* Dramaturgie [ED 1922; entst. ca. 1904–1922] – S. 425,
       427–430, 432–434

HUGO VON HOFMANNSTHAL
Gesammelte Werke in Einzelausgaben. Hrsg. von Herbert Steiner.
Prosa I–IV. Frankfurt: S. Fischer 1950–1955
   S. 17 Die Menschen in Ibsens Dramen. Eine kritische Studie
       [ED 1893] – Bd. I, S. 99–112
   S. 114 *Aus:* Über Charaktere im Roman und im Drama [ED
       1902] – Bd. II, S. 41–47
   S. 118 Schiller [ED 1905] – Bd. II, S. 175–181
   S. 122 Komödie [ED 1922] – Bd. IV, S. 95–98

ARNO HOLZ
Werke. Hrsg. von Wilhelm Emrich und Anita Holz. Bd. 5. Neuwied–
Berlin: Luchterhand 1962
    S. 11 *Aus:* Evolution des Dramas [ED 1926; entst. 1896–1925] –
        S. 47–48, 53–57

KARL JASPERS
Philosophische Logik. Bd. 1: Von der Wahrheit. München: Piper 1958
[ED 1947]
    S. 170 *Über das Tragische* – S. 931–933, 946–951

GEORG KAISER
Stücke, Erzählungen, Aufsätze, Gedichte. Hrsg. von Walther Huder.
Köln–Berlin: Kiepenheuer und Witsch 1966
    S. 95 Formung von Drama [ED 1922] – S. 684–686
    S. 97 Der Mensch im Tunnel [ED 1923] – S. 691–692
    S. 99 Bericht vom Drama [ED 1925/26] – S. 697–698

ALFRED KERR
Gesammelte Schriften in zwei Reihen. Erste Reihe: Die Welt im
Drama. Bd. 1: Das neue Drama. Berlin: S. Fischer 1917
    S.   1 *Aus:* Technik des realistischen Dramas [ED 1891] –
        S. 427–430, 435–436, 438–441
    S. 26 Ibsen. Gedenkrede [ED 1898] – S. 19–28

KARL KRAUS
Werke. Hrsg. von Heinrich Fischer. Bd. 6: Literatur und Lüge. München: Kösel 1958
    S. 44 Die Büchse der Pandora [ED 1905] – S. 9–21

RUDOLF LEONHARD
    S. 79 Das lebendige Theater – *in:* Die Erhebung. Jahrbuch für
        neue Dichtung und Wertung. Hrsg. von Alfred Wolfen-
        stein. Zweites Buch. Berlin: S. Fischer 1920 – S. 258–264
        [= ED]

GEORG LUKÁCS
Schriften zur Literatursoziologie. Ausgewählt und eingeleitet von
Peter Ludz. 2. Aufl. Neuwied–Berlin: Luchterhand 1963 (Soziologische
Texte Bd. 9)
    S. 143 *Aus:* Zur Soziologie des modernen Dramas [dt. ED 1914;
        entst. 1909] – S. 262–266, 277–278, 279–282

ROBERT MUSIL
Gesammelte Werke in Einzelausgaben. Hrsg. von Adolf Frisé. [Bd. 2:]
Tagebücher, Aphorismen, Essays und Reden. Hamburg: Rowohlt 1955
   S. 125 Das neue Drama und das neue Theater [ED 1926] –
          S. 741–742

KURT PINTHUS
   S. 70 Versuch eines zukünftigen Dramas – *in:* Die Schaubühne
          X, 1914 – S. 391–394 [= ED. – Fehler des Erstdruckes
          wurden nach einem Hinweis von K. Pinthus verbessert.]

ERWIN PISCATOR
Das politische Theater. Neubearbeitet von Felix Gasbarra. Reinbek:
Rowohlt 1963 [ED 1929]
   S. 89 *Aus:* Das politische Theater – S. 70–75

MAX SCHELER
Abhandlungen und Aufsätze. Bd. 1. Leipzig: Verlag der weißen
Bücher 1915 [= ED] (Mit Zustimmung des Francke Verlags München)
   S. 152 *Aus:* Zum Phänomen des Tragischen – S. 293–297, 305–315

RENÉ SCHICKELE
   S. 38 August Strindberg – *in:* Die Aktion II, 1911/12 –
          S. 656–657 [= ED]

ARTHUR SCHNITZLER
Gesammelte Werke. Aphorismen und Betrachtungen. Hrsg. von Robert
O. Weiss. Frankfurt: S. Fischer 1967
   S. 111 *Der Held im Drama* [ED 1967; entst. um 1925] – S. 434–436

CARL STERNHEIM
Gesamtwerk. Hrsg. von Wilhelm Emrich. Bd. 6: Zeitkritik. Neuwied–
Berlin: Luchterhand 1966
   S. 99 Gedanken über das Wesen des Dramas [ED 1914] –
          S. 19–20
   S. 100 Der deutschen Schaubühne Zukunft [ED 1918] – S. 58–59
   S. 102 Die Kunst, ein heiteres Theaterwerk, das den Zeitaugen-
          blick überdauert, zu schreiben [ED 1929/30] – S. 428–429

FRANZ WERFEL
   S. 85 *Aus:* Theater – *in:* Die Neue Rundschau XXXII, 1921,
          Bd. 1, S. 573–577 [= ED]

NAMENVERZEICHNIS

Das Namenverzeichnis bezieht sich auf sämtliche Texte der drei Bände *Deutsche Dramaturgie vom Barock bis zur Klassik* (DT 4), *Deutsche Dramaturgie des 19. Jahrhunderts* (DT 10) und *Deutsche Dramaturgie vom Naturalismus bis zur Gegenwart* (DT 15). Die Bände sind, in dieser Reihenfolge, mit römischen Ziffern (I, II, III) bezeichnet. Die Nennung der Namen in den Vorworten des Herausgebers ist nicht berücksichtigt. – Auf die Verfasser der hier aufgenommenen Texte wird mit kursiv stehenden Ziffern verwiesen. Auch indirekte Erwähnungen (ohne Namensnennung), z. B. durch den Hinweis auf Werke eines Autors, sind erfaßt. Pseudonyme sind nicht aufgelöst.

Grabbe, Christian Dietrich II *105–109, 120–121.* – III 164
Graves, Robert III 167
Gries, Johann Diederich II 98
Grillparzer, Franz II *47–52*
Grimm, Friedrich Melchior I 17
Grosz, George III 128
Gryphius, Andreas III 164
Gutzkow, Karl II 45

Händel, Georg Friedrich I 91
Hammer-Purgstall, Joseph Frhr von III *114–116*
Hamsun, Knut III 125
Harden, Maximilian III 8, 9, 13, 16
Harsdörffer, Georg Philipp I *2–3*
Hart, Heinrich III 9
Hart, Julius III 9
Hasenclever, Walter III *70–74, 74–76*
Hauptmann, Gerhart III 2, 3, 6, 8, 9, 11, 27, 29, 35, 92, 101, *104–111*
Haverland, Anna III 7
Hebbel, Friedrich II *55–64,* 64–69. – III 27, 46, 63, 122, 150, 151
Hedrich, Franz II 69
Hegel, Georg Wilhelm Friedrich II *35–44, 86–88, 122–123.* – III 151, 175
Heine, Heinrich III 8
Herder, Johann Gottfried I *47–63.* – II 3
Hettner, Hermann II 69–70
Heywood, Thomas II 106
Hinrichs, Hermann Friedrich Wilhelm I 93
Hippokrates I 59
Hitler, Adolf III 135
Hölderlin, Friedrich II 88–89
Hoffmann, Ernst Theodor Amadeus III 51, 86, 87

Hofmannsthal, Hugo von III *17–26,* 38, 43, *56–69, 114–124*
Holz, Arno III 6, 11, *11–16*
Home, Henry I 54
Homer I 6, 50, 71, 84, 87. – II 5, 8, 26, 62. – III 21, 110, 120
Homolka, Oskar III 134
Horaz (Quintus Horatius Flaccus) I 1
Horn, Franz II 105
Hroswitha von Gandersheim III 164
Hugo, Victor III 114, 121
Hurd, Richard I 44, 54
Husserl, Edmund III 103

Ibsen, Henrik III 1–9, 11, 17–34, 36–39, 72, 86, 88, 163
Iffland, August Wilhelm II 75, 126
Immermann, Karl II *44–45,* 98–*104.* – III 145

Jacobsen, Jens Peter III 18
Jaspers, Karl III *170–180*
Jean Paul II *3–9*
Johnson, Samuel I 54. – II 33
Jonas, Paul III 9
Jonson, Ben I 18. II 106. III 68, 114

Kadelburg, Gustav III 9
Kainz, Joseph III 7
Kaiser, Georg III *95–99*
Kālidāsa III 106
Kant, Immanuel II 28, 57, 62. – III 59, 119, 120, 157, 159
Kerr, Alfred III *1–7, 26–34*
Kleist, Heinrich von II 76. – III 101, 102, 112, 113, 119, 120, 140, 145
Klinger, Friedrich Maximilian II 127

Pitaval, François Gayot de III 121

Pitschel, Friedrich Lebegott I 17

Platner, Ernst II 6

Plato II 9, 15. – III 97, 99, 164, 173

Plautus, Titus Maccius I 66. – III 106

Ponson du Terrail, Pierre-Alexis Vicomte de III 15

Pope, Alexander I 54

Puschkin, Alexander Sergejewitsch III 121

Quistorp, Theodor Johann I 17

Racine, Jean Baptiste I 18, 25, 51

Raffael (Rafaelo Santi) II 132

Raimund, Ferdinand Jakob III 123

Raupach, Ernst III 88

Regnard, Jean François I 22

Regulus, Marcus Atilius I 62

Reicher, Emanuel III 8, 15

Reinhardt, Max III 92, 106, 128

Rembrandt Harmensz van Rijn II 132. – III 120

Renan, Ernest III 21, 22

Richardson, Samuel I 83, 97, 98

Rickert, Heinrich III 103

Riemann, Bernhard III 165

Riemer, Friedrich Wilhelm I 93

Rimbaud, Jean Nicolas Arthur III 98

Rops, Félicien III 44

Rousseau, Jean Jacques III 120

Sachs, Hans III 107

Sackville, Thomas II 106

Sardou, Victorien III 15, 121

Scheler, Max III 103, *152–161*

Schelling, Friedrich Wilhelm Joseph von II *17–27*

Schenk, Christian Ernst I 29

Schickele, René III *38–39*

Schiller, Friedrich von I 83, *84–86*, 92, *94–139*. – II 5, 6, 33–35, 47, 69, 72, 74, 75, 78, 106, 107, 120–134. – III 12, 42, 49, 59, 60, 73, 74, 85, 86, 113, 118–122, 135, 136, 140, 150, 151, 153

Schlaf, Johannes III 6, 11

Schlegel, August Wilhelm II 3, *9–17*, *85–86*, *92–95*, 106–108

Schlegel, Friedrich II 3, 105

Schlegel, Johann Elias I *8–10*, 14

Schlenther, Paul III 8, 35

Schneider III 102

Schnitzler, Arthur III *111–113*

Scholz, Wenzel III 124

Schopenhauer, Arthur II *32–35*. – III 96, 122, 154

Schwab, Gustav III 115

Scribe, Augustin-Eugène III 121

Seidelmann, Karl II 59

Seneca, Lucius Annaeus I 62. – III 21, 22

Shakespeare, William I 18, 19, 30, 45–56, 61–63, 65, 66, 70–83, 94, 97, 100, 131, 134, 135. – II 7, 25, 33–35, 47, 56, 59, 69, 70, 72, 74, 76, 78, 80, 92, 97, 98, 105–119, 127, 131–133. – III 12, 15, 17, 21, 26, 27, 34, 40, 48, 50, 64, 72, 78, 92, 102, 106–109, 113–115, 119, 120, 123, 132, 133, 138, 140, 148, 150, 151, 161, 164

Sokrates I 62, 67. – II 9. – III 119

Solger, Karl Wilhelm Ferdinand II *27–31*

Sophokles I 18, 30, 41, 47–49, 52–54, 60, 62, 71, 79, 90, 93, 100, 133–135, 139. – II 5, 6, 8, 18–21, 25, 27, 34, 41, 44, 45,

57, 72, 74, 75, 85–91, 127. –
III 21, 22, 139, 163, 176
Sorma, Agnes III 7
Spinoza, Baruch de II 57. – III
   27
Staël, Anne Louise Germaine de
   III 153
Stalin, Josef III 135
Stanislawskij, Konstantin III 134
Stendhal III 19, 103, 125
Sternheim, Carl III 72, 99–104
Stettenheim, Julius III 9
Strawinski, Igor III 128
Strindberg, August III 2, 3, 6, 38,
   39, 57, 86, 88, 140, 164
Sueton (Gaius Suetonius Tran-
   quillus) III 21
Süvern, Johann Wilhelm von I
   138, 139
Suhrkamp, Peter III 142
Sulzer, Johann Georg I 109

Taut, Bruno III 79
Terenz (Publius Terentius Afer)
   I 66
Theokritos I 71. – III 123
Thomas, Brandon III 15
Thukydides II 4
Tieck, Ludwig II 80, 123–130. –
   III 168
Tizian (Tiziano Vecchelli) II 132
Törring, Josef August Graf zu II
   127
Toller, Ernst III 92
Tschechow, Anton Pawlowitsch
   III 140
Tschudi, Aegidius II 107
Turmair, Johannes II 107

Uhlich, Adam Gottfried I 17
Urfé, Honoré d' I 53

Velde, Theodor Hendrik van de
   III 137
Verdi, Giuseppe III 88, 89, 106,
   107
Verne, Jules III 15
Veronese, Paolo II 126
Vischer, Friedrich Theodor II 64–
   69, 116–118
Voltaire I 19, 51–53, 72. – II 33,
   34, 106
Voß, Richard III 4

Wachtangow, Jewgenj III 134
Wagner, Richard III 27, 85, 86,
   106, 107, 122
Weber, Carl Maria von III 27
Wedekind, Frank III 38–56, 71,
   72, 74
Weichert, Richard III 76
Weigel, Helene III 134
Weiße, Christian Felix I 27, 28,
   43, 44
Werfel, Franz III 85–89
Wieland, Christoph Martin I 45,
   72
Wilbrandt, Adolf II 90
Wildenbruch, Ernst von III 8, 60
Windelband, Wilhelm III 103
Wolff, Kurt III 102
Wolff, Theodor III 8, 9

Zelter, Karl Friedrich I 92
Zola, Émile III 10, 11, 15, 27, 30,
   34, 35